W0076388

Ines Geipel

GENERATION MAUER

Ein Porträt

Klett-Cotta

Klett-Cotta
www.klett-cotta.de
© 2020 by J. G. Cotta'sche Buchhandlung
Nachfolger GmbH, gegr. 1659, Stuttgart
Alle Rechte vorbehalten
Printed in Germany
Cover: Rothfos & Gabler, Hamburg
unter Verwendung eines Fotos von
© Harald Hauswald/OSTKREUZ
Gesetzt von C.H.Beck.Media.Solutions, Nördlingen
Gedruckt und gebunden von
CPI – Clausen & Bosse, Leck
ISBN 978-3-608-98246-6

Bibliografische Information der Deutschen Nationalbibliothek
Die Deutsche Nationalbibliothek verzeichnet diese Publikation in der
Deutschen Nationalbibliografie; detaillierte bibliografische
Daten sind im Internet über http://dnb.d-nb.de abrufbar.

INHALT

VORWORT

Generation Mauer, die Kriegsenkel des Ostens oder die ostdeutschen Babyboomer: Wer sind die in den sechziger Jahren hinter der Mauer Geborenen? Von der Geschichte Privilegierte, Davongekommene, letzte Involvierte oder einfach
nur Glückliche, weil sie wissen, dass sie mal für ein ganz
anderes Leben vorgesehen waren? Eine formlose, mit 1961
ins System *eingenähte* Stottergeneration, die durch 1989 ihren historischen Gordischen Knoten in die Hand bekam und
was damit machte? Eine Generation, über die etliche ihrer
Kinder sagen, in den Eltern sei die DDR überhaupt erst zu
sich selbst gekommen: ohne Ideale, spießig, gewalttätig, zynisch? Also, wer sind wir? Eine volle Biografie vor 1989, eine
volle Biografie nach 1989 und dazu das Jahr 1989 selbst, als
Zentrum, als Zeitschnitt, als Dreh- und Angelpunkt. Reicht
das aus für eine Generationserzählung?

Das Buch *Generation Mauer. Ein Porträt* erschien 2014. Es
sollte ein Werkstattbericht sein, eine Selbstvergewisserung.
Dabei ging es ausdrücklich nicht um ein Generationslabel,
sondern um konkrete Erfahrungen, um unsere innere Zeich-
nung, um einen Versuch. Die Rundumerzählung einer Generation sollte es nicht werden, konnte es auch nicht. Wer
wir sind? Eine Generation, die, wie der Dramatiker Heiner

Müller sagte, »ohne Vaterland und ohne Mutterland« aufgewachsen ist, eine, die heftige Erfahrungen in der DDR gemacht hat, die die Physis und die Werte des vergangenen Jahrhunderts in sich trägt, die aber auch im Herbst 1989 Geschichte als Wunder erleben durfte. Ist sie angekommen, bei sich, in der Zeit, in den eigenen Lebensentwürfen?

Die Kinder der Teilung waren nicht nur die, die dem großen Aufbruchssommer 1989 den nötigen Drive gegeben haben, da viele von ihnen über Ungarn oder Tschechien geflohen sind, sie haben nach dem Ende der DDR-Diktatur auch wesentlich zur Aufklärung des Regimes beigetragen. Sie sind insofern auch eine Generation der Rekonstruierer, Vergewisserer, Rechercheure, Entschweiger, Herausschäler, oft genug auch der Rückkehrer.

So hatte ich es 2014 geschrieben. Im Kern, denke ich, hat das Bestand. Deshalb bleibt das Buch im Wesentlichen auch das Buch. Aber auf 2014 folgte 2015 und damit der große Flüchtlingssommer. Und mit ihm haben sich die politischen Koordinaten Deutschlands stark verändert, auch unsere Generation ist sichtbar eine andere geworden. Fünf Jahre klingen wenig, aber zwischen 2015 und 2020 liegt ein Riss. Er ist nicht nur hart, er kann, er darf auch nicht wegmoderiert werden. Insofern hatte das Buch einen deutlichen Nachtrag nötig. In ihm versuche ich, unsere Generation als Symptom für den Zustand des Landes zu lesen. Nicht umsonst sind die Kernwähler der AfD die männlichen Kriegsenkel des Ostens. Wie kommt das? Was für eine Auseinandersetzung findet da statt? Nichts bleibt in der Vergangenheit zurück. Wo also kommen wir her? Was sind die Ursachen für das neue, irritierende Wutgesicht unserer Generation? Wieso wollten die Mauerkinder das große Kollektiv DDR um jeden Preis verlassen, um sich heute in einem forcierten Wir neu beatmen zu lassen? Was verzahnt sich in dieser Neuschreibung? Wer macht, wer erzählt, wer schreibt?

»Wir sind die letzte Generation, die eine echte, ich meine rationale und tief emotionale, Verbindung zum geteilten Deutschland und zum vergangenen Jahrhundert besitzt«, hatte die Filmemacherin Carla Hicks 2014 über die Generation Mauer gesagt. Der Schauspieler Tobias Langhoff formulierte es so: »Wir haben im Grunde zwei Leben, eins vor 1989 und eins danach. Wir sind so reich.« – »Wir sind die privilegierteste Generation«, sagte der Maler Moritz Götze, »wir kommen aus einer absurden, interessanten Erlebniswelt. Und was heute toll an der Welt ist, das können wir nutzen.« Die Journalistin Sabine Adler: »Unsere Generation hat immerzu lernen dürfen.« Die Lehrerin Gerit Decke: »Wir haben die Hoffnungslosigkeit unserer Eltern abgekriegt, ihre Mauer-Paralyse.« Und »vielleicht«, meint Literaturhaus-Chef Hauke Hückstädt, »ist es das Entscheidende und Verbindende für unsere Jahrgänge, dass wir uns Ende der Achtziger gerade arrangiert hatten, erwachsen zu werden, als im selben Moment eine ganze Welt dazukam.«

Stimmen diese Sätze noch? Was sagen die Protagonisten des Buches heute dazu? Drei Akzente schienen mir nach unseren Gesprächen noch einmal anders gewichtet. Gerit Decke wollte zuallererst übers Verschwinden sprechen: »Über das, was Diktaturen wesenseigen ist, da sie vor nichts Halt machen. Mir geht es um die Lüge, den Hass, die Gewalt und wie das die Seelen besetzt. Das ist unser Thema. Das war es in unserem Diktaturleben und ist es heute wieder. Wie diese zerstörerische, alte Kraft die Freiheit zum Verschwinden bringt und das Wunder von 1989. Genau das haben die globalen Diktaturen jetzt vor.«

Sabine Adler betont das Ankommen, das nochmal andere Ankommen nach 30 Jahren Mauerfall. »Ich schätze, in welcher Stadt ich lebe, in welchem Land und was mir als Journalistin möglich ist.« Ihre »Arbeit an den Konflikten«, wie sie es nennt, ist dezidierter, schärfer, fordernder geworden. Seit drei Jahren arbeitet sie in einem Reporterpool des Deutschlandfunks. »Es geht nicht um Schlagworte, ums Segeln an der Oberfläche«, sagt sie, »es geht um einen Mehrwert an Hintergrund und um eigene Geschichten.«

Hauke Hückstädt ist nach wie vor Leiter des Literaturhauses in Frankfurt am Main, das Jahr um Jahr erfolgreicher läuft. Wie immer hat er viel vor: »Literatur in Einfacher Sprache« oder die Beratung von Autorinnen und Autoren in ihrer Aufführungspraxis. Er selbst scheint noch feinnerviger, genauer, gespannter und sucht vor allem im Privaten, Intimen. »Jede Familie hat Sperrgebiete, auf die eine oder andere Weise. Lauerstellung auf Jahre. Kein Angriff, keine Konfliktkultur«, sagt er. »Die Mauer ist ewig für unsere Familie.«

Ines Geipel, Berlin im Januar 2020

I. GOLDFINGER
Zwei halbe Jahrhunderte feiern

BLENDWERKE. Shirley Bassey ist schon von weitem zu hören. Noch dazu hängen jede Menge großer Zettel in den Straßenbäumen von Mariendorf, im Westen von Berlin. Sie informieren die Anwohner, dass es am Abend laut werden könne. Es gebe ein großes Fest zu feiern, man bitte um Verständnis. Am Eingang des Partygartens steht rechts und links ein überlebensgroßer James Bond in schwarzem Pappmaché und mit durchgezogener Walther PPK. Die Gäste kommen in Scharen und im Kostüm. Das Motto des Abends? Die sechziger Jahre. Denn der Jubilar, ein renommierter ARD-Fernsehjournalist, feiert heute seinen Fünfzigsten.

Der Gastgeber begrüßt überschwenglich. Auf den ersten Blick sieht er aus wie ein zu groß geratener Erich Honecker, mit Schlapphut, feist ausgestelltem Schmerbauch, prekären kurzen Hosen, langen Wollsocken, dunkelbraunen DDR-Opa-Sandalen und der legendär gewordenen Seltsambrille des ehemaligen Ost-Chefs. »Ich bin heute mal Erich Honecker«, grinst das Geburtstagskind und drückt die soeben ankommende Mary Poppins fest an sich. Hinter ihr zwei Bond-Girls, zwei Ostberliner Volkspolizisten und Major Tom in seinem silberfarbenen Raumanzug. Neben Brigitte Bardot trudeln der politische Doppelkörper John F. Kennedy und

Jackie Kennedy ein. Auch Nana Mouskouri darf nicht fehlen. Und natürlich feiern in dieser Nacht noch allerhand Rocklegenden ihre Inkarnation. Bunte Schlaghosen, Latexröcke, Karohemden, große Blumenmuster – alles, was bunt, schräg, schrill ist, hat stattzufinden. Jeder darf, irgendwie, irgendwas, nur cool muss es sein. In großen Wannen liegt gut gekühlt und übereinander gestapelt Sekt und Wein. Links vom veritablen Swimmingpool spielt eine Swingband, natürlich live. 20 Musiker. Der Soundtrack des Abends: »Goldfinger«.

Ein Abend im Bond-Fieber und damit die Vorlage für mehr als ein halbes Jahrhundert Weltgeschichte. In ihm darf der Held ohne Pause das Skrupellose jagen und nebenbei die Welt retten, Shirley Eaton darf einen goldenen Slip tragen und Gert Fröbe als Superschurke allerhand markige Sprüche ablassen. James Bond der Allrounder, der Mann für alles, was außerhalb des Normalen existiert: harte Action, Skorpione, giftige Spinnen und eine gehörige Portion Radioaktives, üppige Bikiniamazonen, superschicke Hotels, steile Schlitten, teure Uhren. Das Ganze tänzelnd ausgespielt und mit gut getimter Ironie. James Bond als wandelbare und krisenfeste Imaginationsmaschine, als eine Traumvorlage, die der Welt klarzumachen weiß, wie man mit dem Bösen in ihr umzugehen hat.

Auf einem der hinteren Partytische liegt etwas verloren das Fotoalbum des Jubilars. Es erzählt ein halbes Jahrhundert privates Westberlin, das von Beginn an mit dem Politischen parallel geht: Der Gefeierte war gerade mal zwei Wochen alt, als John F. Kennedy am 26.6.1963 – etwa acht Kilometer Luftlinie von der Wiege im Mariendorfer Einfamilienhaus entfernt – vor dem Rathaus Schöneberg seine große Rede auf die Freiheit hielt: »Sie leben auf einer verteidigten Insel der Freiheit. Aber Ihr Leben ist mit dem des Festlandes verbunden, und deshalb fordere ich Sie auf, den Blick über die Gefahren des Heute hinweg auf die Hoffnung des Morgen zu richten, über die Freiheit dieser Stadt Berlin und über die Freiheit Ihres Landes hinweg auf den Vormarsch der Freiheit überall in der Welt, über die Mauer hinweg auf den Tag des Friedens in Gerechtigkeit ... Alle freien Menschen, wo immer sie leben mögen, sind Bürger dieser Stadt West-Berlin, und deshalb bin ich als freier Mann stolz darauf, sagen zu können: Ich bin ein Berliner.«

John F. Kennedy: das globale Leuchtmittel der Nachkriegs-zeit. Jung, relaxt, modern, gutaussehend und natürlich mit einer schönen, reichen, frankophonen Frau samt seinen net-ten Kindern am Strand spielend, später im Boot weit hinaus in die Zukunft segelnd, gern weit weg von aller Realität. Sein Slogan vom stylischen »Mann mit Geist«, die prosperieren-den Nachkriegsjahre und seine Inselidee von der Freiheit verschmolzen in diesem Bild zu einem schillernden Amal-gam des Westens, das die Generation der in den sechziger Jahren im Westen Geborenen nachhaltig prägte.

KEIMPHASEN. Ich spreche noch gern über »Goldfinger«, Radioaktives, den tragischen Kennedy-Clan und die Keim-phasen der Sechziger-Generationen in Ost und West, über ihre Ähnlichkeiten und Differenzen. Genau genommen spre-che ich seit geraumer Zeit nur noch darüber. Das hat vermut-lich mit den vielen 50-Jahre-Feiern zu tun, auf die ich seit ein paar Jahren eingeladen werde, und mit den vielen, die in den nächsten Jahren noch kommen werden. Sicher, es gibt mittlerweile allerhand Kinderarten in Deutschland: Vorkriegskinder, Kriegskinder, Nachkriegskinder, Aufbau-kinder, Zonenkinder, Einheitskinder, sogar Eisenkinder gibt es. Es gibt die Generation Golf, die Generation Ally, die Gene-ration Praktikum, die Achtundsechziger, die Babyboomer, na und so weiter. Aber wo sind wir eigentlich geblieben, ich meine, die Generation, die in den sechziger Jahren hinter der Mauer aufgewachsen ist?

Soziologen wie Thomas Ahbe und Rainer Gries haben herausgefunden, dass wir in dem großen deutschen Generationenwald als die Glücklichen angesehen werden. Und zwar deshalb, weil wir zum einen die DDR pragmatisch und hedonistisch über uns ergehen lassen konnten, da wir mit dem System nichts mehr am Hut hatten. Weil wir zum zweiten die Revolution 1989 zum biografisch besten Zeitpunkt erlebten. Und weil wir zum dritten nach 1989 einen zweiten Studien- oder Lehrabschluss nach westlichen Standards absolviert haben und uns deshalb mühelos ins neue Deutschland integrieren konnten. Drei Gründe, um glücklich zu sein. Aber wenn das so ist, warum sind wir dann so seltsam unerzählt geblieben? Lohnt es sich nicht, über so viel Glück zu schreiben? Oder stimmt mit unserem unerhörten Jahrhundertglück etwas nicht?

Über Dinge wie diese rede ich am liebsten mit dem Mann, mit dem ich seit mehr als zehn Jahren lebe. Er ist Historiker und hat über radikale Jugend promoviert. Sein elterliches Haus steht in Rodenkirchen, in einem der Nobelvororte von Köln. Die Kinderbilder aus Mariendorf und seine ähneln sich. Das meint nicht so sehr das Interieur, sondern die spezielle Energie der beiden Jungs, ihr Unruhesystem, das die Fotos fast zu sprengen scheint. Es sind Kinder, die unbedingt raus wollen aus dem Bild, die jedes Spielzeug hinter sich lassen, auf keiner Decke sitzen bleiben, die ungebunden und offenkundig kaum zu bändigen sind, als wäre von vornherein alles zu piefig, schlichtweg zu eng. Sie wachsen schnell, wie schmale, schräge Türme in die Luft, und sehen dabei dennoch seltsam verspannt aus. Wie zerdrückt und übersteuert zugleich.

Wenn der Mann, mit dem ich lebe, über seine Kindheit erzählt, erzählt er sich in Aktion. Dann rollt er silberne Serviettenringe über den Tisch, um auf sich aufmerksam zu machen, dreht im Keller des nigelnagelneuen Einfamilienhauses in Rodenkirchen den Schlauch auf, um auf sich aufmerksam zu machen, schreibt die Wörter, wie er will, um auf sich aufmerksam zu machen, bleibt in der Schule sitzen, um auf sich aufmerksam zu machen. Mit neun sitzt er in Djerba auf einem Kamel, mit zehn bekommt er von seinem Skilehrer einen Preis, mit elf verbringt er den Sommer auf einem Ponyhof im Norden, mit zwölf lässt er sich die Haare lang wachsen und beginnt mit Rudern. Es gibt ein grünstichiges Foto, da sitzt ein sehr zarter, sehr trotziger Junge mit deftiger Matte allein in seinem Boot. Das Wasser ist grau, er stiert gedankenverloren auf das Kräuseln der Wellen, die Kniestrümpfe sind weit nach unten gerutscht. Sein Körper sieht aus, als ob er frieren würde. Und sein Blick, als wüsste er um einiges mehr, als in dem Alter veranschlagt wird. Rudern heißt Eleganz, Rhythmus, Balance und unendlich rackern, jeden Tag neu. Rudern hat etwas mit der Lust zu tun, sich in seinen Schmerz hineinzusteigern und es bei all dem noch edel aussehen zu lassen. Es ist ein schöner, ein exklusiver Sport, heißt es. Ein Sport der nackten Leistung, bei dem die Fans entfernt auf der Tribüne hocken und mit dem Fernglas das Gleiten der Boote und den ruhigen Schlag bewundern. Die Einsamkeit, den Schmerz, die brennenden Sehnsüchte des Ruderers entdeckt das Fernglas nicht.

PROFILE UND ZUNDER. Der Junge aus Rodenkirchen wird mit 14 Deutscher Meister im Doppelvierer. Der Junge aus Mariendorf wird mit 14 Deutscher Meister im Rückenschwimmen. Schwimmen, heißt es, ist ein schöner Sport, die pure Harmonie mit sich und dem Wasser. Es ist die Zeit, in der die Schulklassen in Cliquen zerfallen. Man sieht es auf dem Pausenhof in Rodenkirchen. In der einen Ecke stehen die Freaks. Jungs mit langen Haaren, die sich »Drum« oder »Samson« drehen, Neil Young hören, auf der Jacke den gelben Aufkleber »Stoppt Atomkraft!« tragen, immer einen Band Marcuse dabei haben, in Kellern ein ziemlich gutes Schlagzeug spielen und ansonsten auf Partys cool Hasch rumreichen. Da sind die Spießer, die vor der ersten Stunde ihren Opel Admiral auf dem Lehrerparkplatz abstellen, die Bürotasche vom Rücksitz nehmen, um dann im dunklen Anzug und mit geradem Rücken konzentriert den Schultag anzugehen. Da ist die harte Szene, die Mofa-Frisierer, die Bastler und Fachsimpler, die die Vergaser tauschen und nach Holland fahren, um sich den großen Zylinder zu besorgen. Da sind die Sportler, die Abwesenden, die viel auf Wettkämpfe müssen und deshalb in der Schulhierarchie in dem Sinne nicht vorkommen. Da sind die von der Katholischen Jugend, die man nicht so richtig auf einen Nenner bringt, die aber das Schulklima mitbestimmen. Immerhin geht es um Gott. Und da sind die Gruppenlosen, Profillosen, Braven, die von Anfang an abtauchen und all die Jahre über unbemerkt bleiben, damit sie in ihrem späteren Leben die Dinge nur umso besser auf die Reihe kriegen.

Jede Clique ist Schutz und Lebensentwurf zugleich. Die Hierarchien sind klar abgegrenzt, auch die selbstgesetzten Leistungskriterien. »Das mit der Leistung ist extrem gewesen«, weiß der Schwimmer aus Mariendorf, und jettet heute in Bond-Manier als investigativer Journalist um die Welt, um das Korrupte, Skrupellose, Böse in ihr aufzuspüren. Der Mann, mit dem ich lebe, erzählt von *Bonanza*, *Flipper* und *Dactari*, alles Fernsehserien seiner Jugend aus dem samstäglichen Vorabendprogramm. *Bonanza* lief zwischen 1962 und

1972, das Original von *Flipper* zwischen 1964 und 1967, *Dactari* ab 1969. Es waren Longseller, die Halt, Beständigkeit und emotionale Geborgenheit innerhalb einer geschlossenen Megaerzählung vorgeben. Der reine Familienersatz und bei Lichte besehen die Geschichte einer langen, inneren Ortlosigkeit, die sich doch ein bisschen anders anhört als die bisherigen Berichte der leistungsgewissen Babyboomer, der Generation von Guido Westerwelle, Joachim Löw, Ulla Kock am Brinck, Jakob Augstein, Lothar Matthäus, Hape Kerkeling und Anke Engelke, die aufs Machen, auf Erfolg geeicht zu sein scheinen. »Das oberste Prinzip hieß immer Coolness«, sagt der Mann aus Mariendorf. »Fassade, Ironie, Elitebewusstsein und feines Understatement gehörten schon früh zur Spielkultur unserer Generation«, erklärt der Mann aus Rodenkirchen. »Das braucht, ehe man bei sich ankommt.«

IN DER BORNHOLMER.   Natürlich werden auch in der Parallelgeneration im Osten Feste auf ein halbes Jahrhundert Leben gefeiert. Das letzte, auf dem ich war, fand vor drei Wochen in der Bornholmer Straße statt, nur wenige Meter von der ehemaligen Mauer entfernt. Ich laufe durch einen Innenhof, muss noch durch einen zweiten und dann in einem der Seiteneingänge hoch bis in den fünften Stock. Oben angekommen, sitzen zwölf Personen um einen großen Tisch, den sie bis sechs Uhr morgens nicht mehr verlassen werden. Am Fenster stehen bunte Sommersträuße, daneben ist das Büfett aufgebaut: selbstgemachter Kartoffelsalat, in Scheiben geschnittene Buletten. Alkohol gibt es reichlich, geraucht wird legendär viel. Gastgeberin des Abends ist Johanna, die ich seit meiner Studienzeit in Jena kenne. Ich schaue in die Runde. Sechs Leute am Tisch kommen aus unserer alten Seminargruppe. Fast alle haben sich seit über

20 Jahren nicht gesehen. »Und die anderen? Kommen sie?«, frage ich. »Bis auf Klaus haben jedenfalls alle zugesagt«, meint die Jubilarin. »Sagt mal, hat nicht Richard hier in der Nähe gewohnt?«, fragt der dicke Rainer dazwischen. »Ja, in der 94. Ein paar Höfe weiter«, meint Manuela.

Richard, der Freund. Er studierte Altertumswissenschaften in Jena, ich studierte Diplomgermanistik. Als ich soeben von der Schönhauser in die Bornholmer einbog, war unweigerlich alles wieder da: sein hartes Lachen, unser nächtliches Abhängen in den Studentenkellern, das viele Schweigen, die Verzweiflung, unser verbissenes Warten auf das, was man für uns als Leben vorgesehen hatte. In den wilden Kirschplantagen oberhalb von Jena lasen wir uns gegenseitig *Die Wellen* von Virginia Woolf vor. Das war im Sommer 1987. Ich weiß nichts mehr davon, nur, dass es auf den Wiesen unendlich viele Mücken gab und dass in dem Roman sechs Freunde auch unentwegt auf etwas zu warten hatten. Darauf, dass sich die Türen des Lebens öffneten, dass die Zeit etwas parat hielt, was ganz allein für die sechs bestimmt war, dass Geschichten erzählt würden, die erzählt werden müssten. Im Herzen des Textes ritt Percival, der Meistgeliebte, der Krimileser, der Vollkommene, der sich viel zu früh und im hohen Galopp in Indien zu Tode stürzte.

Percival, die Leerstelle. Seine Abwesenheit, die wie ein magischer Knoten das Leben der anderen bestimmte. Richard las und las. Etwas faszinierte ihn. Ich dachte an Indien, an Länder, die wir nie sehen würden. Richard dachte an den Reiter. »So in die Knie zu gehen, hat auch was Unanfechtbares«, meinte er. »Man bleibt wenigstens ganz, bevor das Leben zuschlägt.« Richard stürzte nicht im Galopp. Er fiel kurz nach dem Mauerfall aus dem zehnten Stock eines Ostberliner Hochhauses. Bei sich einen Zettel mit der Adresse seines Vaters, der zu DDR-Zeiten Militärstaatsanwalt gewesen war. Nur er hatte ihn finden sollen. Richard, die Leerstelle. Als ich vorhin von der Schönhauser in die Bornholmer einbog, sah ich uns in der Wohnung seiner Mutter sitzen, in einem der Hochhäuser auf der Fischerinsel. Vom Stil her eine Wohnung, in der sich 20 Jahre später Ulrich Mühe als Stasi-Hauptmann Gerd Wiesler im Film *Das Leben der Anderen* zitternd in das schiere Fleisch einer Prostituierten einzugraben versuchte. Richard mochte die hochkarätige Abwesenheit von Schönem. Seine elterliche Wohnung hatte das. Das alles durchdringende eiskalte Neongrün, selbst wenn pausenlos orangefarbene Stofflampen brannten. Den beißenden Asbestgeruch, selbst wenn überall Zimmerspringbrunnen aufgestellt waren.

Es ist nicht so einfach, über Dinge wie diese zu schreiben. Über die Akkuratesse der Leere, der Brutalität, der Dumpfheit, in der wir lebten. Über das spezielle Angstsystem in diesem 40 Jahre währenden Einschluss. Nicht nur, weil die Wörter nicht stark genug dafür sind, sondern weil sich über die DDR seit geraumer Zeit eine seltsame Erinnerungsscham gelegt hat. Sie dürfte verschiedene Gründe haben. Man erinnert sich nicht, weil man nicht dabei gewesen sein will. Man erinnert sich nicht, weil es zu schmerzhaft ist. Man erinnert sich nicht, weil man zu verstrickt oder belastet ist. Man erinnert sich nicht, weil man sich um die Jüngeren sorgt. Man erinnert sich nicht, wenn man sich so den Schmerz der anderen fernhalten kann. Man kann sich nicht erinnern, wenn man nicht weiß, worum es geht. Zwangsläufig kann sich nicht erinnern, wer nicht mehr da ist.

Richard, die Leerstelle. Sein Tod war ein Schlag und durfte nicht, sollte nicht, konnte nicht wahr sein. Dass man so wegstürzen kann. Wenn ich heute an ihn denke, sehe ich ihn lachen und war doch nicht gewappnet dafür, dass mir sein Lachen, ja, dass er mir in den Jahren danach so fehlen würde. Mir war auch nicht klar, dass er, wenn er nun lacht, immer Anfang 20 sein würde, immer seine Cabinet in der Hand hielte, immer diese wuseligen Stoppelhaare hätte, als sei er soeben aufgestanden, um noch rechtzeitig zum Seminar anzutanzen. Ich wusste auch nicht, dass hinter seinem Lachen von nun an immer etwas fallen würde. Etwas fiel. Es fiel in eine Leere und schlug irgendwann hart auf. Dabei habe ich die Phantasie, dass Richard doppelt gesprungen ist. In die Leere seiner Zeit und in die eigene Leere.

Ich versiegelte seinen Tod in mir, weil ich nicht damit klarkam, wie unerweichlich Leben ist. Gleichzeitig suchte ich nach ihm, nicht pausenlos, eher stolpernd, vielleicht so, wie man in seinem eigenen Leben herumstolpert. Wenn mir in den Jahren danach ab und an Fotos aus unserer Studienzeit in die Hände fielen, dachte ich: Meine Güte, wo haben wir eigentlich gelebt? Wie sahen wir denn nur aus? Dann kam mir die DDR wie eine Marslandschaft vor, mit uns als Marsmenschen. Wir trugen absurde Frisuren, hatten surreale Klamotten an, liefen durch Straßen, die man unter normalen Umständen als Kriegslandschaft bezeichnet hätte. Wenn ich diese Fotos betrachtete, wurde mir jedes Mal klar, warum die Geschichten, die ganz real von der DDR handelten, pünktlich im November 1989 enden mussten. Es gibt für dieses Land keine Übersetzung, kein Schleusensystem, das hilft, die Geschichten rüberzuhieven, damit sie in der Neuen Welt weitererzählt werden können. Ich schaue mir die Fotos an und kann nur eins sehen: Wie allein wir in diesem Land waren, wie abgekoppelt von aller Welt, wie verlassen, wie brennend einsam, wie isoliert.

GENERATIONSTINTE. Und dann steht da Richard am Ende der DDR oder am Anfang von etwas Neuem. Es gibt diese 89er Novemberbilder, die mich nicht loslassen. Jeder kennt sie. Sie sind um die ganze Welt gegangen, damals. Hunderte strahlender Gesichter, Jubel, Tränen, jede Menge Biertrinker. Was lässt sich sagen über einen Jubel, in dem sich ein Jahrhundert in die Arme nimmt und darin erlöst? Wie ist es, eine Alte Welt zurückzulassen und im selben Moment eine neue zu betreten? Wie war das für ihn, den Freund, der so nah war, als ihn nichts mehr hielt und ich nichts bemerkte?

»Seltsam, wie die Toten an den Straßenecken auf uns losspringen, oder in Träumen«, schreibt Virginia Woolf in den *Wellen*. Ich habe den Roman letzte Nacht noch einmal gelesen, jetzt, da es um Richard geht. Um ihm auf die Spur zu kommen oder mir oder uns oder eben dem, was man so die Verhältnisse nennt. Mag sein, es ist noch nicht die richtige Zeit dafür. Wir sind noch nicht dran mit der großen Bilanz, es ist noch ein bisschen Zeit bis zum harten Lebensresümee. Unsere Generation ist grad richtig mittendrin, sie ist da. Neo Rauch malt zu Höchstpreisen. Maybrit Illner talkt sich durch die Jahre. Rammstein feiert auf den Bühnen der Welt und vor Hunderttausenden lautstark verlängerten Kindergeburtstag. Aber wozu warten, auf wen? Wann ist eine Zeit richtig, wann richtiger als jetzt?

Als vor 15 Jahren mit den Büchern von Sabine Bode und Hartmut Radebold in Deutschland noch einmal die große Vatersuche einsetzte, als es um Bombennächte, Kellerängste und Flüchtlingsströme ging, als Kriegskinder und Kriegsenkel endlich auch Opfer sein durften, ein echter Erinnerungsboom einsetzte, Kongresse stattfanden und sich Vereine gründeten, schien es, als würden damit offene Türen eingerannt. Über Nacht wurde Thema, was offenkundig lange im Verborgenen gegärt hatte. Ein Gesellschaftsgespräch hob an, das breiter und breiter wurde. In den westdeutschen Seelenkammern der Kriegs- und Nachkriegskinder lag etwas verpackt, was nun, am Ende der Karrieren, heftig an die

Oberfläche drängte. Es ging um Tabus, die das emotionale Fundament der alten Bundesrepublik berührten. Es ging um eine nachzuholende Identität. Und sie gelang. Die Zeit war richtig dafür.

Ich muss an Richard denken und die wilden Kirschplantagen in Jena. Und an Percival. Ist der strauchelnde Reiter nicht so etwas wie die weiße Generationstinte, der Kommentar des Unbewussten einer Generation, ihr magischer Knoten, die vielen ungeborenen Ichs? Ist er nicht das, was wir nicht werden konnten, aber genauso wenig vergessen können? Und ist Richard nicht Percival? Und ist das Ganze nicht noch komplizierter? Komplizierter als was? Richard war nicht mehr da, doch natürlich blieb er. In uns, in seinen Freunden, in dem, was wir in der Neuen Welt lebten, was wir wurden und eben nicht wurden.

Die Jahre tiefster DDR-Agonie, unsere Studienzeit: Wir saßen in Utopieseminaren, hatten in der Zivilverteidigung Gasmasken auf, gingen jeden Mittwoch um elf Uhr ins Schichtarbeiterkino, hörten David Bowie und The Doors, hockten wochenlang in Kartoffelfeldern, stritten über Guntram Vespers *Die Reise*, mussten ganze Wälder roden oder saßen vor dem Fernseher. Zu sehen war ein hagerer, akut heruntergedimmter Mann. Es war Erich Honecker, der Staatschef der DDR. Er gab einen Neujahrsempfang, um die in Schlange anstehenden vielen Botschafter in einem weiteren Jahr DDR zu begrüßen. Also trat er vor, nickte seinem Gegenüber vage entgegen, schüttelte die Hand, lächelte starr, setzte einen Fuß, nickte, gab die Hand und lächelte, nickte und gab die Hand und lächelte. Mehr war nicht, mehr Handlung war nicht drin, das Ganze ging endlos. Kaum ein Kommentar im Fernseher. Was hätte der Reporter auch sagen sollen? »Aber das hier ist real«, wehrte sich Richard.

Das war es. Wenn mir die Situation in den Sinn kommt,

muss ich unweigerlich daran denken, wie nötig wir uns beide danach hatten. Wie unsere Körper sich suchten. Dabei ging es nicht um Erotik, Lust, Begehren. Es ging um unsere Verlorenheit, darum, sie voreinander anzuerkennen, sie dem anderen zu zeigen. Zitternd, auf verdrehte Art stolz, das Wesentliche aussparend. Erst viel später fiel mir auf, dass wir uns in dieser Zeit kaum etwas erzählten. Nichts von unserer Herkunft, der Kindheit oder den Familien, aus denen wir kamen. Wir wussten nichts voneinander. Umso mehr unsere Körper. Sie segelten aufeinander zu wie versiegelte Schiffe. Um im anderen die pure Angst unterzubringen, dem anderen für einen kurzen, haltlosen Moment Zuflucht zu sein.

CANADA.   Und was, wenn Richard in die Leere stürzte, um mich vor meiner Leere zu schützen? Nein, es war anders, natürlich war es das. Es besteht kein Recht, ihm die Entscheidung und die Souveränität über seinen Schritt zu nehmen. Und doch. Ich kann mich an dem Gedanken nicht länger vorbeimogeln. Als wir jubelten, entschied er sich. Er stand da, an einer Weggabelung meines Lebens, am Ende der DDR, am Anfang von etwas Neuem, und stürzte in die Tiefe. Dieser Augenblick – sein abrupt abgebrochenes Leben, der unerlöste Tod – verschob etwas in mir und zwang mich in die Realität. Es war seine Unerbittlichkeit, die von da an über mich wachte. Richard verlangte von mir nichts anderes, als zu leben.

Ich weiß nicht, warum mir ausgerechnet an der Stelle ein Detail einfällt. Und warum dieses. Es geht um eine Kleinigkeit, um einen Aufkleber, nichts weiter. Er pappte von Anfang an, seit dem ersten Studienjahr, an Richards Zimmertür in unserem Wohnheim. Darauf stand: »Canada. Ich war da.« Vier Worte. Mehr nicht. Heute das Selbstverständlichste von der Welt. Mitte der achtziger Jahre aber war das eine Ansage, ein ziemlich dickes Ding, und so absurd gefährlich, wie Honeckers Neujahrsempfänge grotesk waren. Denn die vier Worte waren das Unerreichbare schlechthin. Nicht einfach ein netter Gedanke, eine hübsch ausgedachte Idee, sondern eine Anziehung, die man sich brennender nicht vorstellen konnte. Ein Realtraum, der unsere zugeschlossene Welt komplett außer Kraft setzte.

Richards geistiges Wachzeichen überstand die DDR unbehelligt, ja, es blieb die gesamte Studienzeit über an seiner Tür kleben. Wie das möglich war? Keine Ahnung. Vermutlich, weil es Canada gar nicht mehr gab. Für die, die in der DDR etwas zu entscheiden hatten, war das ferne Land durch jahrzehntelangen Voodoo-Zauber so restlos weggedacht worden, dass es für sie irgendwann aufgehört hatte zu existieren. Aus der Perspektive der marxistischen Panoptiker konnte man sich Canada Mitte der Achtziger als aufgelöst vorstellen. Was nicht mehr da ist, ist keine Bedrohung mehr. Was keine Bedrohung mehr ist, wird übersehen.

Richard war nie in Canada. Er würde nie da sein. Er, der uns unablässig gezeigt hatte, dass das Unerreichbare existiert, dass es real zu verteidigen und nichts von ihm preiszugeben ist, entschied sich dagegen, als das Unerreichbare erreichbar war. Das ist nicht ganz ohne, finde ich und muss nicht zwangsläufig verstanden werden. In jedem Fall stellt es ein paar Fragen. Fragen auch in der Hinsicht, was ich hier eigentlich mache, was ich überhaupt erzählen will. Denn natürlich nähme es mir niemand ab, wenn ich behaupten würde, meine Suche nach der eigenen Generation fände im luftleeren Raum statt. Das stimmt schon deshalb nicht, weil ich spätestens seit meiner Begegnung mit James Bond und seiner Westberliner Sommercrew andauernd und mit jedem über uns reden muss. Es stimmt aber auch nicht, weil sich seitdem einiges hier angesammelt hat. Memoiren, Generationsforschung, Autobiografien.

Eine schier unübersehbare Fülle an Lebensgeschichten, die offensichtlich nicht erst eine magische Schallmauer zu durchbrechen braucht, ehe man ihr die Daseinsberechtigung zuerkennt. Öffentlich gemachtes Leben, welcher Couleur auch immer, scheint einen erotischen Glühkern zu besitzen. Promibiografien, Familiengeschichten oder Generationsbücher, sie werden geschrieben, sie erscheinen, sie werden gelesen und leidenschaftlich auseinandergenommen. Eine Dauerfaszination, die man auch als kommunizierende Röhre verstehen kann, zwischen den verunsichernden, fragmentierten Lebensumständen, mit denen wir klarkommen müssen, und einer Literatur, die es uns ermöglicht, in fremdes Leben einzusteigen, das Ohr hautnah an den Gefühlen anderer zu haben und uns auf diese Weise ein Stück weit zu orientieren.

EINFACHE NENNER. Das klingt ganz schön schwerfällig, wie ich finde, und ein bisschen allgemein. Aber ehrlich gesagt auch nicht schwerfälliger und allgemeiner als das meiste von dem, was zum Thema Generation in meinem Zimmer herumliegt. Das viele euphorische Geraune muss an der Materie liegen. Generationslagerungen und Alterskohorten, Kollektivimpulse und Formierungstendenzen. Meine Güte. Es wird auch nicht dadurch einfacher, wenn Karl Mannheim, der große Generationenguru, unablässig darauf verweist, dass bei einer Generation von vornherein nie alle gemeint sind. In unterschiedlichen Milieus werden halt unterschiedliche Erfahrungen gemacht. Aber nur die Avantgarden würden eine Generation prägen. Die Mehrheit ist da, aber nicht dabei. Die Mehrheit hat bei bei Suche und Standortbestimmung einer Generation nichts zu sagen.

Das war bei der Jugendbewegung Anfang des letzten Jahrhunderts so, aber auch bei den Unistürmern der Achtundsechziger.

Medial scheint Generation nicht das Problem zu sein. Man kann alles Mögliche in den Begriff Generation hineinstopfen, am Ende fühlt sich jeder gut dabei, weil es etwas ist, was einigermaßen zu passen scheint und vermeintlich etwas erklären kann. Ist Generation also nichts anderes als ein mediales Label? Ich denke nicht und bin mir ausgerechnet bei unserer Generation sicher, dass das mit der Generation richtig ist und ein echtes Analyseinstrument sein kann, ja, mehr noch, dass sie schon allein wegen des historischen Zuschnitts im Grunde nur noch erzählt werden bräuchte. Die Generation Mauer – um bei Thomas Ahbe und Rainer Gries zu bleiben – als eine, die erstens ein vollständiges Leben vor 1989 hatte, die sich zweitens ein vollständiges nach 1989 aufgebaut hat und die drittens durch den Systemschnitt 1989 regelrecht konstituiert wurde.

Als ich dieser Tage jemandem gegenübersaß, um ihn nach seinem Leben zu befragen, war nach zwei, drei Details klar, dass es sich um ein Mauerkind handeln musste. Mit Zinkbadewannen, Hansa-Keks, *Solo Sunny* und Rondo Melange hatten zwar auch die Generationen vor und nach uns gelebt, aber welche Szenen mit den Worten verbunden waren, an welcher Stelle sie im Gespräch aufkamen und welchen Klang sie erhielten, machte das Ganze recht eindeutig. Mein Eindruck war, dass sich die Tonspur einer Zinkbadewanne im Laufe eines Jahrzehnts deutlich gewandelt hatte und dass das etwas zu bedeuten hat. Denn warum klingt die Erzählung über eine Zinkbadewanne von jemand, der 1963 geboren ist, um Längen dunkler als von jemand, der 1969 zur Welt kam? Zeittrunkene Details. Doch wie lassen sich die einzelnen Tonspuren im Nachhinein zu einem Sound zusammenführen? Kann die Ethnologie von Zinkbadewannen einen Mehrwert im Hinblick auf unsere Generation ergeben?

Die Generationsforschung zur DDR hat diese Frage auf recht eigenwillige Art gelöst. Die Mehrheit der Wissenschaftler geht davon aus, dass es in der DDR gar keine Generationen gegeben hat, und zwar deshalb nicht, weil es sie nicht geben konnte. Eine Annahme, die sich im Wesentlichen an einem kanonischen Text von Karl Mannheim aus den Endzwanziger Jahren orientiert, der seine Theorie mit Blick auf die Generation anhand der Wandervogelbewegung entwickelte. Für sie entwarf der Pionier der Jugendsoziologie das Bild einer zahlenmäßig kleinen Avantgarde, die »neue Lebensstile, Habitus und einen spezifischen Generations-Diskurs« kreiert, »womit diese Gruppen im Selbst- und Fremdverständnis als Generation erkennbar werden«.

Generationsforscher zu Ostdeutschland haben den Basistext von Karl Mannheim nach 1989 in extenso aufgenommen, um ihn als Folie in Sachen DDR-Generationen einzusetzen. Dabei kamen sie zu dem Schluss, dass es »in einer unfreien Gesellschaft wie der DDR nicht möglich« gewesen sei, eine Generation zu stiften, da es keine Generationeneinheiten gegeben hätte. Was es gab, seien höchstens Generationszusammenhänge, etwa bei den *Aufbauern* (1925–1935), den *Integrierten* (1949–1959) oder den *Entgrenzten* – das sollten wir sein. Eine Differenz zur Nichtdiktatur blieb jedoch in jedem Fall bestehen, die es unmöglich macht, Generationen zu konstituieren. Dabei zielte Mannheims Theorie zur Generation zum einen auf die Logik der Repräsentanz, ganz nach dem Motto: Auf neue Art frei leben, sich frei äußern, sich frei zeigen, in all dem einen eigenen Stil und eigene Referenzsysteme entwickeln, und das tauge irgendwann einmal zur Generation. Zum anderen aber ging es Mannheim in einem sehr grundsätzlichen Sinn um die gemeinsame Erfahrung in demselben prägenden Jugendalter, zum Beispiel bei den jugendlichen Kriegsfreiwilligen des Ersten Weltkrieges. Was damit einem gemeinsamen Lebensgefühl entsprechen würde. Repräsentanz versus Erfahrung?

Eine Generation unter der Diktatur, also eine, die sich neben dem Staat oder auch in seinem Binnenraum, finden, ja erfinden muss, hat dabei von vornherein mit der Aporie zu kämpfen, dass sie sich nicht repräsentieren kann, ohne sich selbst zu gefährden. Avantgardisten sollte es in der DDR partout nicht geben. Jede Gruppe, die öffentlich aus mehr als drei Personen bestand, setzte sich der strafrechtlichen Verfolgung aus. Gesetzt den Fall aber, sie tat es dennoch, kam das gravierende Problem dazu, politisch womöglich missbraucht zu werden. Der Generationsbegriff für die DDR-Diktatur steht damit unter einer Spannung per se, da es in der ostdeutschen Einschlussgesellschaft nicht um Repräsentanz nach außen gehen konnte, sondern notgedrungen nur nach innen.

Für eine Generationenerzählung müsste von daher insbesondere die Stiftung des DDR-Binnenklimas untersucht werden, die nach innen gehenden Referenzräume, das spezielle System der Camouflage, kurzum: das Land im Land, seine inneren Kriege, seine Gewaltmaschine. Zu untersuchen wären damit gänzlich andere Codices und Werte als in einer offenen Gesellschaft. Das Mannheim-Modell könnte jedoch bei diesem Versuch dennoch von Gewinn sein, indem es die Erfahrungswucht historisch auswertet, die Ostdeutschland innegewohnt hat und das *emotional regime* – die Gefühlslandschaft –, in der eine Generation zur Generation gemacht wird. Mannheim um diesen Aspekt zu erweitern, hieße, die ostdeutsche Generationenlandschaft in ihren Versiegelungen lesbar zu machen und ihre Dimension bis in die innere Betäubung, ja Unabänderlichkeit hinein zu befragen.

Ich muss unwillkürlich an Richard und seinen Türaufkleber denken. Wie viel unbesprechbare Resonanz, wie viel Rettung für den Tag, wie viel Umsicht im Geist, inmitten des Angstsystems DDR. Meist ist es völlig nutzlos und auch unersprießlich, mit anderen über eine Angst nachzudenken, die es nicht mehr gibt und die sie nicht kennengelernt haben. Es muss ihnen so vorkommen, als wolle man sie in einen dunklen Raum ziehen, den sie von sich aus niemals betreten würden. Was soll der andere auch damit anfangen? Wieso muss er sich das antun? Wieso ins Dunkle, wo es doch im Hellen so viel zu entdecken gibt?

Man lebt ja so, alle leben so, in das hinein, was sich öffnet. Das Angstsystem DDR zerschellte am Herbst 1989. Über Nacht hatte es aufgehört zu sein. Dabei war diese Angst keine Katz-und-Maus-Spiel-Angst, keine Angst von Fall zu Fall. Sie war in der Lage, ein ganzes Land zu durchsetzen. Es war eine Angst, die eingriff, Regie führte, ins Mark schoss. Das weit über den Mauerfall hinaus.

II. LEBEN IN KAPSELN
Das Eigene finden

VETERANEN UND TRESORE. Das Berliner Haus, in dem Johanna ihren fünfzigsten Geburtstag feiert, ist das Haus, in dem sie seit unserer Studienzeit wohnt. Seine Mieter haben sich 1991 zu einer Genossenschaft zusammengeschlossen und sind allesamt geblieben. Die Hälfte der Gäste, die um den großen Festtisch sitzt, lebt somit seit mindestens einem Vierteljahrhundert unter einem Dach. Es sind Zeugen einer Alten Welt, die noch immer um ihre Balance in der Neuen ringen. »Wir haben uns damals hier zusammengesetzt«, erklärt Peter, ein Nachbar, »und uns nach langem Hin und Her entschieden. Sanierung, Modernisierung, Verwaltung. Alles haben wir selber gemacht. Wir wollten nicht besetzen, sondern das Haus legal. Und in fünf Jahren ist es nun abgezahlt. Ab da gehen bei uns die Mieten runter. Das war richtig, nein, goldrichtig. Man sieht ja, was los ist in Berlin.«

Die Gedanken der Hausbewohner kreisen. Um das Goldrichtige, um Breitbandanschlüsse, alte Lieben, neue Pfannengerichte, um erhöhte Preise bei den Mieten in der Hauptstadt, bei Gas, Strom. Es geht um dies und das. Man weiß umeinander, ist eine Erinnerungsgemeinschaft und sich sehr vertraut. Das hilft, das ist ein Wert an sich, den man sich unablässig gegenseitig bestätigen kann. Versuchte Identitätspolitik, die eine sich rasant wandelnde Kiezwelt und das Fragwürdige da draußen auf Abstand zu halten schafft. »Gestern bin ich mal wieder im »Nord-Tresor« gewesen«, sagt Simone, eine der Nachbarinnen. »Da wollte ich schon länger mal hin. Jemand hatte erzählt, dass die Uschi nicht mehr da ist, dass es jetzt einen neuen Besitzer gibt. Da dachte ich, das schaue ich mir mal an. Und da saß ich mit meinem Hefeweizen und um mich herum nichts als Schwaben. Also, das muss ich echt nicht haben. Die reden von sich, als finge die Welt bei Null an. Dass das hier mal ziemlich anders war, dass es Leute gibt, die vor 1989 auch ein Leben hatten. Geschichte? Irgendwas, irgendwer vor, neben, mit ihnen? Fehlanzeige.«

Johanna nickt. Sie hatte des Öfteren schon davon erzählt. Wie ihr die Straße, wie ihr der Kiez, wie ihr die Welt zunehmend abhanden kamen. »Es ist schwierig, immerzu ganz anders sein zu wollen, wenn du es nicht bist«, sagte sie dann. Aber was meinte sie damit? Ihre Berichte handelten nicht davon, einen Ort zu verteidigen. Das schon lange nicht mehr. Auch war sie meilenweit von dem entfernt, was man so Ostalgie nennt. Auch vom vermeintlichen Schwabenhass keine Spur. Was sie erzählte, klang auch nicht resigniert. Eher war es subtil, mit einer eingebauten Ironie, als geschähe grad etwas Unumgängliches, etwas im großen Stil, das einem am Ende doch nicht wirklich etwas anhaben konnte.

Ich bestaunte Johanna für diesen Lebens-Ton. Wenn wir uns im »Nansen« in Neukölln oder im »Würgeengel« hinterm Kottbusser Tor trafen, weil es zwischen ihr und mir in etwa der Hälfte der Entfernung entsprach, versuchte ich, hinter dieser Distanznahme ihr Berlin nach 1989 zu finden, mir ihr Leben vorzustellen, sie in diesem Übergang zu entdecken, der bald schon kein Übergang mehr gewesen war.

Dann sah ich sie, wie sie im Juni 1989 aus Jena kam, mit dem Diplom in der Hand, an der Ostberliner Akademie der Wissenschaften eine Stelle erhielt, dort zu arbeiten anfing und die Wohnung in der Bornholmer besetzte. Viel Anfang, so mitten im Ende. Ich muss sie direkt noch einmal fragen, was genau ihr erster Job gewesen war, was sie an der Akademie eigentlich gemacht hatte. In jedem Fall blieb es ein kurzes Intermezzo. Denn schon ein Jahr später, Ende 1990, wurde sie als blutjunge Absolventin abgewickelt und auf die Straße gesetzt.

Warum habe ich Johanna nie danach gefragt, wie sie das erlebt hat? Die Zurückweisung, just in dem Moment, als es losgehen sollte, als sie drauf und dran war, in die Neue Welt zu starten? Was haben wir uns überhaupt gefragt in dieser Zeit, die uns nichts anhaben konnte, weil der große Anfang und unsere vielen kleinen wie ein perfekt abgestimmtes Timing zweier erfahrener Synchronschwimmer aussah, wie eine historisch einmalige Parallelaktion, die deshalb so punktgenau saß, weil die Mehrheit unserer Generation die Nase gestrichen voll hatte von dem, wofür man uns ursprünglich einmal eingeplant hatte.

AUSSERGALAKTISCHES. Am 7.8.1961, nur Tage vor dem Bau der Mauer, hatte die »Berliner Zeitung« die legendär gewordenen »Straßen des Kommunismus im Kosmos« veröffentlicht, auf denen man Sputnik I, II und III sowie Lunek I, II und III mit grandiosem Schwung an Mars und Venus vorbeidüsen sah, um dem leider noch uninformierten All die glühende, rote Zukunft vorherzusagen. Welchen Part wir Kinder hinter der Mauer in diesem historischen Großprojekt zu spielen hatten, war von Anfang an klar. Wir waren die »Kämpfer fürs Glück«. So hieß es, und so sangen wir es, über Jahre hinweg, klassenweise. Das Lied, in dem unsere Siegernatur besiegelt war, trug den verheißungsvollen Titel: »Du hast ja ein Ziel vor den Augen« und ließ wenig Raum für Missverständnisse. Im Hinblick auf die galaktische Unermesslichkeit würden unzählige kleine Sputniks in ihren winzigen Raumkapseln ins Nirgendwo wegstürzen, um die froheste aller Botschaften zu verkünden: Der Sieg des Kommunismus war entschiedene Sache, zumindest stand er unmittelbar bevor.

»Wir sind Soldaten, Kämpfer fürs Glück.« Die Kinder, die in den sechziger Jahren hinter der Mauer aufwuchsen, starteten in eine Welt, die soeben neu erfunden wurde, sich deshalb entsprechend neu anfühlen musste und auch wirklich neu klingen sollte. Aus der Enteignung der Bauern wurde die »Bauernbefreiung«, aus einem Arbeitsplatz ein »Kampfplatz für den Frieden«, aus Chemnitz Karl-Marx-Stadt und so weiter. Doch je volltönender die Ideologie, je spektakulärer die Illusionsblase, umso schwieriger im Nachhinein, das Loch zwischen Realität und Glauben zu vermessen. Vielleicht ist das auch der Grund, warum es unentwegt diese Megablasen sind, die dafür herhalten müssen, dem ganzen Irrsinn, der Totalentgleisung eines utopischen Großprojekts noch eins draufzusetzen. Was die DDR angeht, scheint sie für jeglichen Historien-Trash wie gemacht. Nichts, was mit ihr nicht ginge. Sie ist »großes Volkstheater«, »Indianerspiel« und »Gartenzwergland« in einem. Ein Klischee klebt am anderen. Neckische Inspektionen im Diminutiv. Was ist klein, mini, superwinzig, was dumm, peinlich, einfach total gaga, was spießig, richtig oll, nur noch zum auf die Schenkel klopfen? Na? Und längst weiß man auch das schon wieder: Das »Experiment DDR« hat auf tragische Weise einfach nicht genug Zeit gekriegt und muss deshalb in Kürze als sozialistisches Raumschiff Enterprise mit neuem Furor ein zweites Mal starten.

Wir Glücksritter können immerhin behaupten, bei den früheren Starts in den historischen Superlativ dabei gewesen zu sein. Dabei sehe ich uns noch, wie wir in der zweiten oder dritten Klasse im polytechnischen Unterricht an langen Tischen hockten und uns aus Pappkarton Kosmonautenhelme schnitzten. Es musste Etliches dabei bedacht werden. Welchen Umfang die Raumkapsel hat, über welchen Weg wir das Essen zu uns nehmen, wie der Kontakt zur Erde zu halten ist. Steffen bastelte sich einen viereckigen Helm in Silbergrau, Andrea baute sich einen dreieckigen und malte ihn bunt an, meiner war rund und erdfarben. Wir setzten die Helme auf, stelzten mit ihnen um die Tische, stießen, weil wir nicht richtig sehen konnten, hilflos aneinander, ruderten mit den Armen und schnappten schwer nach Luft. Wir waren Helden. Unsere Mission hatte Fahrt aufgenommen. Wir würden es zu was bringen, wir würden ziemlich weit rumkommen.

Das Problem mit diesem Typ Bild ist, dass man trotz aller Hyperrealität nichts sieht. Von außen mögen die Szenen witzig, skurril, überdreht, mag sein, noch befremdlich wirken, aber im Grunde geben sie nichts preis. Sie sind nach innen verkapselt, als müssten sie sich vor etwas schützen. Heute kommt es mir so vor, als ob wir damals in unserem überbordenden Eifer stundenlang an diesen blöden Kartonhauben herumbastelten, um etwas auf den Kopf setzen zu können, was unsere Blicke verbarg. Ich sollte an der Stelle vielleicht besser nicht von einem Wir sprechen. Klar würde es mich interessieren, was Steffen, Andrea und die anderen aus der Klasse unter ihren Helmen so gedacht haben, aber ich weiß es einfach nicht. Daher muss ich ganz bei mir bleiben und sollte vielleicht ein paar Sätze über meine Herkunft verlieren. Sicher, es gäbe Gründe, das nicht zu tun: Ich habe Angst. Ich will die nötige Distanz zum Stoff nicht verlieren.

Ich weiß um das Problem der verlogenen Harmonisierung. Es gäbe dazu noch einen wirklich guten Grund, es nicht zu tun: meine Herkunft selbst.

THANKSGIVING. Man muss sich über Woody Allen und seine problembelasteten Biografie nicht einig sein, und trotzdem hätte ich ihn jetzt gern als Beistand. Er, der seit unserer Pappkrieger-Zeit praktisch jedes Jahr einen Film zustande gebracht hat, muss als absoluter Vollprofi in Sachen Lebensgeschichten gelten. Wie er sich selbst notorisch auf die Schippe nimmt und einem dabei ganz selbstverständlich die Welt erklärt. Wie seine Figuren von ihm genau die Konflikte in die Hand bekommen, die sie auch bewältigen können. Wie er es schafft, gleich mit der ersten Szene direkt und persönlich zu sein, ohne intim zu werden. Das muss ihm erstmal einer nachmachen. Allein wie der *Stadtneurotiker* beginnt: »Kennen Sie den schon? Zwei uralte Damen sitzen in einem Hotel mit Vollpension. Sagt die eine zur anderen: ›Wissen Sie, ich finde das Essen hier katastrophal!‹ Sagt die andere: ›Ja, stimmt, und diese winzigen Portionen!‹ – Wenn Sie mich fragen, so sehe ich im Wesentlichen das Leben. Es ist voller Einsamkeit, voller Elend, Trübsal und Kummer, und doch ist das Ganze eigentlich viel zu schnell vorbei.«

Ich muss an *Hannah und ihre Schwestern* denken, den Film, der drei Oscars abräumte und auch in der DDR erstaunlich schnell in die Kinos kam. Das war im Spätherbst 1986. Ich erinnere mich an einen steingrauen, kalten Morgen. Richard und ich kamen auf dem Weg zur Uni am Jenaer »Palastkino« vorbei, inspizierten das Programm, nickten, sagten nichts, kauften zwei Karten für die Schichtarbeitervorstellung und waren fürs Erste gerettet. Richard hätte ab elf in einem Seminar zum sozialistischen Mythos sitzen müssen, ich hätte den ersten Vorbereitungskurs für Zivilverteidigung gehabt, als für uns der Vorspannlöwe brüllte, die ewigen Sterne am blauen Filmhimmel zu funkeln begannen, ein warmer Zwanziger-Jahre-Swing uns empfing und wir, wie durch ein Schlüsselloch, in den Westen, nein, in die Straßen von New York gucken konnten.

Richard nahm meine Hand. Etwas, was er sonst nie tat, und sagte wie hypnotisiert hintereinander auf, was er hörte und sah: »Cole Porter, hörst du, das Guggenheim, sieh mal, Rodin, da, das Carlyle Restaurant, schau, Randy Weston.« Er konnte nicht aufhören damit. Wir beäugten nicht, was wir sahen, sondern segelten auf hoher Welle einfach in diese riesige Stadt hinein. Dabei mussten wir unsere Gefühle nicht mal korrigieren, weil das, was wir sahen, ziemlich dem entsprach, was wir uns vorgestellt hatten, wenn wir an New York dachten. Mag sein, das klingt etwas sonderbar, aber es war genau das, was uns anderthalb Stunden lang in Bann hielt. Wir konnten die 5th Avenue entlanglaufen, standen in einem Plattenladen, von dem es hieß, dass er alles hatte, was man haben muss, saßen in einer richtigen echten Bar, lagen auf der Wiese im Central Park herum und sogen auf, was die Stadt zu bieten hatte. Wir waren angeschlossen an die Welt. Woody Allen hatte uns die Hand gereicht. Wir waren drin, wir waren vollständig. New York war real.

»Niemand, nicht einmal der Regen, hat so kleine Hände. Wer noch mal hatte das gesagt?«, fragte Richard, als wir das Kino verließen. »Weiß nicht.« Überhaupt hatte ich einige Mühe, die Geschichte des Films zu rekapitulieren. Wieso eigentlich? Was war mit Hannah und ihren Schwestern? Erst, als ich ein paar Tage später den Film zum zweiten Mal sah, fiel mir auf, dass es praktisch unmöglich war, ihn einfach als Film zu sehen. Da gab es die große Kulisse von New York, die so unerreichbar und zugleich familiär war, dass wir uns reibungslos in ihr zurechtfanden. Und da lief gleichzeitig eine verworrene Story à la bonne heure, die mir beim ersten Mal komplett entgangen war. Ein Vater, der an Thanksgiving am Klavier sitzt, immer dasselbe singt und im Film keine Geschichte bekommt. Drei Schwestern, die ihren inneren Konflikten auf originelle Art treu bleiben und keine Vergangenheit haben. Eine unberechenbare Mutter, die trotzig auf Chaos spielt und jedes Gespräch über dessen Herkunft in den Wind pustet. Seltsam das. Was aber erzählte der Großmeister eigentlich, wenn er gar keine Realität erzählte?

»Aber wieso denn nicht?«, höre ich Woody Allen. »Das Chaos zeigen, es aufbrechen und dann gleich wieder verpacken. Das reicht völlig aus. Realität ist unnötig. Die wollen die Leute nicht sehen. Hauptsache, es ist unterhaltsam, Hauptsache, dem Ganzen liegt eine traurige Prämisse zugrunde, damit ich es gut ausgehen lassen kann. Meine Filmerei ist eine Art Körbeflechten in Irrenanstalten.« Das sagt er, wirklich. Vielleicht nicht genau in dieser Reihenfolge, aber er sagt es. Um gleich noch eins draufzusetzen: »Kennst du meinen Film *Zelig*? Am besten, du fängst es an, wie ich bei ihm angefangen habe. Da sagt der richtige Saul Bellow über den falschen Zelig: ›Es war natürlich sehr amüsant, berührte aber gleichzeitig einen Nerv in den Menschen auf die Art, wie sie vielleicht lieber nicht berührt werden möchten. Es ist zweifellos eine sehr bizarre Geschichte.‹ Großartig, nicht?«

ICH SAGEN. Stimmt schon. Das ist es. Aber etwas geht nicht auf, etwas stört mich. Denn *Zelig* ist ein radikales Verwirrspiel, das die Realität mit dem ersten Satz aushebelt. Man sieht von vornherein nicht durch, weiß schon bald nicht mehr, was Sache ist. Dem Ganzen ist ein fortschreitender Weltverlust eingeschrieben. *Zelig* ist von daher vor allem ein zielstrebiger Abgesang auf das Ich und seine Authentizität. »Wozu noch Ich sagen?«, fragte auch Botho Strauß in seinem Essay *Der Plurimi-Faktor* aus dem Jahr 2013. Eine Frage, die insofern schon einiges auf dem Buckel hat. Aber wieso nicht Ich sagen? Warum nicht zuallererst Erfahrung, Geschichte, Erinnerung, warum nicht Sinn, Sympathie, Initiative? Warum nicht auf all dem bestehen? Bestehen. Auch, um sich mit der Zeit zu versöhnen. Der Zeit, die einen gemacht hat. Ich bin auf der Suche nach Richard. Nach dem resignierten Schmerz, der sich in ihm verkeilt hatte, der nicht mehr vor- und nicht zurückging, der sich partout nicht bewegen wollte. Bestehen, Bewahren. Nicht nach ihm zu fragen, würde heißen, nicht anzuerkennen, was geschehen ist und den Freund damit noch einmal zu verlieren.

Bewahren. Dazu muss ich wissen, wo das Vergangene heute ist, was aus ihm geworden ist, wer wir sind, was uns ausmacht, was wir gut können und was wir auslassen, damit es gut ausgeht, wie bei Woody Allen. Das Ich als Trick, könnte man einwenden, als eine Art Glaubwürdigkeitskampagne, als ein Buhlen um Solidität. Und wenn schon. Die Frage nach dem autobiografischen Pakt ist nun mal unhintergehbar, eine Crux. Die Mittel sind begrenzt. »Vom Ich zum Wir« lautete der große Verheißungs-Imperativ der DDR. Vom Wir zum Ich war in diesem Land nicht vorgesehen. Ich gab's nicht. Ich sollte nicht auftauchen. Richard hat Ich gesagt, als er sich gegen sein Leben entschied. Ich werde Ich sagen, damit der Leser weiß, wer das Ich ist, das hier erzählt.

BASALES. Und damit laufe ich in mein erstes Bild hinein. Es ist mein Kindheitsweg. Jeder hat ihn. Etwas sehr Helles, das hinter jeder Biegung immer heller wird, bis es zu gleißen anfängt. Der Weg führt über Treppen, durch Gärten, an leerstehenden Villen vorbei, an Pferden und Kühen, an richtig großem Gestank, am Bäcker, wo es für fünf Pfennige Kuchenecken gibt, am Fischladen, wo abends die Eisblöcke vor die Tür geklatscht werden, an der Russengarnison, wo junge Rotarmisten ihre Zeit verwarten. Der Weg führt bis zum Anfang vom Wald, dem Kindheitswald. Es ist 1962, 1963, 1964, 1965 und findet auf dem Weißen Hirsch, oberhalb von Dresden, statt.

Das erste Bild ist Natur, Höhe, sehr viel Lichtes und das Entdecken des eigenen Körpers. Es ist eine Kindheit ohne Technik, mit Zinkbadewanne in der Küche, Kohleöfen und Kohleherd. In diesem Bild hole ich das Bier für den Vater im Zinkkrug aus der »Erholung«, der einzigen Kneipe weit und breit. Und das Kaffeewasser in der Aluminiumkanne für die Mutter aus den reformerischen Heilquellen, die der Weiße Hirsch seit den zwanziger Jahren zu bieten hat. Es ist auch ein Bild mit Chören. Männer und Frauen sitzen Woche für Woche in unserem Wohnzimmer um den großen Flügel. Vater probt und dirigiert. Er spielt jedes Instrument. Das erste Bild ist die immerwährende Flaschenpost im Hinblick auf die eigene Imagination, das Kraftfeld und der Organisator der inneren Zeit, der Basalraum für ein Ich, das so gern Kind gewesen ist. Der Weiße Hirsch als intime Bildungslandschaft, als vitaler Ur-Stoff.

SYSTEMISCHES. Das zweite Bild nenne ich das System Weißer Hirsch. Auf ihm sind zwei sächsische Kriegskinder, Jahrgang 1934 und 1935. Er verliert seinen Vater, einen Instrumentenbauer aus dem Vogtland, als »Angehörigen der Einheit 2. Batterie SS-Polizei-Gebirgs-Artillerie-Abteilung« im Oktober 1944 bei Belgrad. »Über seinen weiteren Verbleib ist hier nichts bekannt«, schreibt die »Deutsche Dienststelle für die Benachrichtigung der nächsten Angehörigen von Gefallenen der ehemaligen deutschen Wehrmacht«.

Der Vater der Mutter kommt aus dem Inneren deutscher Verwaltungsbehörden, um unter Hitler steil Karriere zu machen. Seit 1940 ist ihr Vater Regierungssekretär in Riga. Seine Dienststelle ist das Reichskommissariat für das Ostland. Zur mobilen Stelle gehört ein doppeltes Gehalt, Beförderung alle zwei Jahre, eine große, mondäne Wohnung, die vorher Rigaer Juden gehörte und in der ab 1941 die neunköpfige Familie wohnt, ein Haus am Meer, eine Köchin, eine Putzfrau, Depressionen, Magengeschwüre und etliches mehr. Er wird Landesinspektor, dann Landesoberinspektor, ab Juli 1944 gehört er zur SS-Einheit »Bataillon Schatz«. So steht es in den Akten.

Die beiden Kriegskinder heiraten jung, 1953, vier Jahre nach Gründung der DDR. Man nennt sie die klassische Aufbau-Generation. »Die Angehörigen dieses Generationszusammenhangs«, schreiben die Forscher, »waren am engsten mit dem Auf und Ab der DDR-Entwicklung verbunden. Sie machten in und mit der DDR Karriere.« Das Auf und Ab, das In und Mit. Er macht eine Lehre in den Klingenthaler Harmoniumwerken, studiert danach Musik, weil er Pianist werden will. 1951 wird Vater Ensemble- und Chorleiter in Dresden, dann Lehrer, später Schulleiter, seit 1967 ist er Erster Stellvertreter des Stadtbezirksschulrats, ab 1971 langjähriger Direktor des Pionierpalastes Dresden, um schließlich zur wieder aufgebauten Semperoper zu wechseln. Man kennt ihn in der Stadt. Die »Urania« holt ihn, um Vorträge über die »Erziehung unserer Kinder« zu halten. Die Stadtverwaltung holt ihn als Sprecher für die Losungen auf den Maiparaden. Er spielt auf Festen, leitet Ferienlager, repariert Spieluhren und gibt den Weihnachtsmann. Was er macht, macht er konsequent, mit aller Energie. Die Mutter wird erst einmal Schriftsetzerin, studiert später Russisch und arbeitet schließlich als Lehrerin am Institut für Weiterbildung in Dresden. Das tut sie auch, nachdem sie fünf Kinder geboren hat. 1957, 1959, 1960, 1967, 1969. Sie unterrichtet voll, ohne Unterbrechung. Das zweite Kind stirbt, als es ein Jahr alt ist.

LECKS. Was das zweite Bild zum System macht, ist das, was man nicht sieht: den verschollenen Vater in Serbien, die toten Juden von Riga, den tödlich verunglückten Bruder der Mutter, das eigene tote Kind. Abwesendes, Schweigen, Schuldgefühle. Es ist die Fugenmasse für die Innenräume der Nachkriegsfamilien in Ost und West. Die Mutter kämpft ein Leben lang mit der archaischen Schuld, als Sechsjährige den Unfalltod des dreijährigen Bruders verursacht zu haben. Der Vater hat damit zu kämpfen, als Fünfjähriger den eigenen Vater nicht aufgehalten zu haben, als dieser für immer im Krieg verschwand. Kriegskinder spielen nicht mit Bällen, sondern auf den Halden des Unverfügbaren. Sie suchen nach Quartieren für ihre entlehnte Schuld, die ihnen niemand verzeihen wird, da sie nicht zur Sprache kommen kann. Das macht ihre Schuld ortlos und kompliziert. Das lässt sie in Höhlen und Löchern abtauchen. Sie sucht nach Auswegen, Durch- und Unterbrüchen. Sie will wohin. Sie will sich loswerden.

»Mein Name ist Morgen. Meine Mutter ist der Plan, mein Vater die Arbeit.« Das ist der Schlusssatz der 77. Folge der Serie »Mäxchen Pfiffigs Geschichten« aus dem Pionierheft *Fröhlich sein und singen* von 1961. Ich habe sie damals alle gelesen, auch die alten Nummern, weil ich sowieso alles las, was mir der Vater in seiner Aktentasche mitbrachte. In jedem Fall handelt die Folge von einem Mann, der sich Morgen nennt. Der Mann kann die Welt von heute nicht sehen, denn er erblickt überall schon das Neue und findet sich deshalb nicht zurecht. Er besitzt aber zwei Brillen: das Minusdiopter, mit dem er sich in die Gegenwart versetzen kann, und das Plusdiopter, mit dem er Mäxchen Pfiffig in das Morgen blicken lässt. Auf diese Weise gelangt Mäxchen auf den Leitstand einer automatischen Brotfabrik des Jahres 1980. Neugierig und pfiffig, wie es ist, spielt es dort an einem Hebel. Daraufhin kommen in der Endfertigung lauter dreieckige Brote an. »Weitermachen, Leute, sofort so weitermachen!«, ruft der Betriebsleiter begeistert. »Eure neue Form wird beibehalten. Neustädter Dreieckbrot, neu, praktisch und formschön, das wird der Knüller unseres Werkes.«

Vater ist ab Ende der fünfziger Jahre erster Stellvertreter, kurz darauf Direktor und auf dem Leitstand, der Kommandobrücke, im Karrierekarussell. Er kann das Heute nicht sehen, weil das Morgen ihn braucht. Es geht um alles oder nichts, um die neueste aller Welten, die nach dem Mauerbau 1961 endlich Form annehmen soll. Die Fotos aus der Zeit sind durchweg Gruppenfotos. Er im Kollektiv, unter Pionieren, Sängern, Marschierern, Wanderern, Blauhemden, Anpackern, Genossen. Die Mutter erklärt ihren Kindern am Küchentisch beinah täglich, dass der Vater ein Filou ist, dass er mal groß rauskommen wird, dass ihm einfach alles gelingt. Für die Aufbauer, die nach der Hitler-Indoktrination bruch- und bedenkenlos in die zweite Diktatur von Ulbricht rutschen, suggeriert das neue Wir-Kollektiv Halt und Unabkömmlichkeit. Wer will, der kann und wird auch gebraucht, jedenfalls innerhalb der abgeschnittenen Geografie DDR. Eine Zeit soll anbrechen, in der es nur noch den Osten gibt. Jeder soll an ihr teilnehmen. Ein Kern soll sich bilden. Was für ein Kern? »Mein Name ist Morgen. Meine Mutter ist der Plan, mein Vater die Arbeit.«

Die Abschnürung 1961, der Prager Frühling 1968 und mit

ihm der Schock, dass mit dem historischen Superlativ doch noch was schiefgehen könnte. Das setzt Vater mächtig zu. Nicht nur ihm. Die Ulbricht-Ära, spüren die Aufsteiger, ist passé. Was folgt, ist ein stiller Methodenwechsel im Geheimdienst- und Machtapparat. Außerdem betritt ein neuer Diktator die politische Bühne: Erich Honecker. Ein kleiner, heruntergedimmter Mann, der nicht nur gern Neujahrsempfänge gibt, sondern die DDR strategiereich und durch sein Prinzip der reinen Härte zu modernisieren weiß. Ich bin mittlerweile elf, zwölf Jahre alt. Die Anstrengungen des politischen Großumbaus werden abends auch am Küchentisch debattiert. Wie viel Kind etwa gehört Vater Staat und wie viel darf die Familie haben? Das sind so Fragen. Das sozialistische Kind als bevorzugtes Streitobjekt. Er ist akut für den gesellschaftlichen Vater, sie will die Nachkommen mehr bei sich. Die Reden und Artikel, die dazu im »Zentralorgan«, dem *Neuen Deutschland* erscheinen, werden ausgeschnitten, mit rotem Kuli bearbeitet, um in dicken Ordnern in Griffnähe zu sein.

VATERVERSIONEN. Zwischenzeitlich ist der Vater oft auf Lehrgang, sagt die Mutter. 30 Jahre später liegt eine 600 Seiten dicke Akte auf dem Tisch, die darüber etwas genauer Auskunft gibt. Am 13.12.1973 – am offiziellen DDR-Tag der Pioniere – unterschreibt Vater seine Mitarbeit für die Hauptabteilung IV der Staatssicherheit. Männer, die dieser Abteilung angehören, werden im Fachjargon »Terroragenten« genannt. Sie fahren mit Sonderauftrag ins vermeintliche Feindesland, in die Bundesrepublik, um »operative Aufträge« auszuführen. Vater lässt sich zum Instrukteur ausbilden, macht eine Kampfausbildung, lernt an der Stechpuppe, wie man Menschen Knockout schlägt, bekommt für seine Spionagetätigkeit eine Zusatzausbildung am Fotoapparat. In der Akte steht, dass seine Bilder »immer die nötige Tiefenschärfe« haben.

In der Akte steht auch, dass er sich im Ausbildungslager über die Bohnensuppe beschwert, keine Rücksichten auf andere nimmt und jeden Abend auf dem Zimmer laut Opern hört. Ich versuche mir Vater vorzustellen, wie er über die Ausbildungsbahn hechelt, seine Stechpuppen in die Mangel nimmt und in der Nacht versucht, sich seine vielen Identitäten einzubleuen. Je nachdem kann er Gerhard Kirchner, Gerhard Andre, Norbert Simon, Gerd Krüger oder ganz anders heißen. Acht verschiedene Namen, acht verschiedene Pässe, alle auf »Doppelgängerbasis«. Er lernt seinen Text für die Kontaktaufnahme im Westen. »Ich rufe im Auftrag von Heinz an und soll nachfragen, ob das Modell der Windmühle fertig ist.« Oder: »Sagen Sie bitte Rita Bescheid, dass die neue Bauanleitung angekommen ist.« Sogar, wenn es um Zerstörung geht, wird angestrengt übers Neue nachgedacht.

17.3.1974. An dem Tag erhält Vater einen Anruf, fährt mit dem Zug von Dresden nach Bernau, kurz vor Berlin, erhält dort zwei Tage lang Instruktionen, einen Reisepass und einen Reiseplan sowie einen seiner vielen Namen. Er heißt für dieses Mal Gerhard. Als Gerhard fährt er nach Westberlin und sucht zunächst seine Als-ob-Wohnung in der Mittenwalderstraße 60 auf. Danach schlendert er zur U-Bahn-Station Mehringdamm und fährt zur Bismarckstraße. Von dort läuft er zur Hochschule für Musik. Er studiert die Lehrpläne, bringt in Erfahrung, wer die Abteilungen leitet und will wissen, welches Auto er sich im Gebrauchtwagenverkauf gegenüber gern kaufen würde. Als der Pförtner der Hochschule ihn anspricht, erkundigt er sich rasch nach Studienmöglichkeiten am Institut. Es soll seine vermeintliche Arbeitsstelle werden.

Vater hat nun einen neuen Wohnort und eine neue Arbeitsstelle. Was er jetzt noch braucht, ist ein neuer Lebenslauf. Die Zentrale in Ostberlin hat ihn für ihn entworfen. Er muss ihn nur noch im Kopf behalten. Ausgestattet mit seiner neuen Biografie und einer tiefenscharfen Kamera fährt oder fliegt Vater unter welchem Namen auch immer regelmäßig über Westberlin nach Westdeutschland. Fast 15 Jahre lang führt er im »Feindesland« an allen möglichen Orten die unterschiedlichsten Aufträge aus. Als Fritz taucht er in unbeobachtbaren Ecken ab, listet Namen, Adressen, Besonderheiten auf, sucht Feuerwehren und Firmen auf, die die Tschekisten im Osten schon seit längerem im Blick haben. Als Hans stapft er durch hohe Schneewehen, kriecht durch Tunnel, wirft sich über Mauern. Als Hermann geht er Flüchtlingen aus der DDR nach, die mit knapper Not entkommen konnten, fertigt Skizzen ihrer Wohnhäuser an, macht Fotos vom Schulweg der Kinder, inspiziert die neuen Arbeitsstätten. Peter und Norbert finden das Essen in den Restaurants in Köln oder Stuttgart überteuert, Steffen geht einkaufen. Er darf nicht auffallen, sondern soll »normal westlich gekleidet« sein. Wer weiß, welche Vaterversion zwischendurch zu Hause zum Einsatz kommt, wer über unsere Familie berichtet, unsere Nachbarn ausspioniert oder Auskünfte über einen Lehrer meines Bruders gibt.

Wie oft ich versucht habe, mir Vater und seine jahrelangen Grenzgänge vorzustellen. Welcher Teil von ihm wann, wo, wie war. Wie er sich dabei fühlte. Was er so machte, am Abend, in irgendeinem Hotel im braunen Siebziger-Jahre-Look vielleicht hinter München. Hatte er Angst? Fehlten wir ihm? Wie oft ich mich gefragt habe, wo er den Westen hinpackte, wenn er wieder im Osten war und mit seinen Pionierchören muntere Lieder trällerte, zu Vorträgen fuhr oder auf Maiparaden große Reden schwang. Ich fragte mich, wo der Osten war, wo wir in ihm waren, wenn er im Westen herumfuhr, um ihn nach »besonderen Vorkommnissen« auszuspähen.

Dabei kommen mir die vielteiligen buddhistischen Figuren in den Sinn. Ravana zum Beispiel, der Dämonenkönig mit seinen zahllosen Köpfen und Armen, von dem es heißt, dass er in der Lage sei, jede Gestalt anzunehmen. Sicher. Man kann sich problemlos allerhand Ravanas vorstellen. Jede Menge Vielfüßige, Vielarmige oder sonstwie Multifunktionale, aber eigentlich bringt es nichts. Über den asiatischen Umweg komme ich nicht an meinen Vater heran. »Ich musste, wenn ich im Ausland unterwegs war, Berichte schreiben. Das war normal«, wird er eine Welt später, im Jahr 2008, in einem Fernsehinterview sagen und dabei so eigenartig mit den Händen rudern. Auf diesen Satz hin wird er von dem Journalisten zu seinen vielen Namen befragt. Vater antwortet unumwunden. Es überrascht nicht, dass er sich an keinen erinnert.

Heute weiß eine Gesellschaft wie die unsere aus dem Stand, was sie von all dem zu halten hat. Wenn es um die DDR geht, fällt zuerst das Wort Stasi und dann ziemlich lange nichts, um zwischen dem Unwort und dem ausgedehnten Nichts genug Zeit zu haben, erschrocken zur Seite zu rücken, betreten wegzugucken oder rasch von etwas anderem zu sprechen. Dabei ist es ja nicht so, dass sich Stasileute oder die alte Polit-Nomenklatura nach 1989 nicht öffentlich geäußert hätten. Im Gegenteil. Anders als nach 1945 ist unwahrscheinlich viel Text vorgelegt worden. Allein von den 25 SED-Politbüroleuten veröffentlichten bis 2014 zehn ihre Lebensberichte, manche sogar mehrfach. Der Historiker Martin Sabrow stellte dazu fest: »Ein wesentlicher Grund für die erstaunliche Mitteilungsbereitschaft fast des halben Politbüros der SED nach 1989 liegt zweifellos darin, dass die SED-Herrschaft anders als die NS-Herrschaft eben keinen

Zivilisationsbruch markiert. Der Kommunismus kann anders als der Nationalsozialismus *erzählt* und muss nicht verschwiegen werden.«

Ist viel Text zwangsläufig viel historische Wahrheit? Ist der panische Dauertext der einstigen politischen Eliten nicht eher das Echo auf ihre über Nacht implodierte Macht? Und damit der Versuch, sich weiterhin anwesend zu machen, durch verbale Omnipräsenz Rezeptionssteuerung in alle Richtungen hin zu betreiben? Könnte die DDR derart hemmungslos wegmoderiert werden, wenn sie in ihrer Realität delegitimiert worden wäre? Lässt sich im Unendlichsprechen nicht genauso beredt schweigen? Ist der Endlostext nicht vielmehr eine zeitgenössische Mimikry ans Schweigen? Denn was wird denn tatsächlich gesagt?

Ich blättere in den Büchern, die in meinem Zimmer herumliegen. Markus Wolfs Erinnerungen *Spionagechef im geheimen Krieg*, Manfred Bols *Ende der Schweigepflicht. Aus dem Leben eines Geheimdienstlers.* Man kennt den Duktus. Diesen Wald aus Wörtern, eher eine Armee, um ja nur standhaft zu bleiben und die Geschichte dahinter nur umso eiserner zu verteidigen. Oder es gibt den *Absturz* wie bei Günter Schabowski, eine rasante Abkehr und genauso rasante Wandlungserzählung. Ich lese, um in den Büchern dem schweigenden Vater zu begegnen, auf Sätze zu stoßen, die er vielleicht auch hätte sagen können, vielleicht sogar gesagt hatte, auf Motive von ihm und Gedanken. Und vielleicht ist er ja doch da, irgendwo, in Bruchstücken, vielleicht hat er sich in ein paar Nebentexte weggeschlichen. Aber die Bücher kommen mir wie leergefegt vor, blechern, dürr und seltsam abgesprochen. Als gäbe es ein universelles Schreibprogramm, einen Code, auf den man in historischen Akutsituationen zurückgreifen kann. Es sagt mir nichts. Es fehlt zu viel. Es kann so nicht gewesen sein.

REVOLUTIONSSTRUDEL. Also muss ich noch einmal zurück nach Dresden, auf den Weißen Hirsch. Es geht um eine Situation. Eine, die sich unablässig wiederholen konnte: Ich liege schon im Bett, da geht die Tür, und der Vater kehrt von seinen Lehrgängen zurück. Ich höre, wie in der Küche gesprochen wird, wie die Bierflaschen ploppen, wie gelacht wird und Mutter irgendwann schlafen geht. Ich bin hellwach und kneife die Augen zusammen, weil ich schon weiß, was geschehen wird. Ich höre, wie sich die Schritte des Vaters meinem Zimmer nähern, wie er die Tür aufreißt, seine Hände nach mir greifen und ich aus dem Bett gezerrt werde. Ich staune jedes Mal, wie das System Weißer Hirsch in der Lage sein kann, anfallartig auszubrechen. Eben hat der eine Vater noch ruhig sein Bier getrunken, da geht ein anderer schon zu seinen Exerzitien über, für die er sich selbst offenbar von allen Regeln freigestellt hat. Die Prozeduren vollziehen sich übergangslos, rasch, methodisch. Es geht nicht um Schläge, es geht um systematische Gewalt, die durch den Körper des anderen durchbrechen soll.

Damals nicht, aber später habe ich oft darüber nachgedacht, woher sie kam, diese große, echte Unmenschlichkeit, das Verrohte, Gewalttätige des Vaters. Immerhin handelte es sich um den Mann, der den einzigen Palast für Kinder im Land leitete. 1902 hatte die schwedische Pädagogin Ellen Key das angehende Jahrhundert zum »Jahrhundert des Kindes« erklärt. Dazu sollte es nicht kommen. Was kam, war ein Jahrhundert der Extreme, eine Zeit exzessiver Negationsprogramme. Auch für Kinder. Die in den Strudel eines der vielen Fortschrittsprojekte gerieten, brauchten vor allem eins: eine gehörige Portion Glück, um die Revolutionierung ihrer Kindheit zu überleben.

Es macht mir zu schaffen, über Dinge wie diese zu schreiben. Exerzitien, Strudel. Starke Wörter, die etwas Dunkles

um sich haben. Und die etwas behaupten. Sind sie erst einmal in den Raum gesetzt, lassen sie sich nicht mehr so einfach beiseite schieben. Sie sind dann da. Aber auch sehr richtig an der Stelle. Ich muss an Richard denken. Jetzt noch
nicht, aber sicher bald wird es eine umfassende Rückschau
auf deutsche Kindheiten nach 1945 geben. Sie erzählt sich
entlang der Geschichte der Odenwaldschule, der Kinderlä-
den und Kinderheime, von katholischen Einrichtungen und
geschlossenen DDR-Jugendwerkhöfen wie Torgau, blickt
aber auch in die Innenräume ost- und westdeutscher Nachkriegsfamilien. Was sich daraus ergibt, ist das Protokoll eines fortgesetzten Nazismus, eines nahtlos weitergegebenen,
reibungslosen Kriegshandwerks, das man in Richtung Ost
erst verhalten in den Blick bekommt. Und das, obwohl die
Archivbestände der DDR-Volkspolizei minutiös darüber Auskunft geben können.

1977 hatte Klaus Theweleit mit seinen *Männerphantasien*
den Nationalsozialismus als »umgesetzten Ausdruck ver-
heerender Körperzustände seiner Protagonisten« zu lesen
vermocht. Sein Blick lag nicht auf der Ideologie, sondern auf
den Körpern. Er nannte, was er da erkundete, eine »gefährli-
che Materie, die mit Macht und Gewalt darauf dringt, den
Zustand der Welt den Zuständen des eigenen Körpers anzu-
gleichen.« Dieser Körperzustand des »soldatischen Mannes«
schaffte Realitäten, die nach 1945, wie uns die Geschichte
mittlerweile erzählt, nicht so leicht abzubauen waren. Zumal, wenn Kriegskinder mit den eigenen, für immer abwesenden Kriegsvätern vollständig eins waren und sich
Hals über Kopf, noch dazu in der zugeschlossenen DDR, in
einen nächsten Krieg, den Kalten, stürzten. Was sollte dabei
herauskommen?

Jede Menge Kalte DDR-Krieger, die sich mit ihren überbordenden Phantasien herumplagten. Mit ihrer panischen

Angst, das politisch Andere könnte über Nacht unbemerkt die Grenzen des Landes fluten, oder was noch schlimmer gewesen wäre, die Grenzen des eigenen Körpers auflösen. Das zu verhindern half nur, den eigenen Körper zum Panzer und sich selbst zum Soldaten auszuhärten. Zu einer Art Friedens-Krieger, der sich als »handelnder Teil einer übergeordneten Macht« erlebte, wie Klaus Theweleit schreibt.

AUTOIMMUNES. Das Zivilste an meinem Vater war seine Schuppenflechte. Sie kam mit den Exerzitien. Sein Panzer schuppte. Darunter war er ganz blank, darunter glänzten blutrote, offene Flächen. Wie muss er gelitten haben. Damals verstand ich es nicht, damals versuchte ich nur zu überleben, aber ich sah, dass sich unsere Wohnung mit silbrigen Plättchen füllte, die ihm unentwegt vom Kopf, vom Rücken, von den Knien wegrieselten. Und die ständig nachwuchsen. Überall lagen sie, in jedem Zimmer. Weiße, talgige Flocken, ein bisschen wie Schnee.

Manchmal nahm ich eins der Plättchen in die Hand und untersuchte es. Ich wollte herausfinden, ob es eine Verbindung gab zwischen ihm und meinen Flecken. Denn wie der Vater schuppte, fleckte ich. Ewas wanderte durch mich hindurch, pochte, hackte und schob sich bisweilen nach draußen. Es hatte nicht mit den Schrunden zu tun, die nach seinen Lehrgängen meinen Körper übersäten. Die Flecken waren etwas anderes, sie waren unabhängig davon, sie standen in all der Sinnlosigkeit unter eigenen Gesetzen, sie waren ein eigenes Land.

Familien sind exklusive Gebilde. Den Grad des Exklusiven im Hinblick auf das System Weißer Hirsch konnte ich lange Zeit nicht überschauen. Aber es beschäftigte mich. Ich wusste, dass etwas nicht stimmen konnte. Dass man mit jemandem zu tun hatte, der zu allem bereit war, und man sich deshalb besser in Acht nahm. Es ging mir nicht gut, damals. Ich war dabei, kaputtzugehen. Ich ging nicht kaputt. Extreme isolieren. Vor allem von dem, was das Leben intensiv macht. Ich war noch sehr jung, aber ich wusste, dass ich diese Isolation überwinden würde. Viel mehr wusste ich nicht.

III. SCHLIMMER ALS STRICKEN

Den 4. November 1989 doch noch
verstehen

EINSCHLÜSSE. Ich muss noch einmal auf Johannas Fest zu sprechen kommen. Und zwar wegen des Streits, der aufkam, kurz nachdem Martin als Letzter aus unserer Jenaer Studiengruppe doch noch eingetrudelt war. Als wir studierten, waren Johanna und Martin ein Paar. Wie bei vielen überstand ihre Liebe den Herbst 1989 nicht. Ich kann nichts machen, aber wenn Martin in der Tür steht, bin ich augenblicklich wieder in Jena und sitze in einem Seminar im Seitenflügel des alten Universitätsgebäudes, Raum 206, gleich über dem dauerverschlossenen Hochschularchiv. Das Blubbern der Heizung. Es ist kalt, obwohl es zu heiß ist. Wir sprechen über Anna Seghers, Maxie Wander, Christa Wolf. Die Worte ziehen an mir vorüber. Martin lebte zu der Zeit in Berlin, hatte von einem neuen Heiner-Müller-Text gehört und ihn ins Seminar mitgebracht. »Die linke größere Wolke könnte ein Gummitier aus einem Vergnügungspark sein, das sich von seiner Leine losgerissen hat, oder ein Stück Antarktis auf dem Heimflug.« Er liest die *Bildbeschreibung* so, wie Heiner Müller seine Texte gelesen haben wollte: tonlos, unabänderlich, weggehalten von der Welt.

»Die Abwehr gilt einem bekannten Schrecken, der Schuss ist gefallen, die Wunde blutet nicht mehr.« Weiter kommt

Martin nicht. Die Zeit ist um, das Seminar aus. Die Geschichte endet nach der ersten Seite, am Anfang. Sein Kopf zittert vor Enttäuschung. Hastig schiebt er die Blätter ineinander, greift nach seinem Mantel, der speckigen Tschapka, winkt ab, verlässt den Raum. Er hätte es wissen müssen, hier geht nichts für ihn, hier kann er mit dem, was er will, nicht landen. Also zu »Edith«, unserer Stammkneipe, unweit der Stadtkirche. Bei Edith ist es voll wie immer. Sie, Ende 50, kommt mit einem halsbrecherisch vollen Tablett. »Boulette, Schnitzel, Korn, Bier!« Klare Worte, klare Angelegenheiten. Ihr Geschäft heißt Maloche, ihr Prinzip herzenswarme Nüchternheit. Martin sitzt schon hinten am Fenster, verschanzt in seinem Fellmantel, die Tschapka auf dem Kopf. Auf dem Tisch eine Schachtel Karo, ein Bier. Der Kneipenofen bollert. Er friert. Sein drittes Magengeschwür macht ihm zu schaffen. Er liest Müller: »Was oder wer ist verbrannt worden, ein Kind, eine andere Frau, ein Geliebter.« Mittlerweile ist die Gruppe wieder komplett, hockt am Tisch, jeder hat sein Bier vor sich, das Seminar geht weiter. Martin ist ohne Gnade. Müller ist sein Exil, er behandelt seine Konflikte, er schreibt sein Drama. Was erstmal nur heißt, die *Bildbeschreibung* wird komplett gelesen. Erst dann lässt sich überhaupt was sagen. Die Gleichförmigkeit der Satzketten, als sei der Text eine Eisdecke. Ende 1983 hatte Heiner Müller in Westberlin verwunderten Theaterleuten einen seiner typischen Kurzreports über den Osten gegeben: »Es geht nicht weiter. Die Kinder können einem nicht mehr in die Augen schauen.« Die Kinder also.

Ungeklärt bleibt, ob es je einen kongenialeren Müller-Interpreten gegeben hat als Martin. »Interessant ist eigentlich nur, wo die Systeme umbrechen und was sich dadurch verändert«, monologisiert er. Er kreist um Müllers Textherz, hält inne, sieht jeden am Tisch an. Lohnt es sich, das preiszugeben? »Und?«, will Carla wissen. »Der Machandelbaum, das Märchen«, sagt Martin leise. Im Grunde war es wie immer. Martin sitzt da, in seinem schmuddeligen Fell, trinkt, raucht, fiebert vor sich hin. »Um die Geschichte vom getöteten Sohn geht es. Er ist es, der wiederkehrt. Er ist es, der Vater und Schwester mit ins Haus nimmt, an den Tisch, um gemeinsam zu essen.« Das ist es. Martin erzählt von sich. Es ist seine Geschichte. Die Geschichte aus dem Frühjahr von vor zwei Jahren, aus dem März 1984. Wir sitzen im Seminar BRD-Literatur. Vorn am Pult der Institutsdirektor Professor Doktor Manfred Beyer, nach 1989 als hochengagierter IM Dr. Gallus enttarnt. Es geht um Anfänge, neuere Romananfänge. Die Diskussion kommt nicht recht in Gang, als er völlig übergangslos und in scharfem Ton sagt: »Man darf es sich nicht so einfach machen. Niemand, der je in den Westen abgehauen ist, wurde drüben eine relevante Stimme. Alle sind sie sang- und klanglos untergegangen.«

Der Blick des Institutschefs zieht über unsere Köpfe hinweg. Es ist ein Blick auf der Höhe der Macht. Martin sitzt hinten an der Wand. Langsam, eher schleppend, beginnt er zu sprechen. Er sagt Nein, nennt Namen. Johnson, Biermann, Raddatz, Kempowski. Er sagt etwas von Zumutung, Rausekeln, Eingeschlossensein. Am Ende blickt er dem Mann vorn am Pult direkt ins Gesicht. Es ist nicht einfach eine Exmatrikulation, die nach der Stunde erfolgt. Es ist ein Exempel, vor dem gesamten Institut, mit aller rhetorischen Wucht. Martins Rausschmiss bedeutet für ihn anderthalb Jahre keinen Zugang zu einer DDR-Universität. Er wird Nachtportier in einer Ostberliner Großbäckerei. Als er nach Jena zurückkommt, ist sein Blick härter.

Alles Gewesene ist nie nur gewesen. In Ediths Biergläsern suppen die Neigen, die Karo-Schachteln auf dem Tisch sind leer. Ich erinnere mich, dass Martin noch von Odysseus erzählte. Davon, dass seine Geschichte von seinem Gedächtnis versiegelt wurde und so der Zeit nicht unterliege. Er sagte was von der Explosion des Gedächtnisses im Augenblick des Todes, der Dramatisierung einer Bewusstseinslandschaft. Die Sätze klingen sperrig und hart, sie zerren. Er will wohin damit, wechselt gern ins Messianische. Auch nach über 20 Jahren ist das so. Martin würde nicht auf ein Fest kommen, um die Dinge einfach so laufen zu lassen. Er sucht den Konflikt, forciert ihn, bis er für ihn die gewollte Kontur hat. Dafür holt er erst einmal eine Runde Speedkekse aus der Tasche und reicht sie herum. »Gegen das Magenwummern«, lacht er und schlägt sich auf die Bauchdecke. Aber Martin wäre nicht Martin, wenn er nicht auch seinen Impresario dazu in Szene setzen würde. »Gesucht: die Lücke im Ablauf, das Andre in der Wiederkehr des Gleichen.« Heiner Müller ist da wie eh und je. 20 Jahre sind nichts. Vom versiegelten Gedächtnis keine Spur. »Das Loch in der Ewigkeit, der vielleicht erlösende Fehler.«

TRANSMISSION. »Es war Verrat«, sagt Martin auf einmal und rutscht leicht in sich zusammen. Eben noch schillerten seine Gedanken wie Schuppen, mit einem Mal wirken sie farblos und bitter. Einen Moment lang ist es still um Johannas runden Geburtstagstisch. Endlich fragt Carla: »Bist du ihm eigentlich mal begegnet?« Das kommt so direkt daher, dass auch er nur direkt darauf antworten kann. »Ja, am 4. November 1989.« – »Auf der großen Demo?« – »Ja. Ich war mit Richard da.«

Martin wird jetzt nochmal ganz von vorn anfangen. Das ist so bei den Novembertagen von 1989. Sie kommen immer wieder, tragen sich nicht ab. Vielleicht finden Feste in unserer Generation vor allem statt, um ganz sicher zu gehen, dass wirklich jeder jedes Novemberdetail zur Kenntnis genommen hat. Vielleicht waren die Tage einfach zu groß, zu groß für den Einzelnen.

In jedem Fall trafen sich die beiden an diesem kalten Samstag schon um neun Uhr morgens vor dem Eingang des Berliner Verlags. Richard kam mit dem Rad aus der Bornholmer, Martin war den Prenzlauer Berg runtergelaufen. »Wir standen so, dass wir den Alexanderplatz links gut im Blick hatten. Die Massen strömten aus allen Richtungen. Viele hatten Zusammengerolltes unter der Jacke. Oder Losungen auf Bettlaken, Sperrholz, Hartfaser, Pappe. Die Gesichter hatten was Aufgeregtes. Das war neu. Der ganze DDR-Mief war plötzlich weg.« Martin erzählt, dass sie vom Alex aus über die Karl-Liebknecht-Straße Richtung Palast der Republik gelaufen sind und der Marsch verhalten begonnen hatte. »Die alte Angst war immer noch da.« Irgendwann aber brach der Berliner Sprachwitz durch. »Wende statt Wände« – »Mit dem Fahrrad durch Europa, aber nicht als alter Opa« – »Es hat keinen Zweck, das Vertrauen ist weg« – »Schnitzler in den Tagebau oder in die Muppet-Schau« – »Danke Ungarn!« – »40 Jahre Qualen – wir fordern freie Wahlen« – »Schickt die Stasi nach Benghazi«.

Die Leute lachten, zeigten sich ihre Transparente, überraschten sich gegenseitig mit Aktionen. »Schließt euch an! Schließt euch an!«, skandierte ein Chor, um die noch Wartenden am Straßenrand dazuzuholen. Immer neue Losungen kamen in Umlauf, wurden im Vorbeigehen an Häusermauern geschmiert oder an den DDR-Staatsrat geklebt. »Als ob wir einfach nur nach vorn trieben, heiter, verspielt, staunend. Die Leute sagten es nicht, aber allen war klar: Etwas war losgetreten, etwas würde nie mehr so sein können, etwas war zu Ende. Die Angst war weg. Die Kugel rollte. Wohin, war erst einmal egal. Irgendwann kam sogar die Sonne durch. ›Reisewetter! Reisewetter!‹ skandierte sofort einer der Chöre. Über die Rathausstraße zogen wir zum Alex zurück, vor das Haus des Reisens. Dort war die Bühne aufgebaut.«

Die erste offiziell genehmigte Demonstration in der DDR fand fünf Tage vor ihrem Ende in einem äußerst knappen Interregnum statt. Seit dem Sommer waren die Jungen, war vor allem unsere Generation, in den Westen geflohen. Überall im Land gingen die Leute auf die Straße. Sie wollten ohne Angst und ohne Lüge leben, endlich reisen, wohin sie wollten, endlich wählen und sprechen, was sie wollten. Noch am 7. und 8.10.1989 hatte es bei brutalen Auseinandersetzungen um den Palast der Republik und am Prenzlauer Berg 1043 Verhaftungen gegeben. Geheimdienst und Polizei hatten Protestierende mit Hunden über Treppen gehetzt, geknüppelt, geschlagen, mit Handschellen weggefahren. Sie hatten sie durch Straßen und in U-Bahnhöfe getrieben, gejagt, gefangen, auf Autos geschmissen und »zugeführt«, wie die Stasi das nannte. Schon Stunden später kursierten Gedächtnisprotokolle in der Stadt. Der Terror schockierte. Vor allem aber hatte er erstmals Zeugen. Grausamkeiten, die viele DDR-Bürger bis dahin nicht für möglich gehalten hatten, wurden plötzlich öffentlich bekannt. Was und vor allem wie die brutale Hatz abgelaufen war, sprach sich in Windeseile herum. Härte und Starrsinn gaben letztlich den Ausschlag: Die alte Macht war nicht mehr zu halten. Erich Honecker musste gehen. Am 18.10.1989.

Just einen Tag zuvor hatte Wolfgang Holz, Schauspieler am Berliner Ensemble, für die Demo am 4.11. eine Genehmigung bei der Volkspolizeidirektion Berlin-Mitte beantragt. Stunden später lag der Antrag beim Ostberliner Polizeipräsidenten und löste bei Partei, Stasi und Polizei zwangsläufig einiges an Hintergrundgeräusch aus. Denn die politische Lage im Land war so unübersichtlich wie unberechenbar geworden. Und wurde es mit jedem Tag mehr. Was, wenn die herbeiströmenden Massen die ohnedies porös gewordene Mauer einfach fluten würden? Es sah nicht gut aus. Am 20.10.1989 schrieb Kurt Hager, Chefideologe der SED, an den neuen Interims-Chef der DDR Egon Krenz, dass es Kulturleute gebe, die unbedingt eine Demo machen wollten. »Die Versuche, sie von diesem Vorhaben abzubringen, hatten bisher keinen Erfolg.« Aus diesem Grund schlage er vor, die Demo zu ermöglichen. Damit, nahm er an, müsste die entglittene Situation wieder händelbar werden. »Bei dieser Kundgebung sollten namhafte Vertreter unseres Kulturlebens sprechen und zur Unterstützung der Wende, die auf der Tagung des ZK eingeleitet wurde, aufrufen.« Aus der »Akte 4.11.1989«, die der Geheimdienst anlegte, geht hervor, dass man von den »beteiligten Persönlichkeiten« erwartete, dass sie »Einfluss auf den ordentlichen, friedlichen und disziplinierten Verlauf der Demonstration und des Meetings nehmen« würden. Damit das möglich werden könne, sollten sich »gesellschaftliche Kräfte in angemessenem Umfang« an der Demonstration beteiligen, um ihr ein »progressives Gepräge zu geben«. Im Klartext: Man sollte ausreichend Stasi in Zivil herankarren, um die Veranstaltung entsprechend steuern zu können.

Es waren noch einmal alte Form und alter Geist, die in der ärgsten Agonie auf Erfüllung pochten. Doch tschekistisches Wunschdenken war das eine, die Realität etwas anderes. Stunden, Tage in einer explosiven Gleichzeitigkeit des Ungleichzeitigen. Denn was die einen im Background über fast drei Wochen eisern durchplanten, fegten die Protestierenden auf den Straßen binnen drei, vier Stunden einfach weg. Wovor die einen noch Angst hatten, wurde von den anderen längst belacht. Worüber die einen todtraurig waren, begrüßten andere jubelnd. Eine Zerreißprobe. Die Spannung der Tage war hochkarätig. An Schlaf war kaum zu denken, auf Arbeit fand nichts statt. Wichtig war vor allem, sich handfeste Informationen zu besorgen. Aus Plauen, Dresden, Magdeburg und Leipzig, ja, von überall aus dem Land, wurden unentwegt neue Hiobsbotschaften in die noch träge Hauptstadt gemeldet. Es ging um Flüchtlinge und Demonstranten, um Demonstranten und Flüchtlinge. Die Zahlen stiegen. Nicht stetig, sondern rasant. Die DDR befand sich in der Generalinsolvenz. Was sollte werden? Die Großkrise aussitzen war nicht mehr drin. Nur, wer würde in diesen heißen Tagen letztlich die politische Oberhand gewinnen? Oder endeten die explosiven Herbstwochen gar noch im Chaos?

Der erste Samstag im November 1989 auf dem Alex wurde zur politischen Umwälzpumpe, zur Transmission. Er löste und bündelte, er verschmolz und gruppierte um, er eröffnete und ließ verschwinden, er deckte auf und er verpuppte. In jedem Fall veränderte er das Land. Dabei dürfte es nicht ganz unwesentlich gewesen sein, dass es Berliner Theaterleute waren, die für diesen groß inszenierten Anschubtag den Hut aufhatten. Den noch Mächtigen schienen sie unverfänglicher als das schwer beäugte, ja liebend gern diskreditierte »antisozialistische« Neue Forum und die Bürgerrechtler, von denen die Idee ursprünglich gekommen war. Die Bürgerrechtler selbst, allen voran Bärbel Bohley, hielten sich bei dem Vorhaben eher bedeckt. Sie hatten Angst, politisch vereinnahmt zu werden, was sich im Nachhinein als berechtigt herausstellte. Für die, die auf die Straße gehen wollten, hatten die vom Theater einen generellen Bonus. Sie galten als unkonventionell, frech und waren so oder so Verbündete. Das Theater in der DDR galt als der öffentliche Ort der Kritik, der Hoffnung, der ersehnten Lösung. Das Publikum pilgerte und bangte, stritt und wollte mehr. Insofern war das Theater womöglich tatsächlich der einzige Anwalt, das Patt zwischen Straße und Macht aufzulösen. Die Künstler nahmen diese Rolle an, als hätten sie 40 Jahre lang darauf hingewartet. Die halbe Stadt wurde ihnen zur Bühne. Das ist, was Theater kann. Nach über einem halben Jahrhundert Diktatur im Osten schien es über Nacht möglich, draußen, auf der Straße, im Offenen, im Unbestimmten, den Tag zum Ereignis und das Ereignis zu Geschichte zu machen. Ein unglaublicher Akt.

Fand er auch statt?

OPTIONALES. Das Theater und die Intellektuellen, genauer ihre Rolle im Herbst 1989. Davon handelte der Streit, den Martin auf Johannas Fest am späteren Abend noch vom Zaun brechen musste. Worum es ging? Martin und Richard hatten sich am 4.11.1989 Stück für Stück bis zur Bühne durchgearbeitet, die unmittelbar vor dem »Haus des Reisens« auf dem Alex stand. Theatertechniker des Berliner Ensembles hatten die Lenin-Tribüne aus Michael Schatrows *Blaue Pferde auf rotem Gras* auf einen W 50, einen DDR-Lastwagen, gehievt. Um 11.25 Uhr eröffnete die Schauspielerin Marion van de Kamp die Großdemo. Ihre Sätze echoten über den Platz: »Liebe Mitdenker und Hierbleibende. Die Straße ist die Tribüne des Volkes, überall dort, wo es von den anderen Tribünen ausgeschlossen wird. Hier findet keine Manifestation statt, sondern eine sozialistische Protestdemonstration. In diesem Sinne.«

Dass es im Vorfeld um die Rednerliste einiges Gerangel geben würde, war vorhersehbar. »Wenn wir die Demonstration richtig in die Hand kriegen würden, könnten wir auch ohne Zweifel die Führung bestimmter Prozesse wieder fest in die Hand bekommen«, hatte sich Kulturminister Hans-Joachim Hoffmann überlegt. Allein der doppelte Konjunktiv sprach Bände. Der wackligen Krenz-Riege war klar, was mit dem Tag auf dem Spiel stand. Und doch: Trotz aller Forciertheit der Lage blieb noch Zeit genug für parallel laufende Planspiele. Plan A: Auf Zeit spielen, um das kenternde Schiff zurück auf Kurs zu bringen. Plan B: Auf Zeit spielen, um die eigenen Pfründe zu sichern. Immerhin ging es um etliche Milliarden Euro SED-Vermögen. Ein schwerer Batzen, der so wegtauchen musste, dass ihm nicht mehr nachzukommen war.

Am 31.10.1989 gab Stasi-Chef Erich Mielke die zentrale Weisung für die Demo an seine Diensteinheiten heraus: Sicherung der Grenze sowie »zentraler Objekte«, »gedeckte Kontrolle und Überwachung, einschließlich Bild- und Tondokumenten«, Verhinderung von »Gewalthandlungen antisozialistischer Kräfte«, außerdem die Anweisung für die teilnehmenden IMs, auf einen »friedlichen, disziplinierten Verlauf sowie die Zurückweisung von Provokationen« hinzuwirken. Mielkes dezidierter Einsatzplan war natürlich stasiintern. Martin war jedoch aufgefallen, dass in der Nähe der Bühne viele seltsame Leute herumstanden. »Die üblichen Verdächtigen. Aber wirklich zu tun kriegten die nicht. Das Ganze war eine Märchenstunde vom Feinsten. Die größte öffentliche Parteiversammlung, die die DDR je gesehen hat.« Peter, Johannas Nachbar, sagt: »Blödsinn. Ich war doch auch da. Was da geredet wurde, ging völlig in Ordnung.« Wer Martin kennt, weiß, dass Sätze wie diese nicht so stehenbleiben. Er dreht sein Weinglas in der Hand. Dann sagt er was von einem glitschigen Ding, einer miesen Inszenierung und davon, dass alle die Hosen voll hatten. »Außer dir natürlich«, hält Peter bissig dagegen. Auch die anderen am Tisch steigen nun ein. »Wenn ich mich richtig erinnere, war der Punkt doch, dass alles so legal wie möglich sein musste, damit die Demo überhaupt durchkam. Deshalb die Vorsicht«, meint Johanna. Der dicke Rainer sagt: »Wir hatten einen solchen Schiss, dass die uns wieder so zusammendreschen wie vier Wochen vorher. Wir konnten kaum atmen vor Angst.« – »Und was ist das mit Müller, deinem Guru? Wieso, sagst du Verrat?«, will Carla wissen.

Martins Blick geht von einem zum anderen. »Na schön«, sagt er in aller Ruhe. »Worum ging's denn eigentlich an dem Tag? Doch nicht um die Frage, wie man die DDR noch bisschen schöner machen könnte, sondern darum, dass endlich Schluss sein musste. Schluss, aus, Ende. Vorbei mit dem Experiment DDR. Keinen Tag länger. Keinen. Versteht ihr? Nur fand das auf der Bühne nicht statt. Was stattfand, war eine Mega-Werbeveranstaltung für den endlich wahren, reinen Sozialismus. Sauber eingestielt von oben, von Partei und Stasi.«

Wie er die Sätze in den Raum holt, und wie schutzlos er dabei wirkt, denke ich. Das Prägnante, Akute, Wache, Glühende bei ihm. Ist das sein Kern? Wenn, dann ist dieser Kern all die Jahre pausenlos attackiert worden. Als er nach 1989 ein drittes Mal nach Jena ging, um dort zu promovieren, traf er auf die neuen Professoren aus dem Westen. Martin wollte dabei sein. Texte ausschälen, entkleiden, ihre Skelette freilegen, auf ihr poetisches Herz stoßen. Literatur als Präzision und als Rausch, als Quellenland und Kommunion. Literatur als Zuflucht. Martin hatte keine andere.

Wenn wir uns in dieser Zeit sahen, sprach er darüber, wie das gehen konnte mit dem Neustart des Instituts. Es war kein Spleen. Er konzipierte nächtelang, warb für seine Ideen. Er wollte die Autoren hören, die man aus dem Land geekelt hatte, die im Knast gesessen hatten, die nicht veröffentlichen durften. Er wollte wissen, wie sie überlebt hatten, womit, wodurch. Sie sollten da sein dürfen. Er hatte Sehnsucht nach ihren Sätzen. Er schaffte es, eine Vorlesungsreihe durchzusetzen, Podien, Lesungen. Aber die Neuen in Jena, vor allem aus dem Westen, hatten andere Vorstellungen von dem, wie das Neue zu gehen hatte. Die Dinge seien gesagt, hieß es bald. Wieder der Bruch, wieder ging alles bei ihm nach innen. Sein Ende in Jena bedeutete eine große Magenoperation. Martin zog sich zurück, ging in den Oderbruch, zu den Kranichen an der polnischen Grenze. Dort fing er an, Möbel zu restaurieren.

»Wer sprach denn auf der Demo?«, fragt Martin. Er raucht, denkt dem Glimmen der Zigarette hinterher. »Walter Janka nicht, Wolf Biermann nicht, Jürgen Fuchs nicht, Bärbel Bohley nicht. Janka wollte wegen Markus Wolf nicht reden, Biermann und Fuchs ließen sie an der Grenze nicht durch, Bohley blieb skeptisch.« Martins Art, Ereignisse wie Texte auszumessen, sie zu sezieren, bis sie ganz nackt sind. Das Eigentliche wird sichtbar werden, es kann nicht anders, sagt er oft. Jetzt sagt er: »Den 4.11.1989 kann man auch symbolisch lesen. Gregor Gysi, Markus Wolf, Christa Wolf, Heiner Müller statt Janka, Biermann, Fuchs, Bohley. Wer redete nicht, was alles wurde nicht gesagt. Stattdessen: Wer redete und was, vor 500 000 Leuten auf dem Platz und dazu live im Fernsehen. Zufall dürfte das nicht gewesen sein.«

Das Optieren mit der Macht. Ist es das, was Martin Verrat nennt und ihn noch immer beschäftigt? »Gysi, Wolf, Müller. Ihre Stasi-Connections – geschenkt,« sagt er. »Aber dass keiner von denen was gesagt hat da oben. Irgendwas. Was Normales einfach. Etwas, was mit uns zu tun hatte. Was sie all die Jahre gelebt haben etwa. Dass sie auch Angst hatten, auch feige waren, sich auch haben einwickeln lassen. Aber nichts.« Peter geht ein nächstes Mal dazwischen: »Wie mir das auf den Geist geht. Dein Moralding die ganze Zeit über. Mensch, Alter.« Martin hält nicht mal inne: »Wir reden nicht darüber, was auf der Straße war. Wie erleichtert, euphorisch, wie glücklich wir waren. Wir reden über unsere

Geistesdiven.« – »Aber wer hat darüber zu befinden?«, interveniert Manuela. »Wieso kann man in so einer Situation nicht einfach nur der sein, der man ist? Der Zeit eben mal nicht voraus, sondern – ?«

SYMBOLISCHES. »Nein«, unterbricht Martin scharf. »Müller stellt sich da oben hin, nimmt seinen Zettel und macht die Privilegien-Nummer. Ich weiß den Wortlaut noch genau: »Ein Ergebnis bisheriger DDR-Politik ist die Trennung der Künstler von der Bevölkerung durch Privilegien. Wir brauchen Solidarität statt Privilegien.« Dann liest er einen Aufruf der Initiative zur Gründung unabhängiger Gewerkschaften.« – »Wieso, war doch ganz zeitgemäß«, wundert sich Manuela. »Er hatte halt den Westen schon im Blick.« – »Sicher hatte er das«, entgegnet Martin. »Nur sagt das derselbe Müller, der das größte Privileg hatte, das jemand im Osten haben konnte: einen Reisepass.«

Wieder die Vatergeschichte. Diesmal Heiner Müller als Vaterersatz. Er, Jahrgang 1929, im sächsischen Eppendorf geboren, mit anfangs massiven Startschwierigkeiten, in die offizielle DDR-Literatur hineinzukommen. Die Konflikte waren zuerst familiär bedingt. Seine Eltern waren im Frühjahr 1951 in den Westen geflohen, da dem Vater Kurt Müller als Frankenberger Bürgermeister ein Parteiverfahren wegen »Titoismus«, dem damaligen Drohbegriff für vermeintliches Abweichen von der Parteipolitik, gedroht hatte. Dabei hätte sich wiederholt, was ihm bereits während des Nationalsozialismus widerfahren war. In einem der Stammländer der Sozialdemokratie, in Sachsen, hatte Kurt Müller nach Hitlers Machtergreifung seine Leute zu aktivieren versucht. Kurt Müller war in Eppendorf Vorsitzender der SAP, einer linken Gruppierung der SPD. Im März 1933 wurde der Vater unter dem Verdacht staatsfeindlicher Betätigung verhaftet und landete zweieinhalb Monate später in Sachsenburg, im ersten großen Konzentrationslager Sachsens.

Der Vater war, so empfand es zumindest der Sohn später, nicht in der Lage, die zwangslagentrainierte, doch bindungsstarke Familie zu schützen. Wie auch immer Heiner Müller den Moment der Verhaftung des Vaters im Nachhinein stilisieren würde, es war ihm unmöglich, sich mit ihm zu solidarisieren. Für ihn war es der Moment, in dem er seine Kindheit verlor. Mutter und Sohn wurden im Ort zunehmend isoliert. Der inhaftierte Vater wurde mit dem 1.9.1933 aus dem Beamtendienst entlassen. Brennnesselsuppe mit Eiern hieß von da an das Dauergericht. Die Großeltern schrieben unablässig Gesuche. Der Onkel, Mitglied der NSDAP, wurde sogar beim sächsischen Ministerpräsidenten vorstellig. Alle Aufmerksamkeit und Sorge galten in jenen Monaten dem Vater. Als dieser aus der Haft entlassen wurde, blieb er lange Zeit ohne Arbeit. Die Mutter fing an, in einer Textilfabrik zu arbeiten und sicherte damit den Familienunterhalt.

Martin kennt Müllers Geschichte genau. Die Angst vor Willkür, die innere Not, der abwesende Vater, der Krieg. »Interessant ist, was schmerzt und was verschwindet«, hatte Müller immer wieder gesagt. Martin greift nach der nächsten Zigarette, schweigt. »Ich bin dann zu ihm hin«, sagt er dann, »hinter die Bühne und hab da gewartet. Es gab so ein Kabuff. Das war der Treffpunkt für die Redner. Als Müller rauskam, steuerte ich direkt auf ihn zu. Dass ich das mit den Privilegien nicht verstanden hätte, sagte ich zu ihm und deshalb gern wüsste, wann die DDR die verordnet hatte. Er wisse ja, es seien Künstler im Knast oder nicht mehr im Land. Er reagierte nicht. Er stand einfach da, wartete. Vielleicht, bis es vorbeiging. Ich fragte noch, wer denn mit dem Wir gemeint gewesen sei, seinem Soli-Wir. Das verstünde ich nicht. Wir standen uns gegenüber wie zwei Zeitlose, wie außerhalb von allem. Müller schwieg. Bis klar war, dass er nichts sagen würde. Kein Wort. Gar nichts. Nach einer Weile schob er sich raus aus dem Gespräch, das keins gewesen war, und ging auf die Menge zu. Von hinten sah es so aus, als würde er sich in ihr auflösen.«

OVERCOATS. Die Leute auf dem Alex, die schon seit über zwei Stunden Reden anhörten, hatten Müllers Privilegienproblem gutwillig hingenommen. Beim Aufruf zur Gründung unabhängiger Gewerkschaften gab es einigen Beifall. Dann sagte er: »Die nächsten Jahre werden kein Zuckerschlecken. Die Daumenschrauben sollen angezogen werden.« – Anfängliche Pfiffe – »Der Staat fordert Leistung. Bald wird er mit Entlassung drohen.« – Lautere Pfiffe – »Wir sollen die Karre aus dem Dreck ziehen.« Der Satz ging in scharfem Unmut fast unter. Heiner Müller wurde genauso ausgepfiffen wie Markus Wolf und Günter Schabowski. Das war etwas, was er nicht kannte.

Bisher war das Publikum in seine Texte gepilgert, um durch sie sein unverstandenes Land und sein Leben erklärt zu bekommen. Heiner Müller, Christa Wolf, Christoph Hein, Volker Braun – sie galten als Verbündete, Auserkorene, Instanzen. Ihre Texte waren schwer zu bekommen, immer bedroht, wenigstens umstritten. Seltsam aufgeladene Katechismen, nach denen wir uns sehnten, für die wir bibberten, weil sie uns auf Tiefenwanderung schickten, uns wacher, fragender, vielleicht lebendiger machten. Schutzräume, für manche gar Verstecke. Referenzsysteme für das, was wir verteidigen wollten, wofür es sich lohnte, den ganzen Unsinn im Land auszuhalten. Doch die Zeiten waren schnell, auf einmal unerhört schnell geworden. Das Publikum auf dem Platz reagierte hochgradig sensibel auf die

Drohgebärden oder vormundschaftlichen Imperative seiner Renommierautoren. Man hörte nun genauer hin. Das bekamen auch Müllers Kollegen zu spüren. Als Christa Wolf kurz vor ihm ihrer treuen Anhängerschaft erklärte: »Stell dir vor, es ist Sozialismus, und keiner geht weg!«, entstand ad hoc eine Spur in der Menge, durch die man die Demo wie ein untergehendes Schiff verließ. Als Christoph Hein über den zu reformierenden DDR-Sozialismus sagte: »Das wird für uns alle viel Arbeit geben, auch viel Kleinarbeit, schlimmer als Stricken«, kam auch das nicht an. Revolution als mühselige Bosselei? Ging es nicht grad um was anderes? Mussten nicht erstmal die Türen des Landes und die der Gefängnisse geöffnet werden? Und warum sagten die da oben das nicht?

Über Stunden hatte es auf dem Platz viele gute Sätze gegeben. Aber die Ratlosigkeit und die Kluft zwischen denen, die unten ausharrten, und denen, die von oben eine nächste Runde Sozialismus ansagten, wurde immer unüberbrückbarer. Die Geschichte hatte an Tempo gewonnen. Die Menge konnte es mühelos mitgehen. Deutlich müheloser als jene, die immer für sie gedacht und geschrieben hatten. Eine seltsame Diskrepanz und offenkundig mehr als nur ein verfehlter Ton. »Es ging nicht um uns. Es waren nicht unsere Konflikte, die Müller behandelte«, sagt Martin auf einmal. »Seine Sehnsucht nach Gewalt, Tragik, Schicksal, Archaik. Und dann: ›das Loch in der Ewigkeit, der vielleicht erlösende Fehler‹. Aber es sollte sich nichts erlösen. Wir sollten nicht frei werden. Müller war ein Konfliktverwalter, ein Jongleur zwischen Status und Loyalität. Er hatte sich eingerichtet. Sein Status war komfortabel für ihn.« – »Und wenn er nur Angst hatte?«, frage ich.

Der 4.11.1989. Es geht nicht allein um Worte. Sie sind oft nicht stark genug. Es geht auch nicht nur um Bilder. Sie hausen wie verschlossene Orte im Kopf und verteidigen den unerzählbaren Rest. Der unerzählbare Rest. Wie kriegt man es hin, das festzuhalten, was wirklich geschehen ist? Der Instinkt der Geschichte. Was war es, was die Schleusen letztlich bersten ließ? Ich mag das Schleusenbild für diese Novembertage. Jedes Schiff ist eine Möglichkeit, eine Öffnung, ein Übergang. Die Alte Welt verlassen und eine neue betreten.

Der 4.11.1989 als historischer Schleusentag, an dem das Wasser steigt und steigt. Als Christa Wolf mit dem Satz »Wir sind das Volk« endet, muss sie das Podium verlassen. Eine Herzattacke. Sanitäter vom Roten Kreuz bringen sie ins Krankenhaus. 2009 in einem Interview nach dem Tag befragt, sagt sie über die Menge auf dem Platz: »Sie wollten nicht freier leben, sie wollten besser leben.« – »Aber sagen können, was man denkt?«, fragt der Interviewer vorsichtig nach. »Nein, das war nicht der Grund, das ist für die meisten nicht so wichtig. Wir Intellektuellen haben viel mehr unter der Meinungseinschränkung gelitten.« Auch andere Redner erinnerten sich an diesen Tag. In seinem Memorien-Buch *Im eigenen Auftrag* von 1995 beschreibt Markus Wolf, 34 Jahre lang Chef der Auslandsspionage des DDR-Geheimdienstes, eine kleine Szene, nachdem er gesprochen hatte. Als er vom Leninwagen herunterstieg, sprach ihn jemand an und sagte: »Du bist vom Stasi-General zum Hoffnungsträger geworden, und jetzt gehst du den Weg zurück zum Stasi-General. »Der Mann«, hielt Markus Wolf fest, »hatte wohl recht.«

ENTSCHWEIGEN.   Nach Christa Wolf steht der Schauspieler Tobias Langhoff, Jahrgang 1962, auf der langen Rednerliste. Neben seinem Freund Jan Josef Liefers und dem damaligen Studentensprecher der Humboldt-Universität Roland Freitag ist er der Einzige aus unserer Generation, der auf der Demo zu Wort kommt. Langhoff? Eine Familie als Jahrhundertgeschichte, bei der Name und Theater synonym zu lesen sind. Der Großvater Wolfgang Langhoff, Jahrgang 1901, in den zwanziger Jahren glühender Promoter des politischen Theaters in stanislawskischer Prägung, ab 1928 Mitglied der Kommunistischen Partei, 1933 verhaftet und 13 Monate in die KZs Börgermoor und Lichtenburg verbracht. Im Schweizer Exil und am Schauspielhaus Zürich übersteht er den Nationalsozialismus und veröffentlicht dort seine legendär gewordenen *Moorsoldaten*. Nach 1945 plant die Partei für ihn »große Dinge«. Er soll Intendant werden oder in die Regierung. Er geht zurück in seine Heimatstadt Berlin und wird tatsächlich Intendant da, und zwar des »Deutschen Theaters«. Er will durch diese Arbeit sein »Leben mit einer großen Linie« angehen: als Regisseur, Intendant, Schauspieler, Kulturfunktionär und Kommunist. Sein erstes Leben galt ganz dem neuen Menschen, sein zweites, das nach 1945, ihm nur umso mehr. Als kommunistischer Westemigrant, als Künstler-Kosmopolit, als maßgebende Theaterstimme und parteiergebener Kommunist wird Wolfgang Langhoff zum Shooting-Star der blutjungen DDR. Sie ist sein Staat, sein Hoffnungsprojekt. Das »Deutsche Theater« wird mit Gründung der DDR zum Staatstheater, er sitzt in der Volkskammer, seine Partei will ihn als ersten Kulturminister. Doch die Zeiten sind wund, intensiv, kräftezehrend, gläubig, wirr und kreuzgefährlich.

Langhoff und seine große Biografie, das Exil, die Freunde. Freunde, die über Nacht zu Feinden gemacht werden. Die Partei braucht mehr Macht. Die Mittel sind Willkür, Denunziation, Schauprozesse, Angst, Verhaftung, Rausschmiss. In ganz Osteuropa geht es in dieser Stunde um Noel H. Field, der als Superfeind des Kommunismus aufgebaut wird. Wolfgang Langhoff soll ihn gekannt haben, im Schweizer Exil. Hat er auch und das auch gesagt. Das allein reicht, um beinah alles zu verlieren. Die Parteifunktionen, den Posten im Präsidium der Akademie der Künste, im Präsidialrat des Kulturbundes, die Leitung des Büros für Theaterfragen. Seine politische Demontage findet öffentlich statt, im Zentralblatt *Neues Deutschland*. Was seine Partei ihm lässt, ist das, wofür sie ihn braucht: die Intendanz.

Wolfgang Langhoff begegnet diesem Wahn mit verstörender Reue und kann weitermachen. Theater als Laboratorium, als utopischer Ort, als Versöhnungsangebot zwischen Kunst und Proletariat. Macht braucht Performation. Doch die Partei-Farce wiederholt sich. 1959 folgt die zweite Attacke, wegen seiner Spielplanpolitik. Der Vorwurf lautet, er sei elitär, bürgerlich, westlich dekadent, ohne sozialistischen Kern. Wieder steht der große Mime seiner Partei bei, ihn zu destruieren. Als schließlich 1962 Peter Hacks mit *Die Sorgen und die Macht* am Ostberliner Staatstheater Premiere feiert, ist es aus. Der Parteiwahn kann aus Stück und Inszenierung nichts anderes als die »Verzerrung sozialistischer Wirklichkeit« herauslesen. 1963 wird Langhoff als Intendant abgesetzt. Doch die kaltblütige Demission reicht dem kommunistischen Kampfclan nicht. Erneut muss öffentlich inszeniert werden. Der Geschasste hat zur Aussprache anzutreten, alle Schuld auf sich zu laden und zur Totalumstülpung bereit zu sein. »Mein ganzes Sinnen und Trachten, seit ich ein bewusstes Leben lebe, war meiner Partei, ihrer Einheit und Geschlossenheit, der Stärkung ihrer Kampfkraft gewidmet. Was nützt aber ein solches Sinnen und Trachten, wenn es nicht auf dem Boden ideologischer Klarheit wirksam wird?«, bezichtigt er sich. Staatschef Walter Ulbricht sitzt vor ihm, nickt und tritt nach. Wie schlecht sein Theater sei, attestiert er ihm. Das Reueritual, spätestens seit dem Großen Russischen Terror 1937/38 ein schauriger Akt, gilt auch für die DDR-Obersten als probates Unterwerfungsinstrument. Aller grausamen Dinge sind drei. Wolfgang Langhoff hat dem Dauerdruck nichts mehr entgegenzusetzen. 1966 stirbt er an Lungenkrebs.

Sein Enkel Tobias steht am 4.11.1989 auf der Leninbühne und denkt an dem Tag zuerst an seinen Großvater. Er soll rehabilitiert werden, endlich. »Zum Nachdenken über den künftigen Staat DDR gehört die Offenlegung seiner politischen Biografie. Verschwiegene Vorgänge, vergessene Namen, Verfälschtes und Unterdrücktes werden auftauchen«, sagt er und fordert eine »unabhängige Kommission zur Untersuchung aller in der DDR eingeleiteten Verfahren, die sich auf angebliche Straftaten gegen den Staat und die öffentliche Ordnung beriefen«. Tobias Langhoff endet mit dem Satz: »Die Rehabilitierung Unschuldiger in einem rein formalen Akt wäre unzureichend und so verwerflich wie die einst ergangenen Urteile.«

Die Generation von Wolfgang Langhoff und die von Heiner Müller. Was die politische Biografie der DDR angeht, sind es zwei Schlüsselgenerationen. Die eine ist das Fundament, die andere baut den neuen Staat auf. Die dritte, die sogenannten »Integrierten« als Folgegeneration, werden im Wesentlichen die Opposition und haben heute im vereinten Deutschland entscheidende politische Positionen inne. Der Enkeltext aber fragt nach dem Erbe. Das heißt, zuerst nach den Opfern, nach der Vermessung der Abgründe. Er fordert Offenlegung statt Wegschweigen. Er will korrigieren, benennen, rekonstruieren, entschweigen. Notwendige Kontrollgänge durch die Geschichte. Es geht um Erblasten, die man auch schultern können muss. Was sind das heute für Gefühle gegenüber dem Großvater? Tobias Langhoff: »Schwer zu sagen. Er war ein Repräsentant des 20. Jahrhunderts, mit allen Irrungen und Verwirrungen. Vom Ersten Weltkrieg anfänglich begeistert, später Kommunist, dann Stalinist etc. Außerdem war er Schauspieler. Ein Beruf, der sich nicht durch besondere Charakterfestigkeit definiert. Ich darf das sagen. Ich bin ja selbst einer.«

Und die Gefühle? Man muss schon genau hinhören. Tobias Langhoff ist ein guter Erzähler. Herzlich, direkt, schnell. Er hat Schauspiel studiert. Er weiß, wie das geht mit der Stimme, dem Körper, der Sprache. Und doch sind es große innere Länder, die er beherbergen muss. Wenn er spricht, spricht er nie nur von sich. Da ist zum einen der Großvater, aber auch der Vater Thomas Langhoff, 1938 in Zürich geboren, ebenso Theaterlegende, Schauspieler, Regisseur und wie sein Vater Intendant des »Deutschen Theaters«, zwischen 1991 und 2001. Da ist der in Paris lebende Onkel Matthias Langhoff, auch Regisseur. Da ist sein Bruder Lukas Langhoff, gleichfalls Regisseur. Doch damit nicht genug. Die Langhoff-Dynastie ist groß und weit verzweigt. Fast immer hat sie mit Theater, Sprache, Kunst zu tun.

TRAUM MIT FISCHEN. Über den 4.11.1989 sagt der Vater Thomas Langhoff in einem Interview: »Ich stand vor dem Podium, auf dem die Redner sprachen. Einer der Redner war mein Sohn. Ich stand da unten, hörte ihm zu und musste an meinen Vater denken. Diese drei Generationen – mein Sohn, mein Vater und ich – standen mitten in der Menge in diesem Augenblick. Ich spürte, dieser Tag war das Wichtigste, der entscheidende Moment meines Lebens.« Großvater, Vater, Sohn und in ihnen fest verfugt 56 Jahre deutsche Diktaturerfahrung als transgenerationelles Kraftfeld, dem man sich nicht ohne Weiteres entschlagen kann. In einem Film würde die Kamera jetzt lange auf das Gesicht des Vaters vom 4.11.1989 halten, um im nächsten Bild den Großvater zu zeigen, wie er als 14-jähriger Schiffsjunge 1915 mitten im Ersten Weltkrieg vom Hamburg aus in See sticht. Sein Traum:

Offizier bei der Handelsmarine. Aus dem Traum wird nichts. Seine Liebe zum Theater ist stärker. 60 Jahre später gibt der Enkel in der achten Klasse als Studienwunsch Meeresbiologie an. Der Grund: die Liebe zu den Fischen. In der Tat erhält Tobias Langhoff den einzigen Studienplatz in Leningrad, den die DDR 1980 in dieser Richtung zu vergeben hat.

Doch wie der Großvater wird auch er Freuds »ozeanisches Gefühl«, das Transpersonale des »Aufgehobenseins in einem bergenden Kosmos«, nicht zur Profession machen. Den Studienplatz gibt er zurück. Die schwankende Weite, das Unbestimmte, Schwebende, Unsichere des Meeres werden aufgegeben. Stille Weitergaben in der Geheimsprache des Unbewussten, feinnervige psychische Erbgänge, die sich unbemerkt zu ereignen scheinen und trotzdem nicht ohne Bedeutung sind. Doch ehe Tobias Langhoff weiß, was Meer und Fische ersetzen kann, muss er nach Perleberg und zu den Grenztruppen. Seine Militärzeit verbringt er als Kompanieschreiber. Als er den Befehl erhält, viereinhalb Stunden lang einen schon völlig aseptischen Raum noch einmal durchzuputzen, schlägt bei aller Idiotie das durch, was ihm Halt zu geben vermag. Er sitzt in dem leeren Raum und spielt einzig für sich Wolfgang Borcherts Heimkehrerdrama *Draußen vor der Tür*. »Das Stück, das kein Theater spielen und kein Publikum sehen will«, hatte sein Autor über den Text gesagt. Ein delirierendes Trauma aus Knochen, Krieg und Angst. Die Welt als Wunde, herabgebrannt und transponiert in eine geschärfte Existentialsprache. Es gibt keinen Kameraschwenk hin zu diesem intimen Moment. Das Initial ist einsam. Es gehört allein dem Soldaten. Das Stück beginnt nur für ihn, auf einer leeren Bühne. Der Körper wartet, greift auf das zurück, was vorbereitet, vorgedacht, was an Sprache parat ist. Es ist das Gerüst der Väter.

Die Sache mit der Familienhypothek. Die Sprache, die

Rollen, die Stücke, die Kunst, das Wesentliche, der Kern – als sichere Bank. »Theater war ein intellektuelles Zentrum in der DDR und eine revolutionäre Zelle«, sagt Tobias Langhoff. »Es waren dort Sachen möglich, die woanders nicht möglich waren. Die kreativsten und klügsten Leute waren da, ein Schmelztiegel an progressiven Ideen und Gedanken.« Seit dem aseptischen Raum in Perleberg will er da hin. Nach seiner Armeezeit studiert er Schauspiel an der Berliner Hochschule für Schauspielkunst »Ernst Busch«, parallel dazu Philosophie und Germanistik an der Humboldt-Universität. 1987 ist er diplomierter Schauspieler und hat noch dazu eine Promotion über Schillers *Don Carlos* in der Tasche. *Don Carlos* ist sein Stück und seine Rolle. Sehr dramatisch, ganz Schiller. Geschichte, Freiheit, Liebe, der Vater-Komplex mitsamt seiner hohen Schule der Ambivalenz.

Tobias Langhoff als der jugendliche Held: klug, markant, gutaussehend, leidenschaftlich, seelenfragil. Seine Karriere beginnt unter dem Intendanten Dieter Mann. Wo? Natürlich am »Deutschen Theater« und ganz in der Tradition, mit dem Anspruch, das Haus zu revolutionieren. Zusammen mit Jan Josef Liefers gründet er 1988 dort die legendär gewordene Experimentalbühne »Baracke«. Die beiden starten mit *Der stumme Diener* von Harold Pinter. Wieder das kalte, leere Zimmer. Aber diesmal ist immerhin der Freund mit dabei. Doch der Theaterboden setzt nicht nur aus, er kann auch zum Fluchtort werden und die Figur zum Versteck. Jeder Schauspieler kennt das. Sehnsucht freilegen und sie wieder verpacken, dem Publikum die Maske zeigen und sich hinter ihr ausagieren, eine nächste Figur entdecken, um endlich in ihr zu sich zu kommen. Oder es mindestens zu versuchen. Schauspieler sind Küstenarbeiter mit Doppelbelichtung, meist sind es ziemlich vertrackte Geschichten. »Theater ist eine Sache von meinen Vätern. Die haben sich das seinerzeit erobert. Es gab nie diesen Vatermord«, erklärt Tobias Langhoff. Das klingt nach Druck rausnehmen, relaxtem Generationswechsel, bestem Einvernehmen. Und die Gefühle? Auf dem Alexanderplatz war er derjenige, der als Einziger explizit nach dem Leid der sich auflösenden DDR fragte. Es war der Fragebogen unserer Generation auf das, was 40 Jahre ohne Antwort geblieben war.

TOTEMTIERE. Einem Eid folgen, Gehorchen bis in den Tod, so sind deutsche Väter und Söhne in die beiden Weltkriege gezogen. 2,5 Millionen kamen aus dem Ersten Weltkrieg nicht zurück, hinterließen 600 000 Witwen und fast eine Million Halbwaisen. Wer zurückkam, schwieg über die Flut grauenvoller Erinnerungen. 25 Jahre später hatte sich die Schreckensbilanz noch einmal fast verdoppelt: 4,7 Millionen Gefallene, eine Million Witwen und 2,5 Millionen Halbwaisen. Die Ungewissheit über den Verbleib der Männer, Söhne, Brüder belastete die Nachkriegsfamilien zutiefst. Doch jahrelanges Warten und Trauer waren das eine, die Heimkehr der physisch und psychisch Versehrten das andere. Sie wurden zur mentalen Leerstelle der neuen Gesellschaften in Ost und West: fassungslos, verwahrlost, traumatisiert, schweigend.

Auf den »Zivilisationsbruch« durch den Nationalsozialismus folgte im Westen, wie der Historiker Gerd Koenen anmerkte, ein »Generationenbruch«, der als unausgetragener Konflikt fortdauerte. Die Nachgeborenen suchten die Auseinandersetzung mit den Eltern meist nicht direkt, sondern über politische Stellvertreter, als Extremfall im Terror der RAF oder in revolutionärer Ferne, im maoistischen China, in Kambodscha oder Palästina. Ein konkretes Bild darüber, was die Großväter, Väter oder Onkel im Krieg tatsächlich getan hatten, wurde von den Jungen zumeist nicht eingeholt, ja abgewehrt. Zu schmerzhaft, zu schambesetzt hockte das Schuldmassiv Nationalsozialismus in den Familien.

Im Osten Deutschlands formte sich aus dem Schuldvolumen der beiden Weltkriege ein nächstes, neues Schweige-System. Natürlich gab es einen Alltag, wurden Kinder geboren, wurde geheiratet, geliebt, in den Urlaub gefahren, am Haus oder im Garten gebosselt. Im gerade noch Zugelassenen war privates Glück umso intensiver, gelang unter den widrigsten Verhältnissen Erstaunliches, ja Enormes. Natürlich saß, trank, schlief, sprach, kurzum lebte man miteinander. Dennoch dürfte das Reden und Schweigen in der Familie eines Militärstaatsanwalts ein anderes gewesen sein als in einer Familie, in der Mutter oder Onkel aus dem Zuchthaus Bautzen zurückgekehrt waren.

Aber worüber spricht man, wenn man vom Schweigen spricht? Im besten Fall vom mentalen Immunsystem einer Gesellschaft. Intaktes Schweigen regelt die Distanzbeziehungen zwischen Menschen, besteht auf Diskretem und Intimem. Es lässt eine Gesellschaft ein- und ausatmen. Aber was und wie atmen, wenn Schweigeformate sich auf ganze Kollektive beziehen? Von 1945 bis 1990 verließen 4,6 Millionen die Sowjetische Besatzungszone und die DDR. Allein 75 000 Menschen wurden wegen Republikflucht verhaftet. Wer im Land blieb, lebte ab 1961 hinter Mauern. Die größte Gruppe, die dieses Schweigeverdikt traf, waren die über vier Millionen Vertriebenen. Im Jahr 1950 war das jeder vierte Ostdeutsche. Auch die Geschichte der 700 000 Sozialdemokraten, deren Partei 1946 zwangsvereint wurde, unterlag dem Tabu. SPD-ler, die sich der Politfinte widersetzten, wurden denunziert und ausnahmslos verfolgt. Zeugen Jehovas und Juden, die vor staatlichem Antisemitismus flohen, sahen sich fünf Jahre nach Kriegsende erneuten Zugriffen und politischen Drangsalierungen ausgesetzt.

Und dort, wo das Neue, weil Bessere des Arbeiter- und Bauernstaates Einzug halten sollte, in den Fabriken und auf dem Land? Trotz Verlockungen und Druck waren bis 1958 weniger als die Hälfte der 800 000 Einzelbauern genossenschaftlich geworden. Zwei Jahre später hatte man die restlichen 450 000 Gehöfte in die LPGs gepresst. Dem kollektiven Masterplan wurden komplette Familien und damit mindestens zwei Millionen Menschen ausgesetzt. Die genaue Zahl derer, die nach 1945 in den zehn NKWD-Lagern Ostdeutschlands interniert waren, ist noch unausgeforscht. Zehntausende starben und wurden in Massengräbern verscharrt, Zehntausende wurden in die Sowjetunion verschleppt. 120 000 Häftlinge überlebten. Mehr als 200 000 politische Häftlinge saßen in ostdeutschen Zuchthäusern, dazu kamen die Jugendwerkhöfe, die Spezialheime. Aber wie lebten diese Vielen mit ihren Schrecken? Wie ihre Familien? Wie sollte nach dieser Erfahrungswucht ein unbelastetes Verhältnis zur DDR möglich sein?

Und was wusste ein Mauerkind davon? Gesetzt den Fall, es gibt tatsächlich ein Organ der Kindheit, dann ist es von diesem Schweige-System gemacht worden. Wenn ich heute in Städten wie Naumburg, Hoyerswerda, Riesa oder Neubrandenburg durch die Straßen laufe, auf den frisch sanierten Marktplätzen von Saalfeld oder Kamenz sitze, Wörter wie Bückling, Friedens-Obelisk, Schulgarten oder Völkerball höre, ist er anfallartig da, der Geschmack der sechziger DDR-Jahre, die ja Nachkriegsjahre waren. Er liegt auf der Zunge wie Staub, wie das Verletzte, Einsame dieser Zeit. Ich sehe dann ein Mädchen: blond, hakennasig, Igelschnitt, speckige kurze Lederhosen, grindige Knie, dünn, fleckig, wie es mit Fragen versucht, gegen das Stumme um sich herum anzugehen, sich gegen etwas zu stemmen, was es nicht versteht, aber doch heraushören kann. Es war das bestimmende Ge-

fühl meiner Kindheit und Jugend, dass ich einer Zeit ange-
hörte, in der unwahrscheinlich viel geschah und geschehen
war, ich aber praktisch nichts darüber in Erfahrung bringen
konnte. Ich lief, suchte und fragte. Die Schweige-Zonen waren total.

Mit dem Mauerbau hatte sich die DDR vor aller Welt ver-
schlossen und wurde einmal mehr ein leises Land, das ausdrücklich an eigenen Referenzräumen nach innen baute.
Insofern stand die Mauer nicht nur vertikal, sie legte sich
wie eine Betondecke quer über das ganze Land. Nach Krieg
und Bunkernächten, nach Flucht und Enteignung war es
nur zu verständlich, dass sich das malträtierte Ostdeutschland nach Normalität sehnte, nach einem vorhersehbaren
Alltag. Die Mehrheit richtete sich ein. Die Sehnsüchte blieben. Eine Reise wohin auch immer, unzensierte Bücher,
Zeitungen oder Fernsehprogramme, das Wunschauto, ein
Telefon, die eigenen vier Wände?

»Das Auslöschen einer konkreten Wahrnehmung zu-
gunsten einer Idee, in der man sich ansiedeln will«, schrieb
Heiner Müller über die Seelenlähmung unter der Diktatur.
Die große Sache, der einzige Sieg – sie waren legitimiert, indem die kleinen Schritte, der Einzelne, moralische Intensität und konkrete Erfahrung geopfert wurden. Der Philosoph
Peter Sloterdijk spricht von »Opferholismus«, bei dem »sich
das wesenlose Einzelne für das wesentliche Ganze freudig
vernichten lassen soll«. Das Große und Einzige war nicht
mehr Sache unserer Generation. Dennoch wurde sie eingenäht in diese Aushöhlung, die die Bedingung für eine un-
eigentliche Gesellschaft war und Schweigen zu ihrer eigentlichen Sprache gemacht hatte. Eine Existenz in der inneren
Betäubung.

Tobias Langhoff und sein Enkeltext am 4.11.1989 brechen
diesen Opferholismus auf: »Zum Nachdenken über den künf-

tigen Staat DDR gehört die Offenlegung seiner politischen Biografie. Verschwiegene Vorgänge, vergessene Namen, Verfälschtes und Unterdrücktes werden auftauchen«, fordert er. Kein Verunklaren, Zugreifen, Kontrollieren, Maskieren mehr. Kein Warten auf eine Antwort. Sich nicht mehr entmutigen und versiegeln lassen. Nicht mehr durchschweigen bis zur Lüge. Im Gespräch sagt er noch: »Der 4.11.1989 hatte nichts mit Maueröffnung zu tun. Es ging um einen besseren Sozialismus. Von denen, die geredet haben, hatten 90 Prozent einen Reisepass. Ich hatte meinen zwei Tage zuvor erhalten. Wir da oben, auf der Bühne, waren Privilegierte.«

Der 4.11.1989 als historischer Brückentag. Die auf dem Platz standen, brachen das Schweige-System DDR auf. »Die Sprache verwirklicht, indem sie das Schweigen bricht, was das Schweigen gewollt und nicht erreicht hat«, sagt Merleau-Ponty. Die, die sich in der Idee angesiedelt hatten, retteten sich in ein Schweigen der Auslassung, Verdrehung, Uneigentlichkeit. Die Euphorie und die Freude des Tages gestatteten es ihnen, das ungeregelte DDR-Erbe auf elegante Art zu verpuppen. Drei Gruppen sprachen im Grunde an diesem Tag auf dem Platz: kritisch loyale Intellektuelle, Dissidenten und SED-Altkader. Keiner der Rednerinnen und Redner forderte die Öffnung der Mauer. Niemand sah die Vereinigung als politisches Ziel. Allein die Dissidenten verzichteten völlig auf das Wort Sozialismus. Gregor Gysi verlangte, »die Begriffe DDR, Sozialismus, Humanismus, Demokratie und Rechtsstaatlichkeit zu einer untrennbaren Einheit zu verschmelzen«. In diesem Meisterstück an politischer Skrupellosigkeit sollte die Bindung an die DDR-Diktatur und die Vision von ihr festgeschrieben werden. Schuld, Opfer, Verantwortung blieben einmal mehr unerwähnt. Zwischen den Protegés des sozialistischen Experiments und seinen Kritikern spielte das ab diesem Moment als unerlöste politische Erbmasse der DDR eine maßgebende Rolle. Der Streit darüber hält bis heute an.

Das letzte Wort an jenem Tag auf dem Alex hatte einer der Mitorganisatoren, der Bühnenbildner Henning Schaller: »Gehen Sie bitte zu den umliegenden S-Bahnhöfen und versuchen Sie, sich zu entwirren.«

Fünf Tage später fiel die Mauer.

IV. HEIMREISE NACH EUROPA
Die DDR von außen betrachten

ABDRÜCKE. Anfang September 1989. Eine Vorortbahn zuckelt vom Budapester Westbahnhof aus Richtung Sopron. Eine blasse Landschaft. Ziehbrunnen, Windräder. Das Abteil ist voll. Die Umländer haben in der Hauptstadt ihre Geschäfte gemacht und sind auf dem Heimweg. Auf den Schößen der Bäuerinnen dämmern die nicht verkauften Hühner zufrieden vor sich hin. Die Frauen verteilen Paprika, Eier, Hörnchen, Salami. »Nehmen!«, sagt eine. Ich schüttle den Kopf. Die Frauen nicken, reden ein bisschen, lassen sich durch nichts stören. Irgendwann tauchen drei Polizisten auf, wollen Pässe sehen, raunzen rum, begutachten das Gepäck. »Wohin?« – »Sopron, Freundin.« – »Nichts du verstehen?« – Schulterzucken. Die Kontrolle dauert, die Pässe werden hin und her gewendet, dann ziehen die drei wieder ab. Die Frauen reden weiter und lächeln tief in die Maisfelder hinein. In Kópháza, einem 500-Seelen-Nest kurz vor Sopron, steige ich aus. Kópháza? Wieso da? Wenn ich das nur wüsste. Es ist später Nachmittag. Ich laufe die Gassen ab, habe Hunger, fühle mich beobachtet. Die Angst inmitten der Feierabendgeräusche, der Stimmen, der dröhnenden Fernseher, des Hundegebells. Irgendwann kommt der Ort zur Ruhe, irgendwann kommt die Nacht.

Meine Schritte hasten geduckt am Bahndamm entlang. Wohin? In welche Richtung? In die erste Wiese gleich hinterm Ort. Kriechen, horchen, robben. Die Angst tickt und macht die Wege glitschig. Entfernt Fahrzeuggeräusche, harsche Männerstimmen, klappende Autotüren, Gelächter. Normaler Grenzbetrieb? Eher nicht. In einer österreichischen Zeitung, die ich noch in Budapest beim tagelangen Rumstreunen in einem Hotel aufgegabelt hatte, hatte ich gelesen, dass in der Gegend vor Tagen ein Flüchtling erschossen wurde. Ein Mann aus Thüringen. Ich laufe querfeldein, Richtung Höhe linkerhand. Die Gedanken beginnen zu stechen. Ich renne weiter. Irgendwann zerrt etwas an meiner Hose, ich stolpere, falle. Stacheldrahtrollen. Wie komme ich durch hier? Wie das Schlupfloch finden? Bin ich jetzt am absoluten Punkt? Würde man das je sagen? Und war es das dann? Der Augenblick des Übergangs, das Überschreiten der Grenze? Oder wartet 100 Meter weiter die nächste Rolle auf mich?

Verrat, Schuld. Da will sich was einnisten im Kopf. Worte wie Mauern, durch die man nicht einfach so durchschlüpfen kann. Wohin laufe ich? Wovor fliehe ich? Die Nacht ist lau. Laufen, kriechen, robben. Wie das dauert. Viel länger als nötig, wie mir später klar werden wird. Umweg ist ein schönes Wort. Es dauert, weil es dauern muss. Erst einmal muss ich mit der Angst klarkommen und etwas in mir überwinden. Ein Schritt, eine Silbe: Doch, doch, du darfst gehen, du darfst dich lösen, du darfst dein eigenes Leben leben, lauf, du verschwindest ja nicht, mach dir nicht so viele Gedanken, es wird schon. Der Grenzwald, die Schritte, die Erinnerungen. An den Kindheitswald und das System Weißer Hirsch. An den Internatswald und seine einsamen Wege.

Mit 14, als der Vater seine Agentenreisen in den Westen zu intensivieren begann, wurde ich von den Eltern in die

Internatsschule Wickersdorf geschickt, tief im Thüringer Wald zwischen Grenze und Hinterland. Es gab nur zwei Schulen dieser Art in der DDR. 1906 als Freie Schulgemeinde von Gustav Wyneken, dem Lehrer von Walter Benjamin, gegründet, in der später auch Peter Suhrkamp und Otto Peltzer unterrichteten, wurde Wickersdorf zu DDR-Zeiten zur Russischspezialschule und eine der »Kaderschmieden des Sozialismus«, mit Patenschaftsvertrag zur Staatssicherheit in Saalfeld. Der »rote Versuchsacker«, wie die Schule außerhalb genannt wurde, war für die neue Elite gedacht, meist Kinder von Botschaftsleuten, Parteifunktionären, aus Armee- oder Stasifamilien. Aus welchem Grund ich dahin musste? Es war mir nicht klar. Jedenfalls damals nicht.

Die Kernzeit als 14-Jährige und der Schnitt in der Zeit. Die Fleckige, die um alles in der Welt nach Hause wollte, obwohl gerade die rettende Trennung stattfand. Das Leben bricht ab, wird durchsichtig und muss sich für ein neues entscheiden. Ohne Erklärung, ohne Halt, ohne Schutz. Das Fünferzimmer im Internat, die erste Nacht ohne die Angst, dass etwas in sie einfallen würde, die Schulglocke, die Appelle und das sehr präzise Gefühl, wie sie als Einserschülerin mit glühenden Wangen auf dem Schulhof stand, um sich Urkunden abzuholen. Denn ohne Frage war sie das, was man im direkten Sinne ein indoktriniertes Kind nennt. Ihr Kommunismus kam aus dem Kern, durch jede Pore, von innen heraus. Der Vater schuppte, sie fleckte.

Ich sehe mich durch den Grenzwald laufen. Wie plötzlich alles in einem unterwegs sein kann. Auch das Gefühl, damals als 14-Jährige im Internatswald, so nah an der Grenze, etwas für mich allein zu finden. Die Geschichte vom Laufen. Laufen, um von etwas wegzukommen. Mit dem eigenen Körper das System Weißer Hirsch ausschwitzen, wegarbeiten, aus sich rauskriegen. Schritt für Schritt. Bis ich so schnell rennen konnte, dass ich aus mir rauslaufen würde. Der Körper sollte herhalten, um in einen Zustand zu kommen, der nur mir allein gehörte. Ganz vorn war der. Und da so schnell demmeln, dass ich nicht mehr erreichbar sein konnte, von niemandem und nichts. Darum ging es. Stark, heiter, leicht, ja, frei sein. Es gab kein anderes Ziel. Ich liebte es. Es war Nötigung und natürlich eine Flucht, es war mehr.

Ich will das schreiben, hier hinschreiben. Die Risse, den Schmerz und darüber die eigenen Angriffsflächen offenlegen. Keine verschleppte, pubertierende Wunde, sondern etwas Exemplarisches in einem Nachkrieg, der sich im Osten auf konkurrenzlose Art konserviert hatte. Ich will es schreiben, insbesondere wegen des Berichts über eine Generation, die unter jener historischen Glocke zur kommunizierenden Röhre der Jahrhundertgewalt wurde, mit bedenklich langem Kernschatten. Es traf nicht alle, aber zu viele. Wäre eine Flucht ein Planspiel, könnte man es ruhig angehen und das Ganze im Voraus sachlich erörtern. Man würde sich dabei vielleicht sagen: Na gut, das ist jetzt eine ausgesprochen kreative Situation hier und der Ausgang völlig offen. Du weißt nicht, ob das Ganze glückt, aber geh halt los, immer das Nächstliegende, mach das Beste draus, wirst ja sehen. Aber es gibt keinen Plan. Laufen und mit den Füßen vom Boden abdrücken. Land gewinnen, allein mit den »Fußsohlen aus Wind«, wie Rimbaud dazu sagte. Die Arbeit am, mit, in den Körper hinein, angelegt als dauerhaft aufgeladenes Hoffnungsprojekt. Das Rudern, Schwimmen, Wetzen, Hecheln, Demmeln in unserer Generation.

Es ist nicht schwer, sich in seinem Grenzwald zu verheddern. Man schlägt sich durchs Geäst, verliert rasch die Orientierung. Rennen, stoppen, hocken, atemlos den Kopf anheben, robben, wieder laufen. Ein Schritt, eine Silbe, wie ein Mantra: Wer werde ich sein, was mache ich, woran denke ich, wenn ich in der Neuen Welt angelangt bin? Nein, es gibt kein Zurück. Ich will es schaffen. Vielleicht schaffe ich es. Wie spät es ist? Drei, vier Uhr? Lauf. Komm schon. Bleib bei der Stange. Die Nacht wird lang. Und dann geht plötzlich alles sehr schnell, ist die Zeit dabei, sich von der Nacht zu lösen, kommt die Helligkeit, der Morgen. Meine Augen suchen an etwas herum, das irgendwann ein Bild ist. Unwirklich und hyperreal zugleich steht auf einer Anhöhe eine weiße Kirche. An sie ducken sich Häuser mit roten Dächern, davor Weinberge, eine Wiese, Felder, Grenzpfeiler, zwei Grenztürme ohne Posten. Ich bin durch, weiß ich und schlurfe durch ein Feld, lande kurz darauf in dem vor sich hindämmernden Ort, schaffe es bis zum Pfarrer, falle bei ihm auf eine Matratze, schlafe.

Nach drei Tagen in Deutschkreutz fährt mich ein Auto nach Wien in die deutsche Botschaft. Dort heißt es warten. Durch die Stadt treiben: das »Raimund«, die Ungargasse 6, das »Griensteidl«, Bernhards »Bräunerhof«. Wir Literaturstudenten kannten das alles, hatten in der DDR mit dem geistigen Wien gelebt. Doch die Aura heischenden Orte setzen mehr zu, als dass sie einen empfangen. Die Wiener Opulenz, ich bin ihr nicht gewachsen. Nicht jetzt, nicht in diesem Moment. Alles in mir ist Übergang. Mir ist elend, elend schwindlig.

VORPOSTEN. Nach nochmal drei Tagen heißt es, morgen stünde ein Zug ins Auffanglager Münster bereit. Von der Fahrt, dem Lager und meiner Flucht von dort habe ich nur noch Ausrisse im Kopf. Die großen Schlafräume im Lager mit den vielen Betten, der große Speisesaal mit den vielen Tischen, die vielen Menschen und die großen Sätze. Unentwegt klopft mir jemand auf die Schulter und weiß, wie glücklich ich bin. Jetzt, wo ich es doch bis in die Freiheit geschafft habe. Und na klar bin ich erleichtert. Stolz, froh, erstaunt, dass ich raus bin. Aber echte Segel-Gefühle? Mir ist elend, elend schwindlig. Ist das so, wenn über Nacht alle Fäden gekappt sind?

Im Nachhinein habe ich noch oft versucht, mir den großen Aufbruchs-Sommer vorzustellen: Wie sich Tausende nach und nach in die Züge setzen, nur mit dem Nötigsten im Gepäck, still und ohne Verabredung, allein, als Paare, mit Kindern, in kleinen Gruppen. Wie sie Woche für Woche in den zahllosen Vorortzügen ihre Angst wegkauen. Wie sie in den Autos hocken, ihrem Zuhause für immer ade sagen, um in die eigene Ortlosigkeit zu tuckern. Wie sie in provisorischen Zeltlagern, in den Botschaften von Prag, Warschau, Budapest, in Auffanglagern oder als Camper in öffentlichen Anlagen inständig auf ihr neues Leben warten. Wie sie Woche für Woche über die grüne Grenze hecheln, stolpernd, außer sich, in etwas Unbekanntes fallend. Wie ist das eigentlich gelaufen?

Anfang August 1989 hatten 44 200 Übersiedler und Flüchtlinge die DDR verlassen. Ende 1989 werden es 343 854 Ostdeutsche sein. 343 854 einzelne Leben, jedes Mal eine einzelne Entscheidung, eine einzelne Geschichte, ein eigenes Ich, das sich vom Wir-Land verabschiedet und in eine neue Welt wechselt. Über 40 Prozent davon gehören unserer Generation an. Sehr verschiedene und vor allem viele Protagonisten haben die Revolution 1989 gemacht. Wir Mauerkinder sind losgegangen. Nicht mehr reden, sondern handeln, war das stille Credo. Es war die Realität unserer Körper, die der Revolution entscheidenden Drive zu geben vermochte.

Diesem Transit-Strom 1989 waren fünf Millionen vorausgegangen, die seit Kriegsende dem Osten den Rücken gekehrt hatten, durch Tunnel, in Ballons, in selbstgebauten U-Booten, durch die Ostsee, in Fluchtautos oder gekaperten

Flugzeugen, per Ausreise, als Freigekaufte oder im Westen Gebliebene. Für die an der Macht waren sie ab da tabu. »Vaterlandsverräter«, Abtrünnige, Aussätzige. Mit dem Tag ihres Wegseins gehörten sie nicht mehr zum offiziellen DDR-Körper, sein Gedächtnis hatte sie zu löschen. Ganz anders für die Liebsten, Freunde und Angehörigen in der Dauerfluchtgesellschaft DDR. Man lebte im permanenten Abschied, in einem riesigen Wartezimmer und richtete sich in ihm ein. Vermutlich hat die innere Erosion des Landes nichts so sehr beschleunigt wie dieser nicht abreißende Schmerz. Gerade noch war er da, der Nächste, hat man das ganze Leben mit ihm geteilt. Nun wird keiner einem sagen können, ob man ihn je wiedersehen kann.

Maria Glöckl, Wirtin in Deutschkreutz an der österreichisch-ungarischen Grenze, legt ihr Gästebuch auf den Tisch. »Hier«, sagt sie, »schauen Sie!«, und zeigt auf die knappen Einträge. 22.8.1989: »Endlich sind wir frei!«, 25.8.1989: »Erich – nein danke! Wir sind glücklich!«, 29.8.1989: »Andreas – ich warte auf Dich!«, 4.9.1989: »Nach mehrmaligen Anläufen endlich geschafft!« Dann erzählt sie von der Furt durch den Neusiedlersee, die nur noch die Alten kennen, von verdreckten Flüchtlingen und Schlepperbanden – den *Gefinkelten*, die mit der Angst anderer ordentlich Geld machten. Fast beiläufig sagt sie: »Deutschkreutz war immer ein ungarisches Dorf, wo halt Deutsche leben.« Ihre Hände fahren über dem Kopf zusammen. »Drüben sitzen die Ungarn, hier die Österreicher, nein, eigentlich wir Deutsche, quer durch lief immer die Grenze, der nächste Ort ist kroatisch, dazwischen sitzen Russen, Rumänen, Albaner, na eben alle, die hier so anlanden.« Ihre Arme rudern weiter. »Wir sind ja eine katholische Gemeinde, aber ein Stück weiter sitzen Juden, Muslime, Orthodoxe. Hier war schon immer alles irgendwie mitsammen.«

Das Schon-Immer ihrer Sätze und der Sommer 1989. Die Wirtin berichtet von einer ostdeutschen Familie, die ganze fünf Tage im Grenzgebiet unterwegs war. Von einem Liebespaar, das das Schlupfloch durch die Grenze erst im dritten Anlauf schaffte. Von einer Frau, die bei ihr am Tisch saß und tagelang weinte. Aber das Schlimmste sei doch überstanden, versuchte Maria Glöckl zu trösten, bis sich herausstellte, dass die ungarischen Grenzer der Ostdeutschen den gesamten Familienschmuck als Bakschisch abgenommen hatten. »200 Jahre alt. Das muss man sich mal vorstellen«, ruft die Wirtin erbost und zieht das Gästebuch erneut zu sich heran. Feinsäuberlich aufgeklebte Presseberichte, Fotos mit strahlenden Gesichtern. »Die kamen alle hier bei mir unter«, nickt sie.

UMWEGE. Der Sommer 1989. Darf man gehen, wenn im eigenen Land große Dinge geschehen? Geschehen große Dinge, weil so viele gehen? Ein Sommer der Vorläufigkeit, der noch dazu im Zickzack läuft: Ende Mai hatte *Der Spiegel* berichtet, dass die Kontrollen im ungarischen Grenzhinterland weiterhin streng gehandhabt würden. In der Realität heißt das, in Ungarn aufgegriffene Flüchtlinge werden an den DDR-Geheimdienst ausgeliefert. Auf Republikflucht stehen zwei Jahre Gefängnis, mindestens. Die Angst vor Verhaftung gehört somit zum Basisgepäck des Sommers. In der DDR beginnen Anfang Juli die Sommerferien. In Ungarn füllen sich Camps, Lager und auch die deutsche Botschaft. An die 200 000 Ostdeutsche halten sich schon im Süden auf. Viele wollen nur Urlaub machen, die meisten sind da, weil es *ihr* Sommer werden soll.

Ein vieltausendfacher Hoffnungsexport in die Fremde, denn in der DDR selbst ist es noch still, die Statik des Landes wirkt noch unantastbar. 40 Jahre sind viel Zeit. Die Geschichte dieses Sommers. Wie sich die Hoffnung langsam in Bewegung setzt und nach und nach zum Akteur wird, um schließlich in das zu kippen, was der Philosoph Vilém Flusser seine Freiheit nennt: die »Möglichkeit, sich gegen das Schicksal zu stemmen«. Am Anfang des Sommers kann diese Möglichkeit in der DDR selber noch kaum gedacht werden, ist sie noch unbestimmt, verpackt, blockiert, am Ende des Sommers und in der Fremde ist sie zur Realität geworden.

Am 14.8. reagiert Erich Honecker erstmals auf den täglich breiter werdenden Flüchtlingsstrom: »Den Sozialismus in seinem Lauf hält weder Ochs noch Esel auf«, gibt er vor. Das klingt nach Aussitzen, trainierter Starre und Realitätsverlust. Denn Mitte August ist die Hoffnung längst in den Lagern aufgelaufen. Sie will nicht mehr in die DDR zurück, sie wartet, sucht, greift zu, wenn sie für sich einen Ausweg sieht. Als am 19.8. bei Sopron ein Picknick auf dem alten Todesstreifen zwischen Ungarn und Österreich stattfindet und die Grenze provisorisch für drei Stunden geöffnet wird, nutzen etwa 700 Ostdeutsche die illegale Lösung zur Flucht.

Der Durchbruch wird zur historischen Nagelprobe, zum Test, zu einer Gelegenheit, endlich Fakten zu schaffen. Für wen? Für die Ungarn, den Westen, die DDR, die Amerikaner, Engländer, Russen? Wie viele Drehbücher hat es für das »Paneuropäische Frühstück« gegeben? Wer hat sie geschrieben? Wer wusste was? Wer erhielt welche Anweisungen und woher? Wer wurde von wem wo womit betraut? Sicher ist, dass die DDR-Staatssicherheit schon Ende Juli Ortsbegehungen im Grenzgebiet um Sopron machte. Sicher ist, so berichten es die Organisatoren des »Paneuropäischen Frühstücks«, dass in den Wäldern ringsum jede Menge Geheimdienst unterschiedlichster Couleur hockte und die Drähte in alle Richtungen heißliefen.

Als Reaktion auf den paneuropäischen Coup wird die Grenze erneut komplett dichtgemacht und jede Menge Militär heranbeordert. Am 22.8. melden die Zeitungen, der Architekt Kurt-Werner Schulz, Jahrgang 1953 und in Falkenstein/Vogtland geboren, sei durch einen Schusswechsel in der Nähe von Györ zu Tode gekommen. Die DDR beabsichtigt, die Grenzen zu Ungarn zu schließen. Die Situation spitzt sich zu. Die *Bild* kommt mit dem Aufmacher: »Treibjagd auf DDR-Flüchtlinge. Schwarzer Tag an der Grenze. Soldaten schossen, prügelten, Kinder bluteten.« 500 Militärs seien vor Ort. In Kópháza habe man Flüchtlinge in die Postenkette getrieben und Tränengas eingesetzt. Im Ort selbst konnte man vor lauter Gewehrknattern nachts nicht schlafen.

Und dann kommt Ende August der große Regen. Ein Regen, der das Tor zur Welt fluten wird. Denn Tausende Camper in den Zeltlagern, die vielen in den Botschaften und die, die in den Grenzwäldern unterwegs sind, sind vollkommen erschöpft, nervös und werden krank. Der Sommer droht zu eskalieren. Er braucht eine Lösung. Die Politik muss endlich handeln. Schließlich entscheiden die Ungarn und öffnen am 11.9. die Grenze zu Österreich. Der Kalte Krieg ist zu Ende. Der Eiserne Vorhang existiert nicht mehr. Es riecht nach Laub und Äpfeln.

AUSATMEN.   »Wo bist du eigentlich gewesen in diesem Herbst?«, frage ich den Mann, mit dem ich lebe. »Zürich«, sagt er. »Ich habe zu der Zeit in Zürich gelebt.« – »Und, was habt ihr vom Mauerfall mitgekriegt?« – »Nicht viel.« Er zögert. »Die DDR war weit weg, kein Thema, nicht in unserem Blick, ein völlig anderes Land.« Sätze, die nicht überraschen. Wer sich 40 Jahre lang einschließt, wird irgendwann abgekoppelt und kann leicht übersehen werden. Ich sehe mich in einem Zug sitzen, von Münster aus Richtung Frankfurt fahrend. Mir gegenüber ein Mann, mit dem leicht ins Gespräch zu kommen ist. Es geht um verdreckte Meere, Ganzheitserfahrungen, mittelalterliche Gärten. Um alles eigentlich, nur um das nicht, was gerade an den Grenzen des Landes geschieht. Er sagt, er sei auf dem Weg zum Frankfurter Flughafen und müsse in die USA, um dort Vorträge zu halten. Sowieso wirkt der Mann sehr angeschlossen an die Welt, mit einem Blick tief in die Landschaft, als gehöre das meiste davon ihm. Was mir auffällt, ist das Parate, Wackere, Kugelige an ihm, als könne sein Denken die Dinge in aller Seelenruhe umlaufen und jedes Mal entstünde eine runde Welt daraus. Als der Mann aussteigt, hält er mir seine Karte hin. Prof. Dr. Iur. P. C. Mayer-Tasch, Geschwister-Scholl-Institut für Politische Wissenschaft. Ich solle mich melden, ruft er noch, springt auf den Bahnsteig und taucht im Trubel unter. Mir ist elend, nein, schwindlig. Die Karte stecke ich ein. Ich habe sie immer noch.

Der Frankfurter Bahnhof. Die ersten Schritte, mit nicht mal zehn Mark in der Tasche. Der Bahnhofsvorplatz, die Blickfluchten, die Skyline. Die Stadt dreht sich. Etwas stimmt vielleicht mit der Gravitation nicht. Oder mit den Koordinaten, mit meinen Grenzen, der Orientierung. Als ob ich mich auflösen würde. In jedem besseren Roman würde der Erzähler ganz sicher jetzt Halt machen, um diesen Moment als Moment stark zu machen. Er würde vom Wendepunkt des Lebens sprechen, vom entscheidenden Augenblick. Und warum auch nicht? Der Frankfurter Bahnhof wäre einigermaßen geeignet dafür. Ich stehe nur da, mit den gekappten Fäden meines Lebens in der Hand, und weiß nicht, wie es weitergeht. Wo soll ich hin? Wie Ausschau halten nach einem Ankerpunkt, einem Geländer, nach irgendwas, woran ich mich festhalten kann? Was soll ich hier, ohne Freunde, Bekannte, Verwandte? Ich tappe in die große Bahnhofshalle zurück wie in eine Höhle. Meine Augen suchen die Anzeige ab: Stuttgart, Köln, Mainz, Heidelberg, Mannheim, Darmstadt. Darmstadt? Georg Büchner? Immerhin ist es nah.

Auf dem Darmstädter Bahnhof habe ich noch ganze 40 Pfennige in der Tasche. Das Übergangs-Ich, das vor allem praktisch ist. Es handelt, weil es handeln muss. Es kann sich keine weiteren Irrfahrten leisten. Schon deshalb ruft es in einem der städtischen Hotels an. Um einen Job zu kriegen und damit erstmal eine Bleibe zu haben. Beim ersten Anruf kann es nicht mal sagen, worum es geht, da hat es am anderen Ende schon Klick gemacht. Beim zweiten Anruf sagt eine Stimme: »Was? Wie alt? Verstehe. Na, dann kommen Sie halt mal vorbei.« Der Anfang: ein Kellnerjob im Privathotel »Weinmichel«, direkt am Darmstädter Schloss. Die Gesindestube: Bett, Waschbecken, Stuhl. Dienstbeginn jeden Tag Punkt 17 Uhr, im steifen rosafarbenen Dirndl, in weißer Puffärmel-Bluse, mit weißer Schürze und großer, ausgestellter Schleife auf dem Rücken. Wenn ich am Abend die Tür des Weinkellers öffne, rollt Hakki, mein türkischer Chef, am Serviertisch schon einen Berg Bestecke in dunkelbraune Stoffservietten. Auch am 9.11.1989 ist das so. »Reservierungen?«, frage ich ihn zu Dienstbeginn. Sein Blick bleibt reglos auf den eingedrehten Stoffpäckchen liegen. Das heißt, es wird voll werden. Schweinelendchen in schweren, gusseisernen Pfannen, dazu Bergsträßer Weine sind hier der lokale Selbstläufer.

Die Weinstube füllt sich. Hakkis Schritte tackern über den Steinfußboden. »Komm, na«, drängelt er, wenn wir uns an der Kasse beim Bonieren begegnen. Nach einer Weile dreht er den Kopf in die linke, hintere Ecke. »Du gehen«, bedeutet er. Auch das noch. Soeben ist Prinzessin Margaret von

Hessen und bei Rhein eingetroffen, letzter Spross des hessischen Fürstenhauses und des Öfteren im »Weinmichel« zu Gast. Sie sitzt schon in ihrer Lieblingsecke. »Einen Herrenwingert!« ruft sie schon von weitem. Ich stehe rosagedirndelt und ratlos vor ihr. All die Rieslinge und Kerner, Weißburgunder und Grauburgunder, Rivaner und Silvaner aus der Gegend, die die Prinzessin über den Abend zur Weinprobe bestellt, kenne ich nicht, woher auch? Ich bin bei Margaret entsprechend auf verlorenem Posten. Das riesige Kühllager ist voll bis obenhin. Und ich in ihm so taumelnd wie in all den Herbstwochen zuvor. Mit zittrigen Knien bringe ich ihr, was mir in die Hände fällt. Sie goutiert die falschen Weine kommentarlos.

In einer der vielen, hektischen Runden mit Lende und Wein stoße ich gegen 23 Uhr an der Kasse ein weiteres Mal auf Hakki. Er lächelt, nimmt mir das Tablett aus der Hand, schiebt mich in einen der Hinterräume und stellt mich dort vor den Fernseher. »Schauen!«, bedeutet er und verschwindet. Ich sehe die Bilder von der Berliner Mauer, den Jubel, die Tränen, die Freude, die Stille, und habe nur ein Wort im Kopf: endlich! Immer nur, immer wieder dieses Endlich. Später werde ich oft gefragt, ob ich mir das nicht hätte sparen können, die Flucht so kurz vor dem Ende. Klar, man kann das so sehen. Aber ich weiß, dass der Weg über die grüne Grenze mein eigentlicher Anfang war. Sich von etwas lösen, aus einem Leben gehen, das für einen nicht mehr zuträglich gewesen ist, den Schritt für sich entscheiden und ihn auch tun. Mir zumindest bedeutet das noch was. Mag sein, dass das grad ein bisschen groß klingt und auch nicht recht zu den rosafarbenen Verhältnissen in der Weinstube passen will. Dennoch war die Flucht das Wichtigste, was ich bis dahin gemacht hatte. Ich bin losgelaufen. Die Macht der Geschichte, ich spürte es, nahm sich einen Augenblick lang zurück und atmete einmal lange aus. Als müsste sie mal Pause machen. Wer in dieser Pause losgegangen war, entließ sich selbst, ohne jede Bedingung, und gehörte niemandem mehr an. Keinen einzigen Moment davor, aber auch keinen danach habe ich mich so frei gefühlt.

Nach fünf Minuten steckt Hakki seinen Kopf wieder durch die Tür. »Schnell! Kommen!« Die Nachricht aus Berlin hat mittlerweile auch die Darmstädter Weinkeller erreicht. Hakki und ich schenken aus und polieren Gläser, polieren Gläser und schenken aus. Aus dem Hintergrund ist in Abständen nur das trockene »Mehr Wein!« von Prinzessin Margaret zu hören. Auf die Sorte kommt es an dem Abend eh nicht mehr an.

ÜBERGÄNGE. Das Übergangs-Ich in einer Welt, in der am nächsten Tag alles so weiterläuft wie bisher. In der keine Mauer fällt. Man muss sich nichts vormachen. Da, wo ich gelandet bin, genügt sich die Welt vollkommen aus sich heraus. Sie braucht keinen Osten. Sie weiß, dass sie vollständig ist. Anfangs verstand ich diese Art Derealisation nicht, las sie als speziellen hessischen Immobilismus. Später dachte ich eher an eine Angeschlagenheit, ja Zerbrechlichkeit, die offenbar noch von den Kriegsgeschehen herrührte, sich aber mit der Zeit routiniert verpuppt hatte. Darmstadt hat kein Zentrum, keine Plätze, nur sehr gerade Straßen, sehr ausgedachte Parks, sehr viele Straßenkreuzungen. Die Stadt wirkt auf atemberaubende Weise provisorisch. Und es ist zugig da, narbig, unwirtlich, das Zentrum schwer nachkriegsbetoniert. Kurzum: Es ist keine Stadt, die einen auf den ersten Blick willkommen heißt. Im Grunde ist sie gar nicht da, sondern durch etwas anderes ersetzt worden. Ich mochte ihren Zustand, weil ich mir einbildete, ihn zu verstehen.

343 854 Ostdeutsche, die im Jahr 1989 ihr Zuhause verlas-

sen, ausreisen oder fliehen, um in der Neuen Welt Fuß zu fassen. 343 854 Aufbrüche und Anfänge, unzählige Träume, Projektionen, Ängste, unzähliges Verlassen und Verschwinden. Seit Kriegsende waren fünf Millionen Ostdeutsche in den Westen gegangen. Als die DDR zusammenrutschte, schauten sich Millionen Ostdeutsche die Implosion von außen an. Mit welchen Gefühlen? Den 4.11.1989 bekamen die Weggetriebenen vermutlich gar nicht wirklich mit, weil sie an dem nasskalten Samstag mit etwas ganz anderem beschäftigt waren. Fünf Millionen. Eine Zahl, die nicht einfach zu ignorieren ist. So wie die drei Millionen nicht, die nach 1989 vom Osten in den Westen gegangen sind. Nicht fünf Millionen also, sondern acht, auch wenn die Bedingungen mittlerweile andere geworden waren. Anfang ist Anfang. Ich schiebe die Bücher, die in meinem Zimmer herumliegen, von einem Stapel auf den nächsten. Es muss doch Texte geben, die über die historische Drift von Ost nach West Auskunft geben. Gibt es auch. Ostseefluchten, Ballonfluchten, Tunnelfluchten. Geschichten, die vom inneren Freiheitszwang des Einzelnen berichten. Flucht, Ausreise, Exil, Migration, Heimkehrer. Terrestrische Globalisierer, transnationale Horizontalisten, Mobilitätsprofilierer. Alles da. Aber wo steht etwas ganz konkret über die Zeit des Ankommens?

Über die erste Nacht in einer fremden Welt? Über die Furcht, dass doch noch jemand kommen könnte, um einen aufzuspüren? Über die Schuldgefühle gegenüber denen, die man verlassen hat? Über die Sehnsucht zurückzukehren? Über die Angst, dem Neuanfang nicht gewachsen zu sein? Über die Panik vor dem Chaos? Über das Leben zwischen allen Stühlen, über den Systemwechsel der Seelen, über die Niemandsländer im Inneren, über das Gefühl, trotz derselben Sprache deklassiert zu sein? Die Tatsache, dass sich die Ostdeutschen im Westen derart geräuschlos, ja vorbildlich integriert haben, hat sie als Thema nahezu geschluckt. Sie machten sich unsichtbar und wurden gleichzeitig unsichtbar gemacht. Und das bei allen Fluchtunterschieden. Es gab die Flüchtlinge über die deutsch-deutsche Grenze, es gab die Flüchtlinge über andere Länder, es gab die Rausgeschmissenen, es gab die Ausreisewilligen, es gab die, die bei Reisen in den Westen wegblieben, es gab die sogenannten Familienzusammenführungen. Allein bei den Ausreiseanträgen verschob sich die Zahl kontinuierlich von 1984 50 600 auf 1988 113 500. Davon waren 60 Prozent zwischen 15 und 40 Jahre.

Für jede und jeden von ihnen hat es ihn gegeben, den Moment, der einem klarmachte, angekommen zu sein. Wann? Wo, wie, warum? Das Leben neu beginnen, etwas tun, wofür es kein Modell gibt, nicht geben kann, weil jeder Anfang etwas Unwiederholbares, etwas Einzigartiges hat. Und wie weiß man dann, dass die Zeit der Anfänge vorbei ist? Dass es nicht mehr um eine Flucht wovor, sondern längst um einen Aufbruch wohin geht? Vielleicht können die, die schon weit vor 1989 im Westen landeten, über das Ankommen genauer erzählen?

TRAMPELPFADE.   Hauke Hückstädt zum Beispiel, Leiter des Literaturhauses in Frankfurt am Main, Jahrgang 1969 und in Schwedt geboren. »Schwedt?« – »Ja.« – »An der Oder?« – »Ja. Mit ihrer Architektur der Sehnsucht.« – »Der Sehnsucht?« – »Ja.« Das Wort bleibt im Raum stehen, rollt nach und nach aus, als würde ein Kiesel ins Wasser ploppen und dann in die Vertikale trudeln, um sich mit jeder Welle ins Endlose zu verlängern. »Welche Sehnsucht?« Hauke Hückstädt hat so eine Art, Fragen diskret wegzuschauen, als gehöre er in eine Welt, in der mehr gesehen wird, als zu sehen ist, als könne er mühelos hinter die Wörter gelangen.

Er sagt Schwedt und etwas von Sehnsucht, und er bleibt dabei. Nur was meint er damit? Ich werde zunächst nicht viel mehr machen können, als mich einfach ins Auto zu setzen. Berlin, vorbei an Bernau, Wandlitz, Kloster Chorin, Ziethen, Angermünde. Es geht gen Osten. Die Landschaft wird weiter, der Himmel größer. Viele Kiefern, kleine Seen, und hundert Kilometer weiter ist da dieses Schwedt an der Oder. Man hätte genauso gut Halle-Neustadt, Hoyerswerda, Bitterfeld, Eisenhüttenstadt sagen können, um so noch einmal auf die großen DDR-Utopien zurückzukommen, auf all die Heldengeschichten in all den »Zentren der Arbeiterklasse«.

Hauke Hückstädt lässt stattdessen einen kleinen, blonden Jungen wacker durch die Straßen der Stadt laufen, vielleicht, um ein weiteres Mal sagen zu können, dass er unbedingt von Schwedt reden muss. Von dem also, was man Herkunft, Heimat, Prägung nennt. Er selbst nennt es Positionen. Das Haus, in dem der blonde Junge aufwächst, ist die DSF 1 im WK 1. Normalerweise würde man sagen: Familie Hückstädt wohnt im fünften Stock des Hauses 1 in der Straße der Deutsch-Sowjetischen Freundschaft im Wohnkomplex 1. Nur, wer redet schon so? Klar ist, dass die DSF 1 so etwas wie die Urzelle der Modellstadt Schwedt ist und ein alter Plattenbau. Der Junge hat es eilig und wetzt die fünf Stockwerke runter. Unten sind seine Freunde. Sie wohnen in der DSF 7 und der DSF 10. Nicht weit, wie nichts wirklich weit ist hier.

Die Jungen nehmen den Trampelpfad quer über die Wiese, vorbei an vollen Wäscheleinen, am roten Krabbelfliegenpilz und den Pappeln. Es geht zum Spielplatz. Da sind schon die anderen. Denn Schwedt ist nicht nur die Stadt der neuen Männer und neuen Frauen, sondern auch eine Stadt der Kinder. Es ist Babyboomer-Zeit, Ost wie West. Das Jahr 1964 wird mit 1 357 304 Kindern der geburtenstärkste Jahrgang.

Wobei die aus den Sechzigern, wie des Öfteren beschrieben, generell ziemlich viele sind. Manche behaupten, zu viele. Richtig ist: die meisten. 40 Jahre später wird sich die Geburtenrate in Deutschland fast halbiert haben. 2006 kommen gerade mal noch 672 724 Kinder zur Welt. Wenn der blonde Junge genug von den Vielen hat, sagt er auf dem Spielplatz schnell noch »Tschüs« und zieht ab, ins Atelier des Vaters. Auch das ist gleich um die Ecke.

Der Junge greift sich sein Fahrrad, das am Eingang einer umfunktionierten Panzergarage steht, und tritt in die Pedalen. Im Atelier ist viel Platz. Das heißt, er kann in weiten Bahnen um die Bilder des Vaters radeln. Erst fährt er Kreise, dann Achter, dann durch ein Labyrinth. Er mag die Atmosphäre im väterlichen Refugium. Den Geruch der Farben, die Texturen auf dem Boden, die aufgezogenen Leinwände, die Pigmente, das Oberlicht. Er mag es auch, wenn die Farben anfangen, Geschichten zu erzählen. Der Vater steht wie ein Leuchtturm und ist ganz bei sich. Das ist bei Malern so. Der Sohn kommt ab und an vorbeigekurvt, plappert, fragt, hat die Position ausgelotet. Am Abend laufen beide nach Hause, in die DSF 1.

Was einen Maler zum Maler macht, was ein echtes Bild ist, was das Ungemalte, was das Stiften von Wirklichkeit, das sind Fragen, die mir unendlich vertraut sind. Der Atelier-Kosmos, die Euphorie des inständigen Anfangs. Eine weiße Leinwand, ein unbehauener Stein. Und die nie endenden Diskussionen darüber, was Realismus ist, was Malewitsch, Rothko, Giacometti da so versucht haben. Ich sehe mich während der Studienjahre in Jena in einem Atelier sitzen. Es ist der Arbeitsraum eines Bildhauerfreundes. Um mich herum Berge von Katalogen. Bacon, Picasso, Cezanne. Es geht um die Anwesenheit der Welt und natürlich der Kunst. Es geht eigentlich nur darum. Über den Tag kommen die

Künstlerfreunde. Es wird gestritten, um DDR-Kulturpolitik, fehlende Kohlen, verhinderte Aufträge, künstlerische Sackgassen. Nie würde es einen Carrara-Marmor geben, nie richtige Farben, nie gutes Papier. Der Mangel nagt, aber auch die Wut, die Enge, die Angst, sein Talent zu vergeuden, niemals einen eigenen Katalog in den Händen zu halten, nie eine große Ausstellung zu bekommen, in Paris, Westberlin, New York, wo auch immer.

Das kann bei Eberhard Hückstädt, Jahrgang 1936, und Rosemarie Hückstädt, Jahrgang 1934, den Eltern des blonden Jungen, nicht viel anders gewesen sein. Sie kamen aus Dresden, hatten dort, wie die Jenaer Crew, Kunst studiert und sich dann 1966 ausdrücklich für Schwedt entschieden. Aber die Utopie ist auf Abrieb aus und fordert ihren Tribut. Und die beiden Kriegskinder, die in der Industrie-Enklave nahe der polnischen Grenze vor allem als Künstler wahrgenommen werden wollen, verfehlen sich zusehends. Ende 1975, als ein dritter Bruder zur Welt kommt, als der kleine, blonde Junge sechs Jahre alt ist, setzt der Vater ihm eine Pudelmütze auf den Kopf, nimmt ihn an die Hand und fährt im »Schnellbus« mit ihm nach Berlin. Von einer Sekunde auf die andere hat er eine neue Familie. Eine Frau ist jetzt da, die seine neue Mutter werden soll, und noch dazu eine neue Schwester. Rosemarie Hückstädt und die beiden Brüder bleiben vorerst in Schwedt.

»Ein Verschlag trennt das Innere vom Inneren«, schreibt Jacques Derrida. Der Satz ist ein Stellvertreter, damit wir den kleinen Jungen nicht aus den Augen verlieren. Wie er am ersten Morgen in seinem neuen Leben am Frühstückstisch sitzt, wie er mit den für ihn neuen Menschen klarkommt, wie das mit der neuen Stadt für ihn ist. Jedes Schweigen trägt sein Schweigen in sich, ein ausgeschlossenes Innen, das eine eigene Dramaturgie entwickelt, einen ganz eigenen

Thrill, der die intimen Positionen untereinander in Beziehung setzt und in Bewegung hält, um zu isolieren, zu schützen, zu verbergen, zu verwahren. Der Mann, der der Junge mit der Pudelmütze war, sagt heute, dass 1975 sein erster Bruch gewesen sei. Er sagt noch was von Schwedt und von Sehnsucht. Er wird dabei bleiben.

1976 wird die Hückstädt-Ehe geschieden, der Biermann-Sommer ist da, und für Eberhard Hückstädt gibt es die zweite Ehe. Die neue Familie siedelt wieder zurück nach Schwedt und wohnt jetzt im Marchlewski-Ring 90, erste Etage links. Edelplatte. Der durchgeschüttelte Junge mit der Pudelmütze ist sieben Jahre alt und geht in die POS 1 »Bertolt Brecht«. Wenn er am Morgen zur Schule muss, steht er zwischen den Arbeitern in einem der Ikarusbusse mit den braunen, plumpsigen Polstern. Der Bus ist voll, die Fenster sind beschlagen, es riecht merkwürdig. Bei Westwind, heißt es hier öffentlich, sollten die Fenster geschlossen bleiben. Wenn er abends nach Hause fährt, sieht er das gelbe Licht der Fackeln über der Stadt. In Schwedt endet die Erdöltrasse *Freundschaft*. Im PCK arbeiten mehr als 8000 Leute.

Es muss in der dritten Klasse gewesen sein, als Hauke Hückstädt etwas für sich entdeckt, wofür er später das Wort Position einsetzen wird. Ihn zieht es zum Wasser, zur Oder, zu der sich ruhig ausbreitenden Landschaft mit ihrem stark verästelten Netz, den schönen Deichen, großen Bruchkanten, verschlungenen Wasserstraßen, den Polderwiesen mit den im Fluss stehenden Weiden und Erlen und mit ihrer sehr eigenen Stimmung. Eine Landschaft der Kriegsmale, die die Last spürbar werden lässt, die noch immer in der Luft hängt. Ein wüst zerschossenes Grenzland, mit toten russischen Soldaten, toten Deutschen, gesprengten Brücken, langen Flüchtlingstrecks.

ERHABENES BUCKELN.   Von der Schule aus fährt der Junge mit dem Rad über die Leninallee zum alten Kanal. Dort liegt das Gelände der ASG Vorwärts Schwedt. Er beobachtet, wie die Boote ins Wasser getragen werden, wie sich die Ruderer vom Steg abstoßen und langsam Fahrt aufnehmen. Rudern, heißt es, hat etwas mit Eleganz, Rhythmus, Balance und unendlichem Rackern zu tun. Das wird schon stimmen. In jedem Fall ist es ein Sport, der Distanz schafft und die Position verändern kann. Der Junge gleitet durchs Wasser. Er ist in der Landschaft, die ihn so stark beschäftigt und sieht, wie sie Meter für Meter an ihm vorüberzieht. Er ist ganz bei sich.

Ein gutes Boot, eine gute Mannschaft ist mehr als das erhabene Buckeln von Körpern. Die Crew muss ihren Schlag finden, den Schub in Bewegung übersetzen. Dazu braucht es einen guten Schlagmann. Er ist der Kopf und das Herz des Ganzen, das Gleichgewicht. Hauke Hückstädt wird Schlagmann für den Zweier und den Doppelvierer mit Steuermann. Training viermal die Woche, am Wochenende Regatten. Er hat sein Ding gefunden, währenddessen sich sein Vierer nach und nach in die DDR-Spitze schiebt und das Boot lediglich leicht schaukelt, wenn es über die Ziellinie fliegt. Das Wasser zittert. Rudern ist ein Sport mit Tunnelblick. Der Schlagmann muss die anderen im Rücken und die Kraft im Wasser spüren. Und er muss für die Wuchterei im Boot einen Rhythmus finden. Der blonde Junge ist der Libero im Verein, einer mit großen Händen, umsichtig und anerkannt.

Der Ruderer, der am Abend ausgepowert vom Training kommt, nimmt wahr, dass die Stimmung zu Hause Anfang der achtziger Jahre eine andere wird. In Zeitungspapier eingeschlagene Bücher liegen rum, verbotene Musik wird gehört. Den Kindern wird gesagt, dass sie über diese Dinge draußen besser nicht sprechen sollten. »Dass Worte und Töne Macht und Magie haben, das hat mich geprägt«, sagt

Hauke Hückstädt. Aber auch im Land verändert sich in diesen Jahren etwas. In den Abrissvierteln von Leipzig, Ostberlin und Dresden entsteht eine florierende alternative Kunstszene, die sich außerhalb der staatlichen Kunstlenkung zu behaupten versteht. Der Prenzlauer Berg als Chiffre für das wohl freieste Stück DDR strahlt ins ganze Land und ist zugleich so Stasi-unterwandert wie wohl keine andere Szene. »Zersetzen« wird zum Schlüsselbegriff für den Geheimdienstler neuen Typs. Die Tschekisten sollen sich verdeckt in die inoffiziellen Szenen hineinarbeiten, sie infiltrieren, ausspähen und dann kaputtmachen. In Schwedt ist der Standort der Staatssicherheit in der Karl-Marx-Straße 30. Über den Hof gibt es einen direkten Zugang zum Hauptgebäude der Volkspolizei, das Richtung Bahnhof gelegen ist.

Die DDR bewegt sich von innen und hält nach außen hin den Atem an. In der Nachbarrepublik Polen wird am 13.12.1981 das Kriegsrecht ausgerufen. Durch die verschneiten Straßen von Warschau rollen Panzer, die polnische Opposition wird verhaftet, die Grenzen werden geschlossen, die Welt wird noch kleiner. Das Land hinter der Oder samt seiner offenen Kunst ist für die ostdeutschen Künstler bis auf Weiteres passé. In Schwedt im Marchlewski-Ring 90 wird über die Not und den Widerstand in Polen pausenlos diskutiert, auch über die Szene in Berlin, über Havemann und Biermann. Eine seltsame Mischung aus Tristesse, Resignation, Lähmung und Zorn liegt über allem. Irgendwann fällt das Wort Ausreise.

1982 wird der erste Ausreiseantrag gestellt. Er bleibt unbeantwortet. Statt einer Reaktion Dauerkontrolle. Der Geheimdienst stellt auf Bedrohungsmodus: ein angezapftes Telefon, verrutschte Möbel, kontrollierte Post, schließlich werden die Eltern abgeholt. Angst, Warten, Ausdünnung, tote Zeit. Das Leben verabschiedet sich nicht außen, sondern innen. Und dieses Leben muss in dem Abschied mit allen nur erdenklichen Druckmitteln klarkommen: locken, versprechen, drohen, bedrohen, Anträge liegen lassen, sie ablehnen. Wie erlebt ein 13-Jähriger das, wie die Eltern, wie seine Umgebung? Zu Hause heißt es, er solle nicht darüber reden, dass er in den Westen gehen wird. Wie kann ein Kind das schaffen?

1982 ist das Jahr, in dem der Schlagmann und sein Vierer in Brandenburg DDR-Vizemeister werden. Ein Jahr darauf wird der jüngste Bruder geboren. Zusammen sind sie nun sechs Kinder, auch wenn es kein Zusammen gibt. Im Schwedter Theater kommt das Borchert-Stück *Draußen vor der Tür* zur Aufführung. Der blonde Junge sitzt in der Premiere und ist sehr stolz. Seine Schwester spielt die Elbe. Sie liegt unter einer Plastikfolie und macht große Welle. Das kann sie so gut, dass der Kriegsheimkehrer Beckmann aufhört, ans Sterben zu denken. Es ist in etwa auch die Zeit, als ein Schreiben zu Hause landet, in dem es heißt, Hauke Hückstädt habe seinen Verein betrogen. Wie, womit? Darf dabei keine Rolle spielen. Muss auch gar nicht erst gesagt werden, sondern ist so. Die Maxime des Staates für die, die gehen, lautet: Wer nicht für uns ist, ist gegen uns. Wer das Land verlässt, muss mit den Folgen rechnen. Die DDR und ihr System der Sippenhaft. Die Gangart derer, die das Sagen haben, wird Tag für Tag deutlicher. Diesmal geht es nicht nur um Kontrolle, nicht nur um Bedrohung, sondern um Deklassierung.

TRENNWÄNDE. Der Junge mit den starken Händen, der das Zeug zum Weltmeister hat, darf das Vereinsgelände von einem Tag zum anderen nicht mehr betreten. Erklärt wird nichts. Die Sache ist entschieden: aus, Schluss, vorbei, binnen Sekunden. Er hat zu verschwinden. Immerhin war er der Frontmann, das Herz seiner Crew, ein dekorierter Athlet. Diese Geschichte aber soll gelöscht werden. Man sieht einem 14-Jährigen dabei zu, wie er seine Sachen zusammenklaubt, wie sein Blick ein letztes Mal über das geht, was so lange sein Leben gewesen war, und wie er es nicht versteht. »Na, du Staatsverräter?«, hört er jemanden hinter sich sagen. Er dreht sich nicht um. Die Freunde, die Regatten, die Siege, die Stunden auf dem Wasser, der Kraftraum, die zähe Einsamkeit. All das gibt es nicht mehr. In den Wochen, die auf seinen Rauswurf folgen, liegt er nachmittags oft mit dem Kopfhörer im Wohnzimmer auf einer Liege und hört Tangerine Dream. Er will nicht reden. Was gibt es zu sagen? Die Musik lässt ihn Landschaften sehen, als würde er in seinem Boot sitzen. Er hört »Quichote Part 1« und »Quichote Part II«.

»Reisen Freitag aus. Kommt bitte Donnerstagabend.« Hauke Hückstädt ist mit seinem fünfjährigen Bruder Anfang Februar 1984 in Berlin unterwegs, als beide dieses Telegramm erreicht. Geht es wirklich los jetzt? Die beiden fahren auf dem schnellsten Weg zurück nach Schwedt und kommen in eine Wohnung, die komplett leergeräumt ist. Für nichts bleibt mehr Zeit, nicht mal, sich von den Freunden zu verabschieden. Es ist keine Flucht, aber der Abschied auf einmal derart plötzlich, dass er sich wie weggerissen fühlt. Der 10.2.1984 ist ein eisiger Wintertag. Es liegt nicht viel Schnee, aber der Boden ist vereist, verharscht, großflächig öde. Sie erhalten Identitätspapiere für 24 Stunden und fahren mit zwei Autos nach Berlin. Ort der Ausreise: der Tränenpalast, die zentrale Grenzübergangsstelle Bahnhof Friedrichstraße.

»Vater und ich waren für das Gepäck zuständig. Die Stiefmutter hatte die Kinder. Und irgendwie mussten wir da durch.« Lange Gänge, schmale Türen, Trennwände, Aluminiumverschläge, keine Fenster, zum Teil handgeschriebene Richtungsschilder, unwirsche Uniformierte. Der Bahnhof als Labyrinth und als blanke Schikane. Hauke Hückstädt, der noch immer erst 14 ist, erinnert sich an die große Flügeltür, an die Freunde und an die Schwester, die hinter ihr zurückbleiben, an die weiße Linie auf dem Bahnsteig und an die Angst, ganz zum Schluss doch noch einen Fehler zu machen. Sie stehen an der Linie und warten auf den Zug. Er geht nach Hannover. Da sind Freunde. Sie werden da sein, wenn sie ankommen, und die Familie abholen. Bei der Ausfahrt aus Berlin sieht der Sohn den Vater weinen. Er sieht, wie er beinah zusammenbricht. Er möchte da sein für ihn und ihn trösten, auch, um sich selbst zu trösten. Auf der Landschaft hinter den Fenstern liegt nicht viel Schnee. Hauke Hückstädt sieht nur diese öde, helle Weite.

Die Ausreise ist an einem Freitag. Am Dienstag geht Hauke Hückstädt wieder zur Schule. Das neue Leben soll schnell seine Bahn finden. Er kann das, die Zelte abbrechen, sagt er. Und er weiß, wie man welche aufbaut. Mit großer Härte Bindungen auflösen hat er früh lernen müssen. Koffersituationen sind ihm vertraut, Abschiede und Ankünfte für ihn Konstanten. Und die Sehnsucht nach Schwedt? Hauke Hückstädt erzählt von seinem ersten Freund im Westen, einem Punker. Und von seiner Klasse. »Superantiautoritär erzogene Jungs.« Begabt, Markenträger, Comiczeichner. »Die waren nicht sensibel für meine Geschichte.« Aber was soll das bedeuten? Er kriegt wieder diesen Blick, der danach aussieht, als fiele es ihm leicht, hinter seine Wörter zu schauen. Dann sagt er: »Der Umgang ist rauh gewesen. Aber wie immer ist es komplizierter. Denn das mit dem egoistischen Westen ist Quatsch. Freundschaft braucht Zeit.«

Ich höre das Band ab, das es von dem Gespräch mit ihm gibt. Vielleicht ist was mit den Pausen. Um die geht es doch, heißt es. Es gibt keine. Nur kurze Fragen und seine prompten, präzisen Antworten. Wie Hauke Hückstädt mit seinem blauen Cordjackett zwischen den Jungs seiner Klasse steht. Er will eigentlich mitziehen, aber er weiß, dass er draußen ist. Wie er in der Schule nachlässt, sich überfordert fühlt und die Einsamkeit zurückkommt. Und wie er in der Klasse bald gesucht und anerkannt ist. Trotzdem fängt er an zu schreiben und schreibt bald immerzu. Briefe in den Osten, nach Schwedt. An Jan, seinen besten Freund, an Ela, an all die anderen.

Seine Briefe als bedingungsloses Anknüpfungsverfahren, als Rückbindung an seine Herkunft, um sich das Vertraute und Abwesende anwesend zu machen. Ein Ariadnefaden. Ein Transitraum der Erinnerungen und Gefühle. Denn alles muss noch einmal beschrieben werden, erst dann hat es wirklich stattgefunden: Wie die Freunde zusammen an der Oder stromern waren, wie sie die Rutsche im Freibad runtergedonnert oder mit ihren Fahrrädern zum Briesensee gestrampelt sind. Er schreibt an sie, dass er sie rausholen komme, dass er richtige Tunnel bauen werde, dass ihnen die Mauer nichts anhaben könne. Er schreibt auch an seine alte Klasse.

In Briefen muss Ich gesagt werden. Wo bin ich, wer bin ich, wer will ich sein? Was sehe ich, wie sehe ich, wohin sehe ich mich? Eine Briefbotschaft ist auf Widerhall aus. Sie will Antwort. Natürlich geht es um Resonanz und auch, um Relevanz. Beides wird gegeben. Die Freunde in Schwedt teilen ihm mit, wie es aussieht in der Alten Welt, aber auch, wie wichtig ihnen der Pionier in der glitzernden Fremde ist. Die Briefe sind wie die Besuche früher. Das direkte Hallo gleich mal um die Ecke. Die Briefe sind aber auch eine Frage des inneren Überlebens und eine Erfindungsmaschine von Identität. Sie sind Schrift-Bühne, eine Sucharena des Selbst. Denn bis dahin hatten vor allem äußere Positionen das Leben von Hauke Hückstädt bestimmt, war er rumorganisiert,

von Bruch zu Bruch gezerrt worden. Das intime Beziehungs-
netz seiner Ich-Texte schafft ihm eine innere Position, intensive Eigenräume. Ein seminales Kapital, über das er von
nun an stabil verfügen kann.

ABSTÄNDIGES.   Der junge Mann in der Cordjacke ist 17, 18.
Er macht eine Tischlerlehre. Wenn er am Morgen zur Aus-
bildung fährt, hat er Borchert in der Tasche. Er kann sie fast
auswendig, die Geschichte vom Heimkehrer, der nirgends
hingehört. Neben Borchert Brodsky: »Wie schade, dass mein
Dasein dir nie das bedeutet hat, was deines mir.« Das sind so
Sätze. Im Nachhinein wird sich vermutlich jeder, der gegan-
gen ist, irgendwann die Frage stellen: Was hat dich letzten
Endes geleitet? Wieso ist es gut gegangen? Wieso nicht? Als
Hauke Hückstädt am letzten Tag seiner Tischlerlehre den
Spind ausräumt, steht für ihn fest: jetzt Abitur und im An-
schluss ein Studium. Dann fällt die Mauer. »Die DDR«, sagt
Hauke Hückstädt heute, »ist das Gefäß, das mich geformt
hat, das mir sämtliche Grenzen gesetzt hat. Und noch in der
Loslösung von ihr hat sie mich geprägt.« Zwei Sätze, die
auf eine doppelte Geschichte aus sind. Die erste erzählt sich
bis 1984. Die zweite vom zu navigierenden Ankommen im
Westen, bei dem das Unverfügbare im Innen durch den
schriftlichen Rückbezug auf die Herkunft klimatisiert werden kann. »Meine literarische Sozialisation war die intime
Welt der Briefe«, sagt er.

  Hauke Hückstädt macht sein Abitur an einem Gymna-
sium mit sogenanntem Kollegiatenstatus, absolviert als Ret-
tungssanitäter seinen Zivildienst beim Roten Kreuz und
beginnt 1994 ein Magisterstudium der Germanistik und Geschichte. Das alles in Hannover. Immer wieder fährt er
nach Schwedt, läuft durch seine Kindheit, steht an der Oder.
Die DSF 1 heißt jetzt Ferdinand-von-Schill-Straße. Aber wie

kommt er zurück an einen Ort, den er ohne Abschied verlassen hat und von dem es hieß, dass er ihn nie mehr wiedersehen würde? Vor allem: Wohin kehrt er eigentlich zurück? Denn auch Schwedt bleibt ja nicht das imaginäre Wunschland der Freunde, die große Projektion, das mit spätadoleszentem Zauber aufgeladene Unerreichbare. Die Raffineriestadt Schwedt steht ab Mitte der neunziger Jahre unter Radikalkurs. Sie schrumpft, von außen nach innen. Ganz real, systematisch und mittels eines bundesweit einmaligen Konzepts von Rückbausanierung. Mehr als 5000 Wohnungen verschwinden, ganze Wohnungsquartiere werden ausgelöscht, mehrere Tausend Menschen umgesiedelt. Die Soziologen sprechen von Abständigkeit, Revitalisierung und ostdeutscher Avantgarde. Und dass das Ganze alternativlos sei. Ein kategorischer Heimatverlust mit jeder Menge Gebeutelter wird es allemal. Desillusionswirtschaften sind Schmerzwerkstätten.

Bei Lichte besehen ist der Schrumpfakt vor allem eine Rückkehr in die Normalität. Eine künstliche Industrieblase ist geplatzt, eine Gigantomanie am Ende. Schwedt, die endlos wachsende Zukunftsstadt, ein Superlativ des Ostens, wird zurückgeordnet. Das Vertraute wird unter dieser Prämisse unbegehbar, weil nicht mehr vorhanden. Schwedt wird zum Erinnerungsmal, zu einer Geschichte des Verschwindens, zum Sinnbild der implodierten DDR. »Die Stadt hat mich immer eingeschnürt«, sagt Hauke Hückstädt. »Ich fahre dahin, um mich zu vergewissern, dass es das gegeben hat, dass es diese Enge gegeben hat.« – »Und die Sehnsucht?«

Mit seiner Synthese von Natur und Industrie ist Schwedt im Jahr 2013 zur einzigen Nationalparkstadt Deutschlands geworden. Der harsche Identitätsbruch konnte aufgefangen und die Schrumpfstadt durch die Landschaft hinter ihr erweitert werden. Das neue Megaprojekt der Optionsstadt

Schwedt heißt längst Oderaue, mit Stromoder, Altwassern, Schilfgürteln, Feuchtwiesen, Auwald. Das Untere Odertal dehnt sich in den Europanationalpark hinein, den einzigen binationalen Naturschutzgebiet Europas. »Menschen sind Umzugstiere, Milieu-Wechsler, Übersetzer. Sie sind ontologische Amphibien«, schreibt Peter Sloterdijk. Mag sein, aber das übliche Manna an Flexibilierungsemphasen verdient eine gehörige Portion Skepsis. Denn schafft Erfahrung nicht auch Gravitation und Distanz?

Zu einer Heimkehr ins Uneingelöste taugt Schwedt für Hauke Hückstädt zumindest nicht. Der Rückkehrer spricht von kalten Wasseradern, von Bruchkanten und Grenzlinien. Es geht nicht selten um vermintes Gelände, um verlorene Freunde, verweigerte Gespräche. Landschaften kann man offenbar zu Amphibien machen, Menschen tun sich schwerer damit. Denn wie ist das mit dem Zurückblicken? Was erinnern die Dagebliebenen, was die Fortgetriebenen? Wieso sollen sich ihre Erinnerungen ähneln? Der versuchten Rückkehr ist so zwangsläufig etwas Rückkehrloses eingeschrieben. Das dürfte dem Literaturstudenten mit jeder Fahrt an die polnische Grenze klarer werden. Doch so, wie er sein intimes Briefsystem zur Ablösung von der DDR brauchte, gehören die notorischen Reisen nach Schwedt zur Ablösung vom inneren Wunschland. Er hat längst ein neues.

Denn sein Studium in Hannover eröffnet Hauke Hückstädt den Weg in die unbegrenzte Welt der Literatur. Sie ist nicht einfach ein Faible, sondern ganz und gar das, worin er leben will. Vielleicht ließe sich sein Verhältnis zu ihr am ehesten als eine emphatische Operation lesen, die Sinn nicht erst finden muss. Er ist da, weil Literatur da ist. Das kann man Pathos nennen, Religion, Romantik, vielleicht Sehnsucht. Nur geht es eben gar nicht in erster Linie um eine Idee. »Die Literatur als geistiges Beschleunigungsmittel«, fordert er.

Und: »Ich will eine Atmosphäre schaffen, in der ein freier Zugang zur Literatur möglich ist.« Das klingt vergleichsweise unspektakulär, aber wer das ernst nimmt, muss sich durchsetzen können. Medien gibt es viele: schnellere, distanzlosere, feistere. Der neue Weltzustand muss, wenn er denn sein soll, gestiftet werden, und zwar mit aller Energie. Dafür stellt Hauke Hückstädt schon mal »Boxenstopps«, Gedichtboxen mit Weltlyrik, in 24-Stunden-Tankstellen oder denkt sich Veranstaltungskonzepte aus. Das werden dann viel beachtete Reihen, die all jene Autorinnen und Autoren herbeirufen, die mit ihm an der neuen Synthese bauen wollen. Das »Literarische Zentrum Göttingen« wird aus dem Nichts gestampft. Kunst, Literatur, Musik, Film werden hautnah aneinandergesetzt und dafür Geldgeber begeistert. Es wird zusammengeführt, geknüpft, Bewährtes gesichert, Neuland erobert. Und es wird selber geschrieben und veröffentlicht. Ziemlich viel sogar. Von den Briefen bis zu seiner Lyrik war es auch nicht wirklich weit. Er nennt seine Gedichte »lauter Gefäße, Destillatampullen für das eigene Erleben der Geschichte«.

Das Ganze sieht nach einer echten Erfolgsgeschichte aus. Und ist auch eine. Ein Mann der Literatur, mit großen Händen und langem Atem. Ein Schlagmann, der seinen Rhythmus gefunden hat. Seit 2010 leitet Hauke Hückstädt das Literaturhaus in Frankfurt am Main. Es ist eines der interessantesten Häuser im Land, mit 180 Veranstaltungen pro Jahr. Die Publikumszahl hat sich innerhalb von drei Jahren verdoppelt. Für die Stadt ist die Einrichtung eine Institution und erhält mehr Förderer denn je. »Also alles perfekt?« – »Mitunter sitze ich in meinem Büro, schaue auf den Main, sehe die großen Boeings im Anflug und frage mich, wie ich hier landen, wie ich hier ankommen konnte. Manches bleibt fremd. Die Gesellschaft der Bankiers, der Vor-

stände, das Ehrwürdige, die Bürgergesellschaft, geschlossenen Kreise und meine Aufnahme darin. Der Kreisverkehr,
der weiße Kies in den Auffahrten, klirrendes Eis in den Glä-
sern. Das hat auch was Irreales. Am Tag bin ich Manager,
abends Kellner, Dompteur, Conferencier, Zirkusdirektor,
Seelsorger. Es ist viel. Aber es ist das, was ich machen will,
und vor allem bin ich völlig frei darin. Was an Zeit noch
bleibt, gehört der Familie. Die Eltern meiner Frau kommen
aus Südkorea und leben heute wieder dort. Auch da weiß
man, was Trennung und Teilung bedeuten. Unsere Tochter
wird das hoffentlich nie erfahren.« – »Und die Sehnsucht
nach Schwedt?« – »Sie ist eine Chiffre.« – »Wofür?« – »Die DDR
braucht immer weiter und mehr Geschichten. Da ist noch zu
viel Rest.«

V. DAS KONSTANTE UND DIE KONVERSION
Den Merkel-Code lesbar machen

BODENSÄTZE. Der richtige oder der falsche Augenblick. Die Frage, wie etwas zu Ende geht und warum. Wie etwas beginnt. Der Moment, in dem sich etwas aus sich heraus neu entscheidet. »Es ist sonderbar, dass es nur eine Linie ist, die man zu überschreiten braucht«, sagt Claudine, die schöne Zugfahrende in Musils Novelle *Vereinigungen*, als sie sich nach langen inneren Pendeleien endlich dazu durchringt, das Fremde für sich zuzulassen. Flucht- und Ausreisegeschichten sind Geschichten von Umschlägen, von Zugriffen auf den Moment. Wer einmal durch sein eigenes Grenzland gerobbt ist, behält eine gewisse Grundspannung im Hinblick auf die Linie, die da zu überschreiten ist. Man weiß um die Bedeutung, es zu tun oder nicht.

Noch einmal mein Anfang im Westen. Und der Versuch, ihn noch etwas kenntlicher zu machen, aus der Angst heraus, ich könnte ihn überlaufen und etwas verschwimmt. Der Herbst 1989 als historische und persönliche Wasserscheide. Die Hoffnung, mit der Flucht etwas hinter mir zu lassen. Es ging um vieles. Um die Ablösung von der DDR, natürlich. Das lässt sich von heute aus immer sagen und stimmte ja auch. Erst deutlich später verstand ich, dass es zuallererst um meine Distanz vom System Weißer Hirsch ging. Der Vater sollte mich nicht mehr erreichen können. Seinem System die Treue entziehen, nicht mehr darüber nachdenken müssen, die Isolation und den Schmerz verlassen. Ich musste weg. Endlich mein Leben anfangen. Es bleibt so wenig Zeit nur. Ich weiß noch, dass ich das dachte, schon oft gedacht hatte. Aber was heißt Distanz? Und geht so Anfang?

Der kurze Moment des Glücks nach der Ankunft in Darmstadt. Der Moment größter Freiheit, wenn du niemandem angehörst und nichts besitzt. Die Erfahrung, wie wenig du zum Leben brauchst. Vier, fünf Wochen später kamen die Träume. Es war nicht diese Art übler Träume, die einen in die Vergangenheit zurückholt. Die Vergangenheit kam zu mir. Wer sollte sie auch daran hindern? Es gab keine Grenzen mehr. Heute frage ich mich manchmal, ob der Anfang nicht ein anderer gewesen wäre, wenn es zwischen dem, was zurückbleiben sollte und dem, was da im Neuen Land herumstolperte, mehr Zwischenraum, mehr eigene Zeit, gegeben hätte. Ich weiß es nicht. Ich erinnere mich nur an die Träume. Sie kamen zyklisch. Flugträume, Doppelgängerträume, Tribunalträume, Wundenträume, Fluchtträume, Vaterträume. Es war ziemlich was los. Überbilderte Heimsuchungen, Selbstaffektives, ein unruhiges Herumschiffen im Alten, schwere Einbrüche.

Ich versuchte, die Träume zu notieren. Sie waren kompakt, sehr ganz und auch stark. Zu stark für mein Übergangs-Ich. Ich wollte sie loswerden. Für Weihnachten 1991 steht in meinem Traumbuch: »Auf einem Amt wird mir mitgeteilt, ich könne mit einem Text über mich mein Leben auslösen. Ich kaufe Papier, gehe nach Hause, setze mich an den Tisch. Etwas aufschreiben. Das konnte ich doch. Das müsste drin sein. Ich starre auf das Weiß der Blätter, tagelang. Gibt es denn gar nichts zu sagen? Die Blätter bleiben leer. Es kommen Briefe, die den Text einfordern. Jemand ruft an und fragt nach. Ich muss erneut aufs Amt. Dort wird der Ton schon resoluter. Was denn los sei, wo der Text bliebe, die Zeit würde knapp. Ich habe keinen. Ich habe nur Angst. Ich kann nichts schreiben.« Keine Befreiung also, aber Träume. Irgendwann keine Bilderträumer mehr, sondern Sprachträume. Auch die kamen zyklisch. Träume aus alten DDR-Plastikwörtern, aus denen neue fielen. Wie Schnee. Wörter, die ich nicht kannte, die aber schön waren. Fimbulwinter, Tidenstrom, Mallungen.

»Die Gewohnheit ist eine Wattedecke«, schreibt Vilém Flusser. »Sie rundet alle Ecken ab, und sie dämpft alle Geräusche.« Die Neue Welt war scharfkantig und laut. Nachts lag ich in meiner Gesindestube und hielt mir die Ohren zu. Was auf einmal alles zu hören war! Unentwegt fiepte, piepste, rasselte, quietschte es. Eine hartnäckige Kakophonie. Als würde mein inneres Orchester nach einem neuen Ton suchen, als stünden auf den Notenblättern nur wirre Informationen, als kriegte ich es nicht hin. Eine schwere Datenkrise, gegen die ein Arzt Sauerstoffinfusionen verschrieb. Er sagte, ich solle mir den Krach im Kopf als ein Übersetzungsproblem vorstellen. Da hätte sich was verhakt. Es bräuchte einen Dolmetscher, der zwischen innen und außen vermitteln könne. Während ich nun Woche für Woche in einem der Behandlungszimmer auf der Pritsche lag und eine Sauerstoffflasche über mir baumelte, die mich tröpfchenweise an den Westen gewöhnte, lief in mir das Gehakel der ersten Wochen wie von selbst noch einmal ab.

Wie ich mit zum Himmel erhobenen Armen vor meinem ersten richtigen Meer stehe, an der Gischt entlang renne und den großen Sprung ankündige. Das war im Sommer 1990, im Süden, am Strand von Bandol. Wie ich laut jauchzend springe, mit beiden Füßen auf einem Seeigel lande und mir an die 200 Stacheln in die Sohlen bohre. Wie ich kaum mehr aus dem Wasser komme und zur Rettungsstation geschleppt werde. Wie der Retter schrill durch die Zähne pfeift. Alle Achtung! Und dann den Kopf schüttelt. No, no, no, nichts zu machen. Die Dinger kann man nicht rausziehen, die müssten rauswachsen. Eine Woche Strand. Eine Woche lang meine Beobachtungen, wie sich die Franzosen samt und sonders Plastikschuhe überziehen, bevor sie in ihrem geliebten Meer abtauchen. Zurück in Darmstadt fangen die Haken an zu eitern. Wieder eine Pritsche. Der Arzt redet eine Weile von Tunneln, Blockaden, Geflechten, Wurzeln und Knoten. Er erklärt, dass Nerven Peripherien hätten, die an den Füßen zusammenkämen. Überhaupt seien die Füße die eigentlichen Zentralen. Um die auszuschalten und operieren zu können, müsse er nun Nervenstrang für Nervenstrang wegspritzen. Das sei bestimmt nicht schön. Aber ich könne mich melden, wenn ich es nicht mehr aushalte.

Die weggezogene Wattedecke, die Haken und Kanten der Neuen Welt, ihre lauten Pfeifgeräusche. Was hatte ich denn erwartet, wie sie aussieht, die Einlösung des großen Versprechens? Dass ein Meer Untiefen hat, wusste ich das nicht? Dass das Meer der Verheißung wie jedes andere auch auf seinen Untiefen besteht, musste ich das wirklich erst erfahren? Die Jahre des Übergangs-Ich. Wen interessierte es, dass ich keine Ahnung davon hatte, wie Ticketautomaten funktionieren, wie man Miesmuscheln isst oder sich die Beine rasiert? Wieso sollte sich jemand anhören, dass ich seit kurzem im Zyklus der Tierträume gelandet war, die Anerkennung meines Jenaer Studiums auf sich warten ließ und ich die Freunde vermisste? Ich gewöhnte mir an, den Darmstädter Anfang auf einen einfachen Nenner zu bringen und ihn als meine unaufmerksame Zeit zu bezeichnen. Was hätte ich auch sagen sollen? Dass die DDR gar nicht weg war?

Dass überhaupt nichts einfach so weg war, sondern lediglich auf seinen Transfer wartete? Dass mir der Altschmerz wie eine vertraute Landschaft vorkam, in die ich wie eine Schlafwandlerin hineinlief, weil ich mich in ihr geborgen fühlte? Wer wollte das hören?

Nach knapp einem Jahr hängte ich das rosafarbene Dirndl an die Tür meiner Gesindestube, kündigte bei »Weinmichel« und zog in eine kleine Bude. Meine Jobs von nun an: von fünf bis neun Uhr morgens bei der Post, von zehn bis 14 Uhr Deutsch für Ausländer in einem Weiterbildungszentrum, von 15 bis 18 Uhr in einer privaten Kunstgalerie, von 19 bis ein oder zwei Uhr nachts in einer Kneipe. Ich brauchte ein Bett, und ich brauchte Bücher. Ich träumte nicht mehr, lebte aber in einem eigenartigen Zustand von Doppelbelichtung. Als würde ich zwei Leben führen. Das Alte war da. Es fragte, zottelte, lag quer, quälte. Eine Tiefe, die sich nicht ausloten ließ. Jedenfalls hatte ich keine Mittel dafür. Das Neue verlangte mir alles ab. Von wegen unaufmerksame Zeit.

Irgendwann lief auch die Antwort der Studienanerkennungsstelle ein. Neben dem Diplom in Jena, hieß es, seien noch zwei weitere Fächer vonnöten. Allein sei das Ganze nichts wert. Ich wählte Philosophie und Soziologie und fing im Grunde nochmal von vorn an. Und irgendwann kamen auch die Freunde. Hans, Martin, Johanna, Richard, Carla. Sie wollten nach Italien, in die Schweiz, nach Frankreich. Darmstadt interessierte sie nicht sonderlich. Meist blieben sie trotzdem, weil das Geld noch nicht weiter reichte. Ich erinnere mich an den letzten Abend mit Richard. Er wollte auf einmal übers Verschwinden reden. Darüber, dass zwischen den Nahtstellen der Alten und der Neuen Welt etwas Unerledigtes, Unerlöstes, ja Verlorenes unterwegs sei. Etwas sei da, wofür es keine Ankunft gebe.

Es war nicht so, dass ich mir nicht vorstellen konnte,

wovon er sprach. Aber etwas irritierte mich. Ich sehe uns noch sitzen, ihn mit der Whiskyflasche in der Hand, lachend, kiffend, trinkend, laut. Nun hatte er sich die Banalität der Geschichte vorgenommen. Viel blieb da nicht mehr. Waren wir so schnell andere geworden? Sag mal, ist was?, fragte ich ihn. Er redete weiter, als gäbe es uns nicht, als gäbe es nichts mehr, wofür es sich noch lohnte, innezuhalten. Im Grunde sprach er nur noch zu sich. Das sage ich heute. Damals kapierte ich das nicht. Erst nach seinem Tod verstand ich, dass der Abend ein hilflos inszenierter Abschied gewesen war.

MUTSPRÜNGE.   Als Richard mit seiner Whiskyflasche in meinem kippligen Darmstädter Interregnum auftauchte, kam er mit Carla. Sie war die Einzige, der ich zwei Tage vor meiner Flucht erzählt hatte, dass ich weggehen würde. Als wir auf dem Ostberliner Hauptbahnhof standen, um uns zu verabschieden, lag in dem Augenblick die Gewissheit, dass wir uns nie mehr, oder zumindest sehr lange nicht, sehen würden. Carla hasste Bahnhöfe, Abschiede, eigentlich alles Endgültige. 1988 stand sie vor dem Tränenpalast und verabschiedete ihre Schwester in den Westen, die vier Jahre lang auf die Ausreise gewartet hatte. Auch Carlas Freunde gingen. Einer nach dem anderen. Abschied war für sie so etwas wie Sterben, ein diktierter Verlust. Allein der Gedanke an ein Ende konnte sie in Panik versetzen. Sie musste dann in ihrer Wohnung alle Lampen anknipsen und so lange herumlaufen, bis sie sich sicher war, dass nach dem Abschied noch etwas kam. Anfangs dachte ich, man müsse nur da sein, wenn sie in solche Zustände rutschte, und dann mit ihr zusammen einfach wieder das Licht anmachen. Aber bald war klar, dass es das nicht war. Es ging um was anderes.

Ich müsste gute Sätze finden können. Sätze, die Halt haben, die Auskunft geben können, was mit uns war, was wir uns sind. Aber wie ist das mit dem Vertrauten? Ich habe noch immer die Situation vor Augen, als wir beide im Seminarraum in Jena zum ersten Mal aufeinandertrafen. Carla sah mich an und sagte: »Ach, da bist du ja!« Es klang so, als wäre ich eben mal nach nebenan gegangen. Was heißt einander verstehen? Sollte ich einen Film über sie machen, müsste der in »Harry's Bar« auf dem Flughafen von Singapur anfangen. Singapur als eine der globalen Drehscheiben, aber auch als Kreuzungspunkt in Carlas Leben. Unzählige Male hockte sie schon hier. Die Bar ist der einzige Ort für Raucher im Transitbereich des »Changi Airports«. Leute von außerhalb kommen da nicht rein. Nur Wartende und Durchreisende. Echte Raucher aus aller Welt, die unter dichten, hohen Palmen so ziemlich jedes Bier bestellen können, das man sich vorstellen kann.

Carla holt sich ein »Beck's«, bleibt an der Bar stehen und schaut in die Nacht. »Harry's Bar« ist ein absolut offener Raum, ein internationaler Open-Air-Dachgarten. Es ist warm, schwül und feucht da. Wenn man von Frankfurt kommt, ist es dicke Nacht, ehe die erste, ruhige Zigarette möglich ist. Carla sieht sich um. Allerhand Global Player, die den Sound der großen Boeings im Ohr haben, während die sich langsam runterschalten. Der Indische Ozean ist nicht weit. Die Stadt ist zu erahnen, auch wenn ihre Lichter nicht durchdringen, so milchig trüb ist die Luft. Aber die Nacht ist sphärisch, lasziv, hat Weite. Zwei Stunden steht Carla da. Zwei Stunden, um die Welt zu erkunden.

»Harry's Bar« ist der ideale Platz, um Carla im 21. Jahrhundert über die DDR erzählen zu lassen. Nach der Casablanca-Szene mit »Beck's« müsste es nun eine Rückblende geben. Die Farben werden blasser, die ersten Bilder sind noch ein bisschen verwackelt, aber dann zoomt die Kamera ein hochgeschossenes Mädchen mit langen, braunen Haaren heran. Es steht auf einer kleinen Brücke, schaut ins Wasser und wartet. Unter ihm fließt die Havel. Hinter ihm ist eine zweite, viel größere Brücke zu sehen. Das Mädchen schließt die Augen und zieht die Arme über den Kopf. Es hört ein Geräusch, das immer näherkommt. Hinter ihm rauscht ein Interzonenzug vorbei. Er rattert über die große Brücke. Die Luft zittert. Das Mädchen springt, als der Zug ihm am nächsten ist. Es macht einen Köpper und das Wasser plopp. Als es wieder auftaucht, sieht es den Zug aus seinem Blickfeld verschwinden. Es winkt ihm lange hinterher.

Carla steht in »Harry's Bar« und erzählt von Potsdam, der Kiezstraße, von Kastanien und Linden, den Fischen in der Havel, der großen und der kleinen Brücke und ihren Mutsprüngen. Immer, wenn sie aus dem Wasser auftauchte, musste sie daran denken, dass die, die in den Zügen sitzen, alle wegfahren können, dass sie die Grenze passieren dürfen. Ihr Kopf lässt die Leute in den Abteilen nach und nach Westberlin verlassen. Ein Paar erzählt sich noch einmal die Oper von gestern Abend, eine Frau zieht einen kleinen Spiegel aus der Tasche und schaut nach, ob alles noch stimmt, ein Vater beruhigt seinen kleinen Sohn, der vielleicht Zahnweh hat, einer hat seine Wurststullen ausgepackt und stopft sie gemächlich in sich hinein. Carla freut sich für die, die da wegfahren können und ist zugleich wütend. Wieso bin ich es nicht wert? Warum darf ich nicht auch in dem Zug sitzen? Was macht die Großmutter, die in Westberlin lebt? Carlas Kindheit war eine Kindheit direkt an der Mauer. Wohin sie auch lief, da war Schluss. Was sie auch anschaute, hatte Grenzen. Wenn sie ihre Freundin in der Potsdamer Karl-Marx-Straße besuchen wollte, durfte sie rechts noch laufen, links gingen die Schäferhunde. Einige Mitschüler wohnten im Grenzgebiet, in Babelsberg. Da durfte sie nicht hin.

Wie verschieden wir groß geworden sind, denke ich. Carlas politisierte Kindheit mit real-absurdem Maueralltag, meine kommunistische Kindheit in Dresden. Was heißt einander verstehen? Unser erstes Gespräch handelte von Gott. Wir saßen bei »Edith«, in unserer Jenaer Studentenkneipe. »Und wo ist er nun?«, fragte ich sie und drehte mich um. Bei »Edith« war es voll wie immer. Das Licht im Raum war spärlich, eher diffus. Der Ofen bollerte. Dennoch froren wir. Dieses Licht, die Kälte, die kategorische Leere sind ein Bild in mir. Vielleicht ist es mehr als ein Bild. Eine verkettete Einsamkeit, gekoppelt an das Nichts, den Nicht-Ort, die Versehrung, an eine sinnlose Sicherheit, die sich für mich mit der DDR verbindet.

Carla antwortete nicht. Sie zog mit dem Fingernagel die Linien auf der blau karierten Igelit-Tischdecke nach und griff zu einer Zigarette. »Habe ich dir eigentlich mal von Templin erzählt?«, fragte sie. »Mein erster Landesjugendtag. Ich war 14. Als Jahrgang 1966 muss das demnach 1980 gewesen sein.« Sie berichtete von der Jungen Gemeinde in Potsdam, von ihrem Pfarrer, den ersten Umweltausstellungen, den Gebeten für Nelson Mandela, dem aufgeladenen Klima in der ostdeutschen protestantischen Kirche. »Es war schon die Schwerter-zu-Pflugscharen-Zeit«, sagte sie, »und im Grunde alles politisch.«

SUBSTANZETHIK. Das Politische bei Carla hat eine ganz eigene Unruhegeschichte und viel mit ihrer Mutter zu tun, die 1935 in Breslau geboren wurde. Als deren Front-Vater 1942 im weißrussischen Witebsk an einem Bauchschuss starb, war Carlas Mutter sieben Jahre alt. Ab Mai 1944 schleuderte der Krieg den verbliebenen Teil der Familie – die Großmutter, die Mutter und den Onkel – durch seine Endwirren. Angst, Dauerfluchten, Hunger, Zwangsarbeit, Flüchtlingslager, Entlausungen. Im Sommer 1947 strandeten die drei völlig erschöpft in Beelitz bei Potsdam. Sie hatten die Katastrophe überlebt.

Von den insgesamt 14 Millionen deutschen Vertriebenen sind etwa zwei Millionen während Flucht und Vertreibung umgekommen. 4,3 Millionen ließen sich in der Sowjetischen Besatzungszone nieder. 1950 war jeder vierte, 1961 jeder fünfte DDR-Bürger ein Vertriebener. Ihr Schicksal wurde in der ostdeutschen Aufbauemphase schnell tabuisiert. Was millionenfach erlitten wurde, hätte das Pathos des Anfangs untergraben können. Aus Vertriebenen wurden Umsiedler, ab 1950 Neubürger. 30 Prozent der Flüchtlinge in den Westen waren ehemalige Vertriebene, die ein nächstes Mal alles zurücklassen und völlig neu beginnen mussten. Auch Carlas Mutter sprach viel vom Westen. Die DDR-Fahnen, die Parolen, die neue Ideologie, das Militärische, das war nichts für sie. Sie wollte weg, aber sie verliebte sich, heiratete und bekam im Februar 1961 die erste Tochter. Als die DDR im August 1961 um Westberlin die Mauer baute, saß die junge Familie in ihrer 58-Quadratmeter-Wohnung am Potsdamer Fischerkiez in der Falle.

Carlas Mutter hatte die junge DDR von Beginn an kritisch gesehen, aber nach dem Mauerbau war es ganz aus bei ihr. »Wer das Land und damit auch Familien trennt, ist unwürdig, die Macht zu haben.« Das war ihre Haltung, und von der wich sie nicht mehr ab. Eine Unverbrüchlichkeit, mit der sie ihre beiden Töchter erzog und die Koordinaten für den Familienalltag an der Mauer absteckte. Denn in der kleinen Wohnung am Fischerkiez gab es 30 Jahre lang keine DDR. Keine Fahne mit Hammer, Zirkel und Ährenkranz vorm Fenster, kein Parteigedöns, kein DDR-Radio, kein DDR-Fernsehen. Im Bad stand ein kleines Stern-Radio, ein hellblaues Gerät aus Plaste. Carlas Vater, der morgens immer als Erster ins Bad musste, hörte RIAS. Verließ er das Bad, lief das Radio weiter. Niemand sollte in seinen Tag gehen müssen, ohne über die Dinge in der Welt informiert zu sein.

Familie war für Carlas Mutter kein Nonplusultra. Sie sollte nicht ausschließen, sie war nicht unauflösbar, sondern offen auch für andere. Dennoch lebten die vier wie in einer Enklave. Am Morgen gingen sie informiert zur Arbeit oder in die Schule. Die beiden Mädchen wussten, worüber sie draußen sprechen durften und was sie sich für zu Hause aufhoben. Am Abend sahen sie gemeinsam die Tagesschau, das ZDF-Magazin, Hans Rosenthal und die Bundesliga, danach Filme von Fassbinder, Clint Eastwood oder Ingmar Bergman. Wenn die Töchter Schulferien hatten, saßen sie stundenlang vorm Fernseher und verfolgten die Bundestagsdebatten. Sie sahen Herbert Wehner argumentieren und Willy Brandt abtreten. Carlas Familie lebte medial im Westen und real im Osten. Für sie war klar, dass die DDR ein künstliches Land war, in dem wirkliche Menschen lebten.

Der Seelentakt, mit dem Carlas Mutter durch die harschen Zeiten kam, ihre fordernde Substanzethik, prägte natürlich auch die Töchter. Sie war nicht die rätselhaft ungreifbare, sich unterordnende Frau, in der sich Vertreibung zum Unwort ausdehnen musste und die die eigene innere Welt zuallererst auf Verborgenes, Abwesendes, Verschwundenes richtete, wie so oft in dieser Müttergeneration. Bei ihr verschwamm nichts, ihr rutschte auch nichts weg. Sie hätte gern oft nicht recht gehabt, aber sie war zu gerade, zu wach, zu trotzig, zu politisch, um sich mit den verkorksten DDR-Verhältnissen arrangieren zu können. Sie wusste, dass Kraft nichts bewirkte, nur Rückgratwahren, nur Schutz und Halt geben, nur Sprechen.

SCHLÜSSEL. Aber ein starkes Muttersystem lässt sich nicht einfach so adaptieren. Carla wollte was Eigenes. Der Film über sie ist zurück, im Jahr 1979. Die Bilder zeigen eine 14-Jährige mit langen, braunen Haaren, mit Jeans, buntem T-Shirt, flachen Sandalen. Es geht endlich nach Templin, zum Brandenburgischen Landesjugendtag in der Dreikönigskirche. »Eine Art großes Happening«, erzählte sie, »es war wie Woodstock, na, jedenfalls vom Gefühl her.« Jedes der Treffen bekam sein eigenes Motto. In Templin hieß es *Schlüssel*. Die Predigten, die Spielszenen, die Choreografien, alles bezog sich darauf. Der Text ging so: »Ich fürchte die Schlüssel aus Angst und Misstrauen. Ich fürchte die Schlüssel, die Wege verbauen. Ich liebe die Schlüssel, die nicht funktionieren.«

Als Carla mir bei »Edith« von Templin erzählte, fing ihr Körper leicht an zu wippen. Die Erinnerung war stark. »Mir gefiel besonders, dass alles so praktisch war. Hunderte Singehefte, Hunderte Schlüssel. Danach hatten wir wochenlang diese Schlüssel um den Hals. Das half, um über den Tag zu kommen.« – »Give peace a chance«. Für die Jugendlichen war es die Hymne, wie überall auf der Welt. Auf Templin, wohin 500 von ihnen pilgerten, folgten noch im selben Jahr Burg mit 1000 und Hermannswerda mit 2000. »Das war der Aufbruch. Alle spürten das, und wir wurden immer mehr. Die DDR war für mich das Land, wo Kinder über die Rente nachdachten. Aber unsere Treffen waren anders. Brot für die Welt, die Befreiungstheologie, die kaputte Umwelt, die Pershings. Das interessierte uns. Wir wollten wissen, was in der Welt los ist.« Templin wurde zum Initial und Carla zur engagierten Protestantin. »Das hat mich immer begeistert, dass es in diesem verbackenen DDR-Gefängnis so klare Leute gegeben hat, so klare Sichten, ein so klares Wissen davon, was Freiheit ist.«

Carla in Templin, bei »Edith«, in Singapur. 30 Jahre lang in Jeans, obenrum irgendwie bunt, lange, braune Haare, hinten mit Spange, und eine Zigarette in der Hand. Immer in flachen Sandalen. Die Riemchen so fragil, als wären die Schuhe unnötig, als fühlte sich das Leben barfuß eh richtiger an. Sie, 30 Jahre lang mit derselben Templin-Haltung im Hinblick auf die Welt, mit demselben zähen Interesse am anderen, mit derselben klaren Seelenorthodoxie. Als Carla mit 14 ihr Templin-Erlebnis hatte, flog ich von zu Hause raus. Ich wusste nicht viel, vor allem nicht, wie das gehen könnte mit dem, was man so ein eigenes Leben nennt. Das Konstante und die Konversion, der Einzelne und die Generation. Was uns beide anging, dürften die Herkunft, die Weltbilder und die Erfahrungen in der DDR, bis wir uns trafen, kaum unterschiedlicher gewesen sein.

»Ach, da bist du ja!«, hatte Carla zu Beginn des Studiums gesagt und sofort zu erzählen begonnen. Warum sie überhaupt in Jena war, wo sie doch ursprünglich Schauspielerin werden wollte. Dass sie als Kind in DEFA-Filmen mitgespielt und in Potsdam Pantomime gelernt habe. Dass sie das gut finde mit dem Theater, weil man da immerhin was sagen könne. Und dass sie sich aus dem Grund bei der »Busch«, der Schauspielschule in Berlin, beworben habe. Dort hatte man ihr gesagt, mit den vielen Einsern im Zeugnis solle sie sich lieber was anderes suchen. »Und deshalb bin ich jetzt hier. Ich werde Dramaturgin, denn ich glaube an Skripte.« Echte Carla-Sätze. Sätze, die was vollkommen Vernünftiges hatten und zugleich absurd klangen. Sie wusste, dass das so war und kam deshalb sofort auf das zu sprechen, was ihr nah war, auf ihre Freunde, auf Norman und Rainer. Beide hatten fliehen wollen. Sie wurden verhaftet und saßen im Knast. Sie müsse aber wissen, was mit ihnen sei, sagte Carla. Sie sah mich an, ich sah sie an. Hatte sie keine Angst? Wir begegneten uns zum ersten Mal. Sie wusste nichts von mir. Das war ihr egal. Sie wollte genau das: erkannt werden, als Person, als Einzelne. Das musste so sein für sie, mitten im Einschluss, mitten in unserer abgepressten Kollektiv-Identität.

BÜCKWARE UND GIFTSCHRÄNKE. Unser Studium in Jena, Mitte der achtziger Jahre an der sogenannten Sektion Literatur- und Kunstwissenschaften. Die Zeiten innerhalb und außerhalb. Innerhalb hieß: Althochdeutsch, Phonologie, Goethe, Marxismus/Leninismus, Bernward Vespers *Die Reise*. So was eben. Außerhalb hieß: zwei Wochen Kulturpraktikum auf der Leuchtenburg, einer Jugendherberge hinter Jena. Da lernten wir Richard kennen, rannten über Schneefelder, hatten den ärgsten Liebeskummer. Außerhalb hieß: wochenlange Ernteeinsätze. Jahr um Jahr. Kartoffeln, Rüben, Tomaten, Bäume fällen. Leute, die an Skripte glauben, mussten das können, erklärte die Institutsleitung. Außerhalb hieß: fünf Wochen Zivilverteidigung. Uniform, Sturmbahn, Gasmaske, Schießtraining, Nachtmärsche. Die Stiefel mussten zur Nacht Richtung Westen ausgerichtet stehen, damit wir sofort loslaufen konnten, um den Feind zu bekämpfen. Außerhalb hieß: Sommerferienkurse in Weimar, wohin alle Welt kam. Amerikaner, Japaner, Finnen. Außerhalb hieß: unsere Studiensommer in Bulgarien und Polen. Sofia, Plovdiv, am Schwarzen Meer. Kraków und Auschwitz.

Das war einiges. Aber was war ein Literaturstudium ohne wirkliche Literatur? Ein Großteil unserer Studienzeit ging damit drauf, uns auf irgendwelchen Wegen »Bückware« zu organisieren, das heißt Bücher, die nur unterm Ladentisch zu kriegen waren. 1987 kam die dreibändige Ingeborg-Bachmann-Ausgabe heraus. Die mussten wir haben. Ein Jahr später die dreibändige Sigmund-Freud-Ausgabe. Auch die brauchten wir. Freuds Denken war mit Gründung der DDR als »antihumanistische, barbarische Ideologie« verboten worden. Ein geistiger Aderlass, der sich mit den Jahren zu einem zentralen Systemvakuum auswuchs. Er generierte schwere individuelle und kollektive Denkblockaden, Erinnerungslöcher, Traumverluste. Die DDR wurde ein Land in Amnesie, ohne Analyse, ohne Seelenkunde, eine unbewusste Gesellschaft.

Neben der ewigen Pirsch um die Bückware kämpften wir auch Tag für Tag um den Schlüssel für den »Giftschrank« an der Sektion. In ihm stand die verbotene Literatur. Ich las alles von Baudelaire, Proust, Rimbaud. *Die Schuld der Worte* von Gert Neumann hatte ich innen in der Lederjacke. Wie sich bei ihm die Zeit in die Wörter versenkte. Carla, so hatte ich den Eindruck, war recht bald bedient von der mühseligen Hatz nach Büchern. Was sie brauchte, sollten ihr die Freunde aus dem Westen antiquarisch besorgen. Wenn die nach Jena kamen, lagen Bücher von Billy Wilder und so ziemlich alles über Marilyn Monroe auf dem Tisch. Es war die Zeit, als ihr der Skriptglaube mehr und mehr abhanden kam. Sie suchte nach einem Ausweg. Wozu all der Druck, wenn die Textliebe hin war?

Ihr unmittelbares Wärmezentrum in den letzten beiden Studienjahren wurde einmal mehr das Jenaer »Palastkino«, keine 300 Meter Luftlinie von der »Keksrolle«, dem silberfarbenen Uniturm, entfernt, in dem sich im 22. Stock unser Institut befand. Richard, ich, die anderen aus unserer Gruppe gingen schon ab und an mal in einen Film. Carla lebte darin. Wenn sie gegen Mittag vor einem Seminar aus dem Schichtarbeiterkino auftauchte, war sie glücklich und leuchtete. Entweder hatte grad Barbra Streisand in *Nuts* die Verhältnisse zum fünften Mal auf sehr eigene Art geklärt, oder Robert de Niro war in *Taxi Driver* zum achten Mal ausgiebig durch New York getourt. Die Illuminationsmaschine Hollywood leistete ganze Arbeit. Denn was heißt Zweifel am Wort, wenn es die große Passion Film gibt?

Aber erst einmal ging es darum, unser Studium und die eine oder andere Auseinandersetzung am Institut hinter uns zu bringen. Das Klima war aufgeheizt, was zum einen mit dem hohen Stellenwert zu tun hatte, den Sprache und Literatur im Land hatten. Alles daran war extrem. In Jena kam dazu, dass in der Stadt die Opposition zu Hause war. 1981 wurde der 24-jährige Matthias Domaschk aus Jena im Geraer Stasi-Knast tot aufgefunden. 1983 wurden 40 Jenaer Oppositionelle verhaftet, schwer verhört und aus der DDR geschmissen. Die Stadt kam für die kommenden Jahre einem Ausreisebahnhof gleich. Als Studierende saßen wir unentwegt in Wohnungen, in denen man sich verabschiedete oder darüber nachdachte, sich zu verabschieden oder sich gestern grad verabschiedet hatte. Es waren Wohnungen, in die man zurückkehrte, weil man dem Druck der Ausreisezeit nicht gewachsen war und den Antrag zurückzog. Wohnungen, in denen man weiterleben musste, obwohl die, die mit einem in ihnen zusammengesessen hatten, für immer fehlten. Stadt und Universität waren in diesem speziellen Zustand auf Intensivosmose aus. Ein konspirativer Zustand in Permanenz, in aller Fatalität von Nähe. Eine Art große, intensive Ausschweifung und zugleich die völlige Agonie.

GROSSRAUMETAGEN. Wenn es von Seiten der Soziologen heißt, dass wir als Generation die Glücklichen seien, weil wir die DDR pragmatisch und hedonistisch über uns ergehen lassen konnten und mit dem System nichts mehr am Hut hatten, müssen wir in einer anderen Realität gelebt haben. Auch unser kleines Institut – immatrikuliert wurde nur alle drei Jahre in Gruppen zu je zehn bis zwölf Studierenden – war nach dem Mauerfall oft genug als »letzter Hort des bürgerlichen Humanismus« beschrieben worden. War es so? Ich erinnere mich an die politischen Exmatrikulationen von Martin und Anna, von Katrin und Steffen. Ich weiß von Hanna, Gabi und Peter, die aufgrund des enormen Drucks Morbus Crohn bekamen, und von Steffi, Heike, Hans, die mit starker Neurodermitis kämpften. Ich habe allein fünf von uns im Kopf, die in der Psychiatrie landeten.

Die beklemmende Pathogenese in den Achtzigern hatte nicht zuletzt mit dem Institutsleiter Professor Doktor Manfred Beyer alias IM Dr. Gallus zu tun sowie mit dem engmaschigen Stasi-Organigramm, das sich durch die Jenaer Geisteswissenschaften zog. Fast zwei Drittel der Hochschullehrer unserer Sektion arbeiteten dem Geheimdienst zu. Nur wenige, wie der Schriftsteller und Professor für Phonologie Gottfried Meinhold oder die Kulturwissenschaftlerin Elena Nährlich-Slatewa, wussten diesem belasteten Klima mit Rückgrat und zivilem Lebenstakt etwas entgegenzusetzen. Die vom Institutschef verordneten Rausschmisse glichen mit den Jahren pervertierten Inszenierungen. Wenn Manfred Beyer mal nicht damit befasst war, war er gern und oft im Westen. Da er bei uns das Fach BRD-Literatur unterrichtete, hatte er immer auch die neuesten Botschaften über die parat, die wir liebten. Anne Duden, Hubert Fichte, Undine Gruenter, Rolf Dieter Brinkmann. Wer ihre Texte lesen wollte, hatte beim Institutschef zumeist eine Art Privataudienz zu erbitten. Und bei all dem ging es noch um seine Macht, den Westen nach Jena einladen zu können.

Seinen Intimfreund Walter Jens zum Beispiel. Die großen Türen der übervollen Aula öffneten sich. Der Institutschef, der seinem Tübinger Freund bemerkenswert ähnlich sah, der die gleiche Frisur trug und den gleichen khakifarbenen Germanistenmantel anhatte, stürmte zusammen mit ihm an den Studierenden vorbei zum Pult und eröffnete die Krönungsmesse. Wir hörten etwas über Odysseus und Judas, über Böll und die Gruppe 47, über die Familie Mann und den NATO-Doppelbeschluss. Danach sprach Walter Jens. Über Rahel Varnhagen. Die Frau, die ein Leben lang in der Berliner Gesellschaft ankommen wollte, der das nie gelang und die sich aufgrund der verweigerten Integration eine neue Identität schaffte. Der Auftritt des Tübinger Rhetors war virtuos. Die beiden Männer verließen, von auratischer Wichtigkeit getragen, forschen Schrittes den Saal.

Nach dem Akt in der Aula hatte der Institutschef noch ein paar Studierende zu einer Diskussion mit dem Tübinger Denker gerufen. Der wusste uns mitzuteilen, dass wir uns in die Gesellschaft einzubringen hätten, dass der Westen in der Krise sei und es keinen Sinn mache, mit ihm zu liebäugeln. Kurz nach dem Mauerfall, im Jahre 1990, wurde ihm in Jena die Ehrendoktorwürde verliehen. Laudator war Manfred Beyer. Wenn Walter Jens spreche, sagte er, habe das »Recht eine Stimme. Das Recht der Schwachen auf unsere Hilfe, das der Verfolgten auf unsere Solidarität, das der Unterdrückten auf Rebellion.« Der Geehrte dankte und sprach über den politisch verfolgten Dichter Georg Büchner, nicht ohne vorab seinen Laudator als »aufrechten Mann der Zivilcourage«, als einen »rocher de bronze zwischen den Fronten« zu würdigen. Nachdem die intensive Stasitätigkeit von Professor Manfred Beyer als IM Dr. Gallus im April 1991 öffentlich geworden war, wandte sich Walter Jens keine vier Wochen später in einem Brief an den neuen Rektor der Jenaer Universität. Beyer sei zum Opfer einer Intrige geworden, schrieb er. Dabei habe er ihn in vielen Jahren als einen »aufrechten, offenen, couragierten und erzliberalen Kollegen kennengelernt«.

Ich erinnere mich an eine junge Dozentin, deren Mann 1987 auf einer Dienstreise im Westen geblieben war, und sehe

Carla und mich auf einer großen Truhe in ihrem Wohnzimmer sitzen. Wir trinken Tee. Die Frau erzählt von Trotzki, Mexiko und dem Eispickel. Dann von ihrem Mann. Sie werde auch gehen, sagt sie schließlich. Es wisse noch niemand. Tage später stellt sie einen Ausreiseantrag, dem ein unmittelbares Lehrverbot folgt. Carla und ich trommeln unsere Gruppe zusammen. Wir setzen einen Brief auf. Ihr Unterricht müsse weiterlaufen. Er sei wichtig für uns und vor allem fachlich gut. Das Schreiben geht an die Institutsleitung. Die reagiert prompt, mit einer Sondersitzung. Wir sitzen vor dem Institutschef und verteidigen die Frau, ihren Unterricht, uns. Es nützt nichts. Manfred Beyer hat seinen Auftrag auszuführen. Er sagt uns, dass wir mittlerweile wissen müssten, dass wir nichts ausrichten können und ja doch die Realität kennen würden. Die Realität. Sie heißt, unsere Dozentin wird es am Institut nicht mehr geben. Wir gehen zu ihr Tee trinken. Sie spricht von Masken und vom Wahn als Reserve der Wahrheit. Sie wirkt sehr entschieden. Anderthalb Jahre sehen wir sie nun durch das kleine, verschlafene Jena laufen. Als Totenmaske angemalt, mit geschorenem Kopf, in schwarzer Kleidung. Manchmal schreit sie. Die Leute machen einen großen Bogen um sie. Sie geht immer direkt auf die Passanten zu. Sie weiß, was ein öffentliches Zeichen ist. Sie weiß, dass Inszenierungen dieser Art bemerkt werden. Sie weiß, dass sie über sich hinaus lebt. Sie wird immer schmaler, wunder, poröser. Als sie im Februar 1989 das Land endlich verlassen kann, erhält sie eine lebenslange Transit- und Einreisesperre für die DDR.

Über unsere junge Dozentin berichtete auch Jens-Fietje Dwars als IM Frank Müller. Da er Jahrgang 1960 ist, kommt er auch als Protagonist unserer Generation in Betracht. Er hatte sich bereits als 19-Jähriger im Vorfeld seines Philosophiestudiums im polnischen Breslau für eine geheim-

dienstliche Zuarbeit verpflichtet. Nach zwei Jahren Polen
ging er nach Berlin, um dort sein Studium zu beenden und
1986 über Ludwig Feuerbach zu promovieren. Während seiner Armeezeit protokollierte er akribisch seine Mitrekruten,
die »mit Feindsender in Berührung« gekommen waren, also
jene, die Westradio hörten. 1987 erhielt er eine Assistenz an
unserer Sektion. Wir dürften seine ersten Studenten gewesen sein. Die Seminare fanden auf der Institutsetage im
22. Stock statt, einer Art Großraumbüro, das nur durch weiße
Stellwände abgetrennt war und in dem alle alles mithören
konnten. Wir begannen mit dem jungen Marx und mar-
schierten dann stracks durch die philosophischen Großsys-
teme. Jedenfalls die, die in der DDR möglich waren. Hegel,
Kant, Engels, Marx, Feuerbach. Es ging immer wenigstens
um die Weltrevolution. Die Seminare waren erschöpfend.
Uferlos, bodenlos, haltlos. Wir schalteten ab. Bis auf Carla.
Sie sah und hörte hin. Etwas schien sie zu irritieren. »Du,
hier stimmt was nicht«, raunte sie mir zu. Sie sollte recht
behalten.

Die bis in den August 1989 auf Tonband gesprochenen
Berichte von IM Frank Müller funktionieren wie eine Groß-
raumetage mit kaum abgegrenzten Zonen. Sie sind Situ-
ations-Panoptikum, Spiegelkabinett und Verratskultur in
einem. Alles kann synaptisch verkoppelt und darin völlig
entgrenzt werden. Über die verbotene Dozentin berichtete
Jens-Fietje Dwars 1988 dem Geheimdienst, sie habe ein »pro-
vokativ schauspielhaftes Auftreten«, das »belastend auf das
Verhältnis von Studenten und Lehrkörper wirke«. Über seine
Studenten und Kollegen gab er mit scharfen Urteilen Auskunft. Unser Institut, sein Observierkosmos, beschrieb er
in den achtziger Jahren als zunehmend desolat. In seinen
Augen steuerte es absehbar auf eine Katastrophe zu.

Was wurde aus Jens-Fietje Dwars nach 1989? Er musste

wie alle durch die Evaluation und verlor seine Stelle an der Universität. Er war Anfang 30. Eigentlich sollte er als Nachfolger aufgebaut werden und am Institut IM Dr. Gallus beerben. Das war vorbei. Die neue Zeit machte ihm zum Selfmademan, zum Allrounder, zum Autor, Filmemacher, Ausstellungsmacher, Dauerredner, effektiven Netzwerker und zweifachen Grimme-Preisträger. Auf seiner Internetseite ist zu lesen, dass er »seit 1992 in Zeitungen, Zeitschriften und Büchern ›aufzuarbeiten‹ versucht – ein Schlagwort, das die Verortung gelebter Widersprüche in zerrissener und zerreißender Zeit nicht zu fassen vermag.« Kurzum: Jens-Fietje Dwars blieb unverändert großräumig. Bestimmt lassen sich seine Arbeiten als versuchte Selbsterkundungen lesen. *Abgrund des Widerspruchs* heißt eine. Es ist eine Biografie über Johannes R. Becher. Eine andere *Fortgesetzte Spiegelungen*. Darin schreibt er über belastete Geschichte, die die Protagonisten nicht entkommen lässt, über Verführte, die Täter und Opfer zugleich wurden, und über innere Schuldbewegungen.

Aber wie sich auch von der eigenen Belastung befreien? Geprägt durch die quasireligiöse Opfer-Gesellschaft DDR, in der es keine NS-Vergangenheit geben durfte, wirkt das Tabu der Schuld umso gravierender nach. Für den Betroffenen wird es so fast unmöglich, aus dem eigenen Verleugnungskarussell auszubrechen. Das verhindert die eigene Psychostruktur, das soziale Netz, in dem man sich zumeist verbunkert hat, unsere nach wie vor täterzentrierte Gesellschaft, aber auch eine bundesrepublikanisch geprägte Medienlandschaft, die bei dem Wort Stasi ausschließlich auf Skandal fokussiert und damit das DDR-Narrativ medial praktisch abgeschafft hat. Eine allfällige Ost-Ost-Auseinandersetzung, die die Quadratur des Kreises hätte aufbrechen können, fand nicht statt. Die Folgen für die Denunzianten sind hartnäckiger Natur: Schweigemanöver, strategische Umschreibungen und ein unermüdliches Adaptieren an die Informationsrealität. Zugegeben wird nur, was ohnedies auf dem Tisch liegt.

KLEINE WEGE. Carlas Liebe zum Bild oder auch ihr Bruch mit der Schrift. Am Ende des Studiums könnte das Bild für sie näher am Leben gewesen sein. Offenbar hatte sie gute Gründe anzunehmen, es werde weniger verdreht und weniger kontrolliert als die Sprache. Man kann diese Auswegsuche einen elastischen Reflex unserer Generation auf den Zwang nennen, dem sie ausgesetzt war. Enge Grenzen und Möglichkeiten auszuloten, gehörte zu ihrem suchenden Dazwischen. Sie wusste um die Sackgassen, kannte die Brüche der Eltern und war von Beginn an als Kosmonauten-Hoffnung ins System eingenäht worden. Das machte sie vorsichtig. Sie suchte notorisch Distanz. Insofern kann man den Möglichkeitssinn unserer Generation im Hinblick auf das System pragmatisch nennen. Der Pragmatismus erhoffte sich Pausen vom System. Er war obsolet, wenn es um die Wahrnehmung des Einzelnen ging.

Unsere Generation organisierte sich nicht - oder kaum - als echte Opposition. Opposition machten vor allem die *Integrierten*, die, die in den fünfziger Jahren geboren wurden. Jürgen Fuchs, Roland Jahn, Doris Liebermann, Eve und Frank Rub, sie alle kamen aus Jena. Sie waren nicht mehr da, als wir zu studieren begannen, aber sie blieben doch da. Die Stadt lebte von ihrer Abwesenheit, von einer brennenden Atmosphäre, unter der es normal geworden war, dass die Geheimpolizei die Stadtgrenzen durch Panzerketten abriegeln ließ, damit sie sich über die Verhältnisse im Jenaer Kessel ein genaueres Bild machen konnte. Wir pilgerten zu Klaus-Peter Hertzsch, Professor für Praktische Theologie, einem kleinen, wachen Mann, der in seiner Wohnung Vorlesungen über Nietzsche hielt. Nietzsche, so hatte es Kurt Hager, Chefideologe der SED, 1985 an unserer Universität erklärt, würde es unter seiner Regentschaft nie geben. An Heiligabend saßen wir dicht gedrängt in der kalten Jenaer Friedenskirche, um Hertzsch über Jonas und Ninive predigen zu hören. Er sprach oft über die vielen kleinen Wege, die wir gehen könnten, die wir noch zu gehen hätten.

Die DDR in der Agonie und wir in der Schlussphase unseres Studiums. Das Land erstickte an seinen Chimären, und wir erstickten an seiner internalisierten Lüge. Was sollte werden? Carla und ich saßen an unseren Diplomarbeiten, als wir Mitte April 1989 die ersten Bilder von den Studenten auf dem Tian'anmen-Platz in Peking sahen. Im DDR-Fernsehen sprach man von »verfassungsfeindlichen Elementen« und »konterrevolutionären Mördern«. Wir switchten zur ARD. Die Sätze alarmierten uns. Hunderttausende Studenten, so alt wie wir, befanden sich im Hungerstreik. Gebannt verfolgten wir ab da, was sich auf dem zentralen Platz in Peking ereignete. Wir sahen die Woche für Woche schwächer werdenden Studenten, die Glut in ihren Gesichtern, später die Panzer, das Blut. Wir starrten auf den Mann im weißen Hemd, der mit seinen Einkaufstaschen in der Hand auf dem endlos breiten Changan-Boulevard stand und für fünf, sechs Minuten 17 Panzer aufzuhalten vermochte.

Carla und ich redeten nicht lange. Wir knieten in meiner Wohnung auf dem Boden, malten ein Plakat und unterschrieben es. Der Text fiel denkbar knapp aus: »In Peking wurden Studenten getötet, die friedlich demonstrierten. Nichts hören, nichts sehen, weitergehen. Dreht euch nicht um, der Plumpsack geht um. Solidarität und Trauer.« Er war einem Gedicht von Inge Müller entnommen, von der 1985 erstmals ein schmaler Band erschienen war. Wir rollten unser Plakat zusammen, fuhren mit ihm in den Uniturm und hängten es ans Informationsbrett des Instituts im 22. Stock. Aus den späteren Berichten der Staatssicherheit geht hervor, dass das Plakat vom 6.6.1989 ganze 20 Minuten hing. Dann wurde es entfernt. Wir wurden einbestellt, zur Institutsleitung, zum Direktor für Erziehung und Ausbildung, zur Parteileitung der Universität, zum Rektor. Es musste viel geredet werden. Es ging um unsere Exmatrikulation.

Wir flogen nicht raus. Nicht mehr. Das verhinderten unsere Kommilitonen, die sich in der inszenierten Vollversammlung vehement für uns einsetzten, und das verhinderte Gorbatschow. Ende Juni hielten wir unsere Diplome in der Hand. Bereits im Herbst 1988 war Carla ein Forschungsstipendium bei den Theaterwissenschaftlern in Leipzig zugesprochen worden. Eine Notlösung, sie wollte zum Film. Aber immerhin war es erstmal was. Mit unseren Diplomen unterm Arm düsten wir ein letztes Mal die 22 Etagen in der »Keksrolle« runter. Im Fahrstuhl steckte uns ein Dozent leise zu, zwei Jurastudenten seien heute exmatrikuliert worden, weil sie uns unterstützt hätten. Ob wir das wüssten. Und auch wir sollten nicht so einfach davonkommen. Bei Carla lag Anfang August Post aus Leipzig im Briefkasten. Man teilte ihr mit, dass es für sie keine Stelle mehr gebe. Begründung? Keine. Über mich hatte die Jenaer Sektionsleitung schon ein Jahr vorher befunden, dass ich »politisch labil« sei und mir mein Doktorandenstipendium ebenfalls entzogen. Die für alle Germanisten verbindlichen Arbeitsvermittlungen fielen für mich aus. Ich stand auf der Straße.

GROSSE WEGE. Das war in etwa die Situation, in der wir uns beide auf dem Ostberliner Hauptbahnhof verabschiedet hatten. Ich legte Carla meinen Wohnungsschlüssel in die Hand. Normalerweise bleibt sie stehen und winkt so lange nach, bis der andere für sein Weggehen ausreichend Zeit bekommen hat. Sie hat es, wie gesagt, nicht so leicht mit dem Abschied. Als ich mich diesmal umdrehte, war sie nicht mehr da. In ihrem ersten Brief, der in Darmstadt eintraf, erzählte sie, dass man das Leipziger Verdikt über sie aufgehoben und ihr eine Assistenz für drei Jahre angeboten habe. Die werde sie annehmen. Es war Endzeitstimmung, die DDR in Auflösung und tote Hose an ihrem neuen Institut. Theater war nicht, die Realität um Längen schneller, die Revolution längst auf der Straße. Als sie am 9. November nach einer Demo französische Germanisten im Hotel verabschiedete, kam einer von ihnen zurück in die Lobby gerannt: »Die Mauer ist offen. Das habe ich grad im Radio gehört. Du musst nach Potsdam.« Natürlich fuhr sie sofort.

Am nächsten Morgen lief Carla zusammen mit ihren Potsdamer Freunden über die Glienicker Brücke. Die Agentenbrücke, seit 1953 für Zivile komplett dichtgemacht, war an dem Tag erstmals wieder passierbar, die Sperren waren abgebaut worden. Insbesondere für die Potsdamer war diese Brücke das Sehnsuchtsobjekt schlechthin. Sie stand nicht nur synonym für Teilung, sondern war vor allem eine Großimagination. Von Babelsberg aus hatte das hochgeschossene Mädchen mit den langen, braunen Haaren 20 Jahre lang die schöne Brücke vor sich hinschimmern sehen. Einmal da drüber laufen. Einmal wie die Agenten ausgetauscht werden und dann draußen, in der Welt sein.

Norman und Rainer, die beiden Freunde, die im Knast gesessen hatten und irgendwann rausgekauft worden waren, warteten auf der anderen Seite der Brücke. Warum sagen wir uns so selten, dass das die eigentlichen Momente des Lebens sind? Dass es die sind, um die es geht? Dass es die sind, die nicht mehr weggehen können? Der Augenblick, als Carla und Richard in Darmstadt auftauchten, war auch so einer. Es hätte anders kommen können, sehr anders. Wir wussten es. Carla hätte vielleicht in Cottbus oder Meiningen am Theater gesessen und ein Leben lang Texte gekämmt. Mit viel Glück wäre sie zur DEFA gekommen. Einmal mehr wäre sie an der DDR verzweifelt. Wir hätten uns viele Briefe geschrieben. Richard hätte sich vielleicht um so etwas wie das Goldene Vlies gekümmert und wäre für immer in den Archiven verschwunden. Wir hätten uns jeden Sommer in Budapest oder Prag getroffen. Unsere Treffen wären mit der Zeit Rituale geworden. Wären wir ehrlich gewesen, hätten wir uns irgendwann sagen müssen, dass der alte Film der Vergangenheit im Begriff war, sich aufzulösen, da er dem grellen Licht des neuen Lebens ausgesetzt war. Wir wären nicht ehrlich gewesen. Wie auch immer es geworden wäre, in jedem Fall hätte es kein gemeinsames Leben mehr gegeben.

Carla und ich hatten Glück. Nein, es war mehr als das. Keine verschleppten Pausen, kein Fremdeln, keinen Bruch. Wir standen uns gegenüber und hatten vor allem eins: das Gefühl, genau jetzt Zeit füreinander zu brauchen. Die Welt war eine komplett andere geworden. Und wir? Als Carla im Mai 1990 das zweite Mal nach Darmstadt kam, wurde in dem Weiterbildungszentrum, in dem ich arbeitete, eine Stelle frei. Sie bewarb sich, bekam sie, setzte ein Jahr mit ihrer Promotion aus und war auf einmal da. Die Schüler, die wir unterrichteten, waren aus Asien, Afrika, Osteuropa. Promovierte Chemiker und Physiker, Ingenieure und Computerleute. Sie waren seelisch erschöpft, aber wagemutig und hochkreativ. Sie suchten das Nadelöhr für ihren Einstieg. Sie wollten Fuß fassen, um jeden Preis. Ihr Ankommen sollte sich blitzartig ereignen. Die neue Sprache, die neuen Codes, Wohnung, Arbeit, Freunde. Ein Start im Zeitraffer, auf der Überholspur, bei dem wir ihnen letztlich im Weg standen. Wir bemerkten das, klar, auch ihren enormen Assimilationsdruck, ihre Energie. Aber was konnten wir ihnen sagen?

Wir waren Migranten wie sie. Wir hatten sie auch nicht, die Codes für die Fremde. Wir waren draußen.

Mit Carla war ein Stück Vertrautheit nach Darmstadt zurückgekommen. Als wir uns auf dem Berliner Hauptbahnhof Ende August 1989 gegenüberstanden, hatte sie mir zum Abschied gesagt: »Du weißt, wovon du weggehst.« Als wir nun miteinander durch eine fremde Stadt liefen, meinte sie, sie glaube nicht an Orte. Nicht im Hinblick auf die große Veränderung. Mir war schon klar, wie sie das meinte. Sie lebte ein Leben, als wäre dieses Leben ein Ort. Für mich hatte es den nie gegeben, auch die Gewissheit nicht, dass mich etwas tragen konnte, ganz egal, was passiert. Ich war schon mal rausgefallen, raus aus dieser Welt.

Ich halte inne. Auch von Carla gibt es Interviewbänder. Um genau zu sein, gibt es drei. Es ist schön, ihre Stimme zu hören, weil sie heute so weit weg ist, am anderen Ende der Welt. Ich muss die Darmstadt-Passage finden und sie noch einmal zurückspulen. »Darmstadt, was war das für dich?« – »Eine helle, geputzte Stadt.« – »Und?« – »Sting, Ray Charles, Prince, B. B. King.« Sie lacht. Stimmt, wenn wir irgendwie Karten bekamen, pilgerten wir zu ihnen. Es waren unsere Helden, ein Stück Westen, an den wir glaubten. Ray Charles hatte die Füße auf dem Klavier und wütete auf seinen Tasten herum. B. B. King hing die erste Stunde komplett durch, um in der zweiten grandios aufzuspielen. Und wir? Hatten so viel nachzuholen. »Und?« – »Das erste Mal kiffen.« – »Und?« – »Unsere Inseltouren. Kreta, Sizilien, Korsika.« – »Und?« – »Der Schock mit den Westfrauen. Weißt du das nicht mehr?«

GLÄSERNE DECKEN. Carla hatte irgendwann einen Aushang gelesen. Eine feministische Diskussion über Politik und Privates. Auf dem Podium sollte auch die Publizistin Barbara Sichtermann sitzen. Noch in Jena war ihr Buch *Weiblichkeit.*

Zur Politik des Privaten von Hand zu Hand gegangen. Das war ganz unser Ding. Es war klar, dass wir es waren, die dafür eine Lösung finden mussten. Die Geschlechterfrage in der DDR hatten wir immer für einen hochkarätigen Konflikt gehalten. Die Gewalt, die in ihm steckte. Es war eins der stärksten tabuisierten Gefechte des Systems, an Klischees, Mythen und an Bigotterie kaum zu überbieten.

Im Grunde waren wir von zwei Frauen-Generationen geprägt worden. Die eine war die Generation unserer realen Kriegskind-Mütter. Meine Mutter erlebte ich wie die meisten ostdeutschen Aufbaufrauen. Als lebenshungrig und stark, schwach und zerstörerisch zugleich. In giftiger Nähe zu jener großen Geschichte, die sie für immer in sich trug. Aus ihren Zerrissenheiten einen Kokon spinnend aus Schweigen und Macht, der von den Töchtern Subtilität bis zur Unkenntlichkeit einforderte. Die Töchter lauschten und deuteten, horchten die wegdriftenden Mutterkörper aus, nahmen ihre Blicke auf, warteten auf Zuwendung und wurden eingeführt in die mütterliche Großdepression.

Meine Mutter hatte vier Kinder großgezogen und dabei die ganze Zeit über voll gearbeitet. Wenn sie am späten Nachmittag aus dem Institut nach Hause kam, wünschte sie sich nichts sehnlicher, als eine halbe Stunde auf der Couch zu liegen. Das war, was sie für sich beanspruchte. Mehr war nicht. Nach dem Minutenschlaf begann ihre zweite Schicht: Kinder, Haushalt, Unterrichtsvorbereitung. Ihren Mann gab es nicht. Er hielt öffentliche Vorträge über die Erziehung des Neuen Menschen oder trieb, was außer ihr niemand wusste, im Westen sein Unwesen. Ein eigenes Zimmer hatte Mutter nie und beanspruchte auch keines. Keine Lieblingsbücher, nie eine Reise mit einer Freundin, kein Kino mal für sich allein. Das Eigene war keine Kategorie, höchstens vielleicht ihre meditativen Putz- oder Bügeleinheiten, höchstens der

Garten. Mutter, die verbissene Schweigerin, und ihre große Fähigkeit, sich unter dem patriarchalen Schatten aufzulösen, um gleichzeitig ihr eigenes Machtsystem zu bauen.

Die andere Frauen-Generation war die, die uns geistig prägte. Das waren zuallererst unsere jungen Dozentinnen, 10 bis 15 Jahre älter als wir, die uns Virginia Woolfs *Ein Zimmer für sich allein* in die Hand drückten, den westdeutschen Feminismus mit uns durchdiskutierten und kluge Seminare über Luce Irigaray oder Hélène Cixous hielten. Durch sie lernten wir all die Frauen im Westen kennen, die man kennen musste, wenn man über die unendliche Zirkulation des Begehrens nachdenken und mitreden wollte. Das klingt jetzt ein bisschen so, als würde ich mich darüber lustig machen. Aber das ist nicht so. In der DDR hatten wir zu wissen, was Gut und Böse ist, aber nichts vom Fremden, Anderen, Unbewussten, nichts vom Trieb, dem Imaginären, vom Traum, der Verschwendung und von der Sache mit den Spiegeln. Mit den Texten aus dem Westen, aber auch mit Hilfe der weiblichen Stimmen im Land – durch Irmtraud Morgner oder Christa Wolf – kam ein anderer Sound, eine andere Sprache, ein anderes Denken zu uns. Etwas Inständiges lag in der Luft. Wir verstanden, dass es etwas zu entdecken gab, eine große Unbekannte, eine unendliche Galaxie und schalteten – diesmal von selbst – auf Kosmonautenstatus.

Unter dieser Prämisse und in der Hoffnung, unsere westdeutschen Kolleginnen kennenzulernen, gingen wir in die feministische Diskussion. Das muss im Mai 1991 gewesen sein. Reden, zusammen politisch werden, auch über den eigenen Tellerrand hinaus. Daran dachten wir. Daran dachten wir wirklich. Wir waren ja im Bilde über die politischeren, kämpferischen, bunteren Westfrauen. Wir hatten über Alice Schwarzer und die öffentlich verbrannten BHs diskutiert, das »Ich habe abgetrieben« besprochen und das als junge Ostdeutsche für gut, weil für selbstverständlich erachtet. Wir hatten als Studentinnen noch keine Erfahrungen mit der real-sozialistischen DDR-Arbeitswelt, aber mit unseren Dozentinnen in Jena nach ihren frauenbewegten Seminaren viele bulgarische Cognacs getrunken, bei denen wir sie notorisch klagen hörten über gläserne Decken, männerdominierte Diskurse und die nötigen Bettgeschichten, die ihre Karrieren in Mitleidenschaft zogen. Wir kannten die Wirklichkeit, aber wir lebten in dem Selbstverständnis, dass sie uns nichts anhaben konnte. Denn das Weibliche war ja da, einfach anwesend und das ungebrochen. Ich fand es in Carlas Beständigkeit, in ihrer Zivilität, ihrem ruhigen Blick auf die Männer, ihrer Heiterkeit fürs Leben, ihrem festen Glauben an intelligente Lösungen. Aber auch in dem, was über unsere Freundschaft hinausging, in unserem Alltag, in unserer Generation. Einer weiblichen Generation, insbesondere in den Modellen der Männer.

Der Saal war voll. Viel Schlabberlook, bunte Tücher, asiatischer Silberschmuck, stylische Brillen, viele grüne und rote Schuhe. Darmstadt war zu der Zeit nicht nur eine Stadt der Beamten und Wirtschaftsleute, der Wissenschaften und der Ferienkurse für Neue Musik, sondern auch der Fahrräder, der Alternativen, der Autonomen und Feministinnen. Eine Stadt, die sich Zeit genommen hatte für das Andere. Barbara Sichtermann hielt ihr Impulsreferat. Sie sprach über die große Revolte der Frauen und was die schon alles erreicht hatte. Die Zuhörerinnen nickten, wollten aber sofort auf die Situation im Land zu sprechen kommen. Denn im Dezember 1990 war erstmals wieder gesamtdeutsch gewählt worden, in einem wiedervereinten Land. Die Situation war so überfallartig hereingebrochen, dass man nicht recht wusste, wie man das finden sollte. Helmut Kohls direkte Wiedervereinigung hatte der CDU bei den Wahlen fast 44 Prozent verschafft. Die SPD dagegen war mit Oskar Lafontaine und seiner Politik des Widerwillens im Hinblick auf die deutsche Einheit von den Wählern rüde abgewatscht worden. Die Partei hatte mit 33 Prozent das schlechteste Ergebnis seit 1957 eingefahren. Das Land war vereint, aber politisch gespalten. Was war dazu zu sagen? Vor allem, welche Politik musste das feministische Projekt daraus ableiten? Welche Konzepte waren nötig? Wohin würde es links gehen, wenn das Land rechts gewählt hatte? Wo lauerten die Gefahren? Die Diskussion schlängelte sich etwas mühsam durch den Abend und steuerte trotz allem präzise auf einen Punkt zu. Der politische Ausnahmezustand Deutsche Einheit, obwohl schon ein halbes Jahr Realität, brauchte einen Schuldigen. Wer hatte die vertrackte Situation denn nun eigentlich verbockt?

Der Abend hatte etwas Einhelliges. Viel Abweichung war nicht drin. Dafür war er zu aufgeladen. Schuld an der politischen Misere, erklärten die Frauen beinah unisono, seien die aus dem Osten. Vom Podium herunter wurde festgestellt, dass die DDR-Frauen die westdeutsche Frauenbewegung nun zurück in die fünfziger Jahre katapultieren würden. Das so hart Errungene stünde in Gefahr, die Erfolge seien dahin. Wenn nichts geschehe, müsse man noch einmal ganz von vorn anfangen. Der Saal bestätigte. Da drüben hieße eine Ärztin noch Arzt, eine Kranführerin noch Kranführer, da schleppten sie ihre Kinder noch überall mit hin, bügelten noch brav die Hemden ihrer Männer und rasierten sich die Beine nicht, hieß es. Carla stieß mich an. »Was ist denn das hier?«

Die Veranstaltung war kein Missverständnis, sondern der Ausweis einer Krise. Die schob sich durch die nächsten Jahre, gärte, kochte in heillosen Debatten immer wieder hoch, rutschte auch mal wieder weg, erhielt Nuancen, aber im Kern veränderte sie sich nicht. Wie es kein gleichberechtigtes Verfassungsgespräch zwischen Ost und West gab, gab es auch keins über die Situation der Frauen auf beiden Seiten, ihre Geschichte, ihre Muster, ihre Ideale. Der westdeutsche Feminismus hatte ein Ziel: die Gleichstellung mit den Männern. Die Frau als Mann, so sollte Frauenpolitik gehen. Unter dieser Konfliktlinie wurden Institute gegründet, Lehrstühle eingerichtet, Frauenbuchläden aufgemacht. Es waren Freiheitspotentiale und bitter nötig. Es blieben Sonderräume, Politik im Kleinen, Anfänge. Vor allem aber war es nicht das, was die Frauen im Osten als Erstes thematisiert hätten. Sie kamen aus einer Diktatur.

Ich muss an Carla denken, an ihre protestantische Identität des Bürgerlichen, an ein Gruppenbewusstsein, das nicht sozialistisches Arbeitskollektiv hieß, sondern das sich zu einer Kernfähigkeit des Beharrens, Verbindens, Öffnens ausformulieren wollte. Es dürfte auch das sein, was im Merkel-Code steckt und nicht nur die Medien gern erklärt bekommen: protestantische Zivilität, gute Ausbildung, ein – wie Bill Clinton es sagte – »Charisma des Alltags« und eine Politik der mehrwertigen Logik, also die Fähigkeit, was vorgefunden wird, organisch zu denken. Die Welt ist chaotisch und fragmentiert, deshalb können die neuen Synthesen nur pragmatisch, poetisch, rational und praktisch ausfallen, also einen Sinn dafür haben, was geht und was nicht geht. Die real neue Figur im politischen Alltag dürfte das Weibliche in Verbindung mit Macht sein. Es gibt Frauen, die können das. Ich glaube sogar, ziemlich viele.

Carla und ich waren an dem Abend irgendwann rausgegangen. Wir rauchten und schwiegen. Später sprachen wir über das, was stattgefunden hatte. Über die aggressive Abwehr denen gegenüber, die es im Moment der Einheit am härtesten traf: 92 Prozent der ostdeutschen Frauen hatten zu dem Zeitpunkt einen Job. Fast 30 Prozent von ihnen verloren ihn kurz darauf. Ehen brachen auseinander. Es wurde weniger geheiratet. Es wurden weniger Kinder geboren. Das sind Zahlen aus dem Mai 1991. Die Abwehr galt insofern den Verlierern der Einheit. Aber wovon erzählte der Abend? Was fand hier statt?

VI. VATERLAND UND MUTTERSPRACHE
Die DDR von innen sehen

AUFENTHALT IM MATERIAL. 21.10.1995. Auf der Bühne des Staatstheaters Darmstadt steht ein kleiner, eher zart wirkender Mann in Schwarz. Es ist Heiner Müller, der soeben mit seiner Laudatio auf den Dichter Durs Grünbein begonnen hat. Grünbein, Jahrgang 1962 und in Dresden geboren, ist mit 33 Jahren neben Hans-Magnus Enzensberger der jüngste Preisträger des renommiertesten deutschen Literaturpreises. Die Auslobung des Youngsters aus dem Osten für den Georg-Büchner-Preis glich einer Sensation. Frank Schirrmacher bezeichnete den Geehrten in der FAZ als »die erste genuine Stimme der neuen Republik«. Die Eloge bahnte einer Rezeption den Weg, auf dem der Kosmopolit Grünbein einem Depot der Geschichte entkommen war, von dem er sich selbst schon nicht mehr determiniert sah. Der Shootingstar war damit freigestellt, der Käfig DDR transzendiert, der Dichter der Einheit ins Universale, »in einen ganz anderen Zeitraum« entrückt, zwischen Antike und fremder Zukunft.

Eine Determinante hatte es für den Preisträger aber dann doch gegeben. Durs Grünbein wollte die Darmstadt-Ehrung nur annehmen, wenn sein Förderer und seine literarische Leitfigur Heiner Müller die Würdigung auf ihn sprechen würde. Eine Forderung, die einmal mehr für Aufsehen sorgte. Denn die Öffentlichkeit war zu dem Zeitpunkt noch heftig im Streit darüber, was sie von den Anfang 1993 publik gewordenen Vorwürfen im Hinblick auf die zehnjährige Stasizuarbeit von Heiner Müller halten sollte. »Ich wusste, ich rede nicht mit der Heilsarmee«, hatte dieser dazu zu sagen gewusst, was die mediale Kontroverse nicht gerade entschärfte.

Heiner Müllers Stimme ist leise. Das Sprechen fällt ihm schwer. Im Herbst 1994 war er operiert worden. Er hat keine Speiseröhre mehr. Er hat Krebs. »In Grünbeins Gedicht ist eine Generationserfahrung Form geworden«, sagt er und stockt, »die sich bislang eher als Verweigerung von Form artikuliert hat. Es ist die Generation der Untoten des Kalten Krieges, die Geschichte nicht mehr als Sinngebung des Sinnlosen durch Ideologie, sondern nur noch als sinnlos begreifen kann. Die Generation hat kein Vaterland und keine Muttersprache.« Müllers Stimme kämpft, sie muss eine Pause haben, nicht nur die Vokale fallen ihm schwer. Er greift nach dem Wasserglas. Das Publikum hört dem zerrissenen Ton hinterher, der irgendwie im Saal hängenbleibt. Es schaut auf den Mann am Pult, der trinkt und neu anzusetzen versucht: »An die Stelle der Geschichte aber treten – wie in der von Walter Benjamin einst beschriebenen Station des ›deutschen Trauerspiels‹ – Ruinen, Körper und allegorische Landschaften.« Die Stimme ist am äußersten Rand, flackert, hört sich an, als würde sie gleich wegbrechen. Doch die Wörter schaffen es an den Wundrändern vorbei. Der Saal schluckt. Was aus Müllers Mund an Lauten kommt, ist auf einmal selbst zur allegorischen Landschaft geworden. Ein Doppeltext.

Ich sitze etwa in der zehnten Reihe und schließe die Augen. Er sagt es ja: Wir im Land der Sinnlosigkeit eine Generation ohne Eltern. Oft genug ohne reale, vor allem aber ohne politische. Er als der gesuchte Generationsvater, als Projektionsfigur. Einer, der im Land ohne Väter für viele unserer Generation zum anderen Vater geworden war. Einer, der über uns spricht, der darüber nachdenkt, wer wir sind. Drei Tage zuvor hatte ich in Berlin-Kreuzberg, in der Muskauer Straße, oben unterm Dach in Müllers Arbeitszimmer gesessen. Denke ich daran, schiebt sich sofort ein anderes Bild dazwischen: die erste Begegnung mit ihm, im Spätsommer 1994. Das Warten auf ihn in der Kneipe unten im Vorderhaus. Das zweite Warten in der zweiten Etage, an einem großen Fenster. Sein Sekretär, um die 40 in Müller-Schwarz, der kommt und sagt, dass heute alles etwas anders sei. Er bitte um Verständnis. Er geht wieder. Das dritte Warten in der dritten Etage, an einem großen Fenster. Der Sekretär kommt zurück, mit zwei schmuddligen Leinenbeuteln und sagt, dass da die Texte von Inge Müller drin seien. Monate vorher hatte ich Heiner Müller wegen der Herausgabe ihrer Texte angeschrieben. Er hatte Ja gesagt. Ich könne sie holen.

Sie, eine der faszinierendsten Nachkriegsdichterinnen des Ostens, war seine zweite Frau gewesen und schon lange tot. 1966 hatte sie sich umgebracht, in ihrer beider Wohnung in Berlin-Pankow. Ein Selbstmord als Protest gegen den Staat, der verstanden wurde. Der Geheimdienst gab in der Folge vor, wie die künftige Rezeption der Dichterin auszusehen hatte. Selbstmörder, zumal »Kulturschaffende« des Landes, hatte es in der DDR nicht zu geben. Ihre Texte verschwanden. Erst 1985 kam im Aufbau-Verlag, dem DDR-Staatsverlag, ein kleiner, zensierter Band Gedichte von ihr heraus. Er zementierte den Mythos einer dunklen Dichterin im Schatten eines Dramatikergurus, einer lange schon Abwesenden, irgendwie Gezeichneten, irgendwie Unbekannten, irgendwie unkenntlich Bleibenden. Eine Kippfigur, eine Stimme im

Absturz. Ihre Texte Splitter. »Da fand ich mich / Und band mich in ein Tuch: / Ein Knochen für Mama / Ein Knochen für Papa / Einen ins Buch.« Das Buch von 1985 wurde zum Kult. Es war das einzige, das ich im Rucksack hatte, als ich über die Grüne Grenze in den Westen flüchtete.

Der Sekretär schließt die Tür zu Müllers Arbeitsetage auf. Wir sitzen am langen Archivtisch und sortieren Inge Müllers Nachlass. Bis auf die frühen Texte ist nichts da. Kein einziges ihrer späten Gedichte, keine Prosa, keins ihrer letzten Blätter. Wo ist das alles? Heiner Müller kommt kurz dazu, lächelt, vier, fünf Sätze. Seine feine Stille. Ich frage nach Inge Müllers Gedichten. Er sagt, dass der Sekretär sich um alles kümmern werde und geht. Der Sekretär sagt, Heiner Müller habe vor zwei Stunden die Diagnose Krebs erhalten. Der Tag sei im Ausnahmezustand. Ich solle wiederkommen.

Ich komme wieder. Der Sekretär hat mir etwas auf den Archivtisch gelegt. Material, sagt er. Er habe es in den Regalen gefunden. Inge Müllers frühe Tagebücher, die Arbeitsstufen zur *Umsiedlerin*, die Arbeitswandzeitung des Dichterpaares. Er lässt mich allein. Ich blättere in den Heften. Was suche ich hier? Was fehlt? Die Texte? Ihr Leben? Das Leben der anderen? Mein Leben? Meine Beziehung zu einer Zeit, die aus viel Hoffnung, Illusionsschuld, Zerstörung, Lüge und Schweigen bestand? Und was hat das mit unserer Generation zu tun, was mit ihr gemacht? Inge Müller war in die Zeit nach dem Mauerbau hineingestorben, in die wir hineingeboren wurden. Was war so toxisch an dieser Zeit, dass sie nicht mehr auszuhalten war? »Hinter der Pappfassade / Ein Nichts das wächst«, hatte sie geschrieben. Das sich auswachsende Nichts. Das Nichtvorhandene als Imaginationsraum. Das Verschwinden, der Nicht-Raum, das Nicht-Werden, die Kontinuität des Sinnlosen, die gezielte Leere, das Ausgesogene, der Text als Leerstelle. Die immer größer werdende Leerstelle als der Text unserer Generation?

»Mein schlechtes Gedächtnis macht mir immer mehr und immer ernsthaftere Sorgen. Liegt es an der Krankheit und ist also zu heilen? Oder ist es Schlimmeres?«, schreibt sie. Schlimmer als die Krankheit? Was soll das sein? Ich stehe in Heiner Müllers Arbeitsraum und kopiere Texte. Im Rücken die Bücherfront, davor sein Stehpult, die Schreibmaschine, an der Wand die angepinnten »Wunschzettel des Autors«. Gedanken, Verse, Stoffkerne. In den Jahren nach 1989 denkt er viel über die »Emigration der Macht in den Traum« nach. An der Wand finden sich Notizen dazu. Der Sekretär redet über die Abwesenheit des Zentrums im Haus. Es ist November geworden. Heiner Müller musste in München operiert werden. Es heißt, er sei immer noch dort. Wie lange, sei ungewiss. Im Haus geht es leise zu. Ich frage den Sekretär: »Wo ist der Kern?« – »Welcher Kern?« – »Ihre Texte, die schöne Lyrik?« Der schiebt seine schwarze Müller-Brille den Nasenrücken hoch und schüttelt den Kopf. Das sei alles. Mehr sei nicht da, mehr gebe es nicht.

Ich fahre über spiegelglattes Pflaster durch Brandenburg. Zum Sohn von Inge Müller aus erster Ehe. Er ist Jahrgang 1946 und wohnt außerhalb von Berlin. Das Dorf, in dem der Sohn lebt, erinnert an einen amerikanischen Western. Eine Straße und zwei gegenüberstehende Häuserreihen, die sich im Blick haben. Ich stelle das Auto ab. Ein Hund schlägt an. Ich laufe durch den Ort und finde die Hausnummer nicht. Ich klingle an einer Tür. Eine Frau öffnet und sagt, er wohne da, wo der Hund bellt. Ich laufe zu dem Gebell. Es ist auf einer Baustelle hinter einer Tür. Ich rufe. Nichts. Nach einer Weile geht die Tür auf. Ein Schäferhund stürzt auf mich zu und nur Zentimeter an mir vorbei. Er taucht im Feld ab.

Der Sohn sagt Hallo und dass die Heizung nicht funktioniere, was ihm leidtue. Wir laufen über wacklige Stege in sein Provisorium hinein. Überall gestapeltes Holz, der Boden voller Späne, in den Regalen Gedrechseltes, eine Drehscheibe. Er setzt sich auf einen Hocker direkt am Fenster. Das Novemberlicht fällt auf ein erschöpftes Gesicht. »Ich kann Ihnen gar nichts sagen«, meint er. Und beginnt zu erzählen. Wie das für ihn mit der Mutter gewesen sei, in Pankow, in der Beamtenwohnung mit den oben an der Decke abgerundeten Ecken. Der Sohn redet und schaut fast die ganze Zeit über durchs Fenster nach draußen. Auf die Felder legt sich die Dunkelheit. »Die Mutter war acht«, sagt er, »da kam Hitler. Sie war 14, da kam der Krieg. Im Januar 1945 wurde sie einberufen, als Soldatin an der Flak. Am Ende musste sie in die Schlacht um Berlin. Ende April fiel eine Bombe auf das Elternhaus und begrub ihre Mutter und ihren Vater. Ende April lag sie selbst drei Tage und drei Nächte verschüttet, zusammen mit einem Hund, unter einem Haus im Prenzlauer Berg.«

Der eingesackte Krieg, zusammengerutscht auf den kleinsten Nenner, ihren eingeschlossenen Körper. Alles, was folgt, wird auf diese Detonation folgen. Auch ihre Versuche, sich rauszubuddeln, Fuß zu fassen im kollektiven DDR-Nachkrieg. »Gelang ihr das?« – »Bis zum Mauerbau halbwegs. Aber mit ihm kam alles zurück, der Einschluss, die Höhle.« 1961, da war der Sohn 15. Die Mutter schrieb schroffe Texte auf ihre geteilte Heimatstadt. Der andere Vater, Heiner Müller, Stalinhymnen. Die Rhythmen ihrer Suizidversuche wurden kürzer. »Wo waren Sie, wenn sie sich umzubringen versuchte?« Der Sohn schaut durchs Fenster. Draußen ist es dicke Nacht. Der Hund hat sich ausgerannt in die Sägespäne fallen lassen und döst vor sich hin. Wir schweigen und frieren. »In meiner Höhle«, sagt er. »Und was war die?« Er zögert, zieht seinen rechten Arm über den Kopf und macht immer dieselbe Bewegung. »Meine Bettdecke.«

Zwei Wochen später fahre ich über Schneepflaster durch Brandenburg. Zum Geliebten von Inge Müller, dem zwölf Jahre jüngeren Bruder von Heiner Müller. Der Sohn wusste nichts von ihren Texten, aber vielleicht er? Von dem Geliebten kenne ich nur ein paar Fotos. Wie er 1956 als 15-Jähriger seine Schwägerin anhimmelt. Und sie zurückhimmelt. Nun steht mir ein untersetzter, zerzauster Mann Mitte 50 in derben Stiefeln gegenüber. Er lebt auf einem weitläufigen Bauernhof. Er schwenkt die Arme zum Hallo und lässt seinen Körper rudern. Der Eingang ins Haus ist eine schwere Saloontür, der Flur aus hohen, blinden Spiegeln, ein Dutzend Katzen mit je nur einem Auge huschen an uns vorbei, in einem Zimmer linkerhand stehen zwei Frauen, schweigend. So inszeniert die Begrüßung, so intensiv wird das Gespräch. Über Krieg und Liebe, die Kindheit im Westen, über Zeitschwellen, die todernste Krankheit des Bruders und dessen ideologische Manöver. Auch beim Geliebten von Inge Müllers Texten keine Spur.

ZERFLEDDERTES UND ABGELEGTES. Die Deutsch-Müllers und zwei deutsche Diktaturen: der Mann ohne Stimme, die erst verschüttete, dann sich isolierende, später abwesend gemachte Frau, der verlorene Sohn in seinem Versteck, der Bruder-Geliebte mit seiner schwarzen Plüschkatze auf dem Sofa, die er Inge nennt. Ich fahre zu Ostberliner Dichterkollegen, die Inge Müller gekannt haben, und zu ihren Freunden. Es gibt Vermutungen, doch ihre Texte bleiben verschwunden. Zehn Wochen nach seiner Darmstadt-Rede stirbt Heiner Müller. Es ist der 30.12.1995. Die Stimme im Radio sagt, was geschehen ist. Sie will neutral klingen. Nur Tage später erreicht mich ein Anruf aus Berlin. Es gebe da was. Ob ich nicht mal kommen könne, Inge Müllers Nachlass sei aufgetaucht. »Wo denn?« – »In meinem Bettkasten«, sagt ein Ostberliner Dichter, den ich vor Monaten nach ihren Texten gefragt hatte.

Als ich ihre Gedichte in Berlin abhole, erzählt er mir von leerstehenden Wohnungen, in denen jede Menge Nachlässe lagerten. Ich weiß nicht, was ich davon halten soll. Was mache ich hier? Welchen Boden hat die Suche? Wer sagt mir, dass das jetzt hier alles ist? Was ist der Kern? Könnte der nicht genauso gut in einem anderen Bettkasten liegen? Wer bleibt, wer geht, wer taucht wieder auf? Wer fällt vollends in den Riss? Was geben wir verloren? Wer entscheidet darüber, woran wir uns erinnern? Wer filtert das Ganze? Wer darf sagen, was die Kultur und was das Gedächtnis eines Landes ist? Was ist Geschichte?

Ich muss an Richard denken und an seine Sätze vom Verschwinden. Fünf Jahre ist das her. Der Freund ist tot, der Staat DDR Geschichte. Eine Welt, die auf Unendlichkeit gesetzt hatte, ist zerfallen. Der Osten ist ohne Haut, wund, ratlos, elternlos. Die Zeit ist wie Gestrüpp. Es geht ums Erbe. In dem ersten Film des sowjetischen Regisseurs Andrej Tarkowski *Iwans Kindheit* zieht die Kamera am Ende des Krieges im Frühjahr 1945 durch das zerstörte Berlin. Die Häuser sind leer, eingefallen, zerbombt. Hitler ist tot, die Macht weg, die Stadt verwaist. Doch man hört die alten Stimmen, die zum Alp werden. Der Film ist von 1962, fast 20 Jahre nach Kriegsende. Ein Film, den fast jeder zu DDR-Zeiten gesehen haben dürfte. Er lief in Endlosschleife, immerzu, bis zum Ende. Ich sitze in Darmstadt, tippe die Texte von Inge Müller ab und schlafe schlecht.

Warum eigentlich? Meine Flucht in den Westen. Vor sechs Jahren immerhin. Ein neues Leben, vor allem ein eigenes. Deswegen war ich weggegangen. Nun fahre ich durch das alte. Durch eine heimische, vertraute Landschaft, in der ich nichts erkenne. Es ist, als führe ich an ihr vorbei. Was gehört wohin? Wo ist mein Ort? Und was hat das alles mit Inge Müller zu tun? Was suche ich bei ihr, der ins Fundament eingemauerten Schattenfrau? Heute wundere ich mich mitunter, mit welcher Naivität ich damals gestartet bin. Wie viel ich ausblenden konnte, nur um mein erstes Buch auf den Weg zu bringen. Mit welch frappierender Blindheit ich auf etwas zusteuerte, was da war, ich nur nicht sehen konnte. Da und zugleich nicht da. Dabei war alles ganz konkret: Im März 1996 hatte ich das Manuskript abgegeben und die Originale von Inge Müller in die Muskauer Straße gebracht. Ihr Nachlass würde zusammen mit dem von Heiner Müller ins Archiv der Akademie der Künste kommen. Mein erstes Buch: die Manuskripte von Inge Müller sowie Texte von Wolf Biermann, Herta Müller oder Reinhard Jirgl über sie sollte im August 1996 unter dem Titel *Irgendwo; noch einmal möcht ich sehn* beim Aufbau-Verlag erscheinen.

Das Manuskript war abgenommen, Mitte Mai ein Anruf. Ob ich nicht noch einmal in den Verlag kommen könne. Es gehe um ein Detail. Ich fuhr. Die Lektorin hielt mir das Inhaltsverzeichnis hin, das ich ein zweites Mal zu bestätigen hatte. Ich war perplex. Zwischen uns hatte es in den Monaten davor immer mal wieder gehakt. Für sie, eine Stammlektorin des ehemaligen Staatsverlags, gehörte Inge Müller »zu uns, zur DDR-Literatur«, wie sie des Öfteren betonte. Ich dagegen wollte ein Buch über eine politische Dichterin machen, die ihren Weg aus den doppelten deutschen Fundamenten in die Isolation gegangen war, um bei sich und ihrer Sprache anzukommen. Eine Frau aus der Flakhelfergeneration, die die DDR in vollem Umfang bejaht hatte, um sich spätestens mit dem Mauerbau mit aller Konsequenz aus ihr zu verabschieden. Eine Frau, die in die Register ihres Mannes eingebaut wurde, sich einbaute, um darin gelöscht, ausgelöscht zu werden. Meine Augen suchten die beiden Blätter ab. Was sollte das mit dem Inhaltsverzeichnis? Was nur? Ah. Das. Biermann war draußen. Der Verlag hatte sein Lied *Legende vom Selbstmord der Inge Müller im Jahre '66* und einen Brief von ihm ohne jede Rücksprache aus dem Band genommen. Ich sollte den Rausschmiss nur noch abnicken. Wolf Biermann und die DDR im Jahre 1976. Sein Rausschmiss aus dem Land als politischer Lackmustest. Jeder im Land musste Farbe bekennen. In den Brigaden wurde abgestimmt: Ja für Biermann bedeutete Nein für den Sozialismus.

UMKÄMPFTES. Aber das war nun 20 Jahre her. »Die DDR ist Schnee von gestern«, hielt ich der Lektorin entgegen, »Biermann bleibt, oder es gibt keine Inge Müller.« Der Satz besiegelte den Eklat, der auf das Gespräch folgen musste: Der Verlag kam mit einer Presseerklärung, in der es hieß, der Band erschiene in jedem Fall, auch verändert, also mit einer anderen Herausgeberin. Die Witwe von Heiner Müller wurde als Rechteinhaberin eingeschaltet und legte ihr Veto ein. Das Lied von Wolf Biermann beleidige sie und ihren Mann. Die Gazetten im ganzen Land, einschließlich *Spiegel*, *Süddeutsche* und *FAZ* berichteten. Das inkriminierte Lied wurde rege abgedruckt. Wolf Biermann spottete: »Jeder bringt in die Einheit mit, was ihm am kostbarsten war. Bei denen ist es die Zensur.«

Es blieb keine Sekunde Zeit, darüber nachzudenken, was für ein Konflikt das eigentlich war, was überhaupt stattfand. Ich rannte zwischen Verlagsleitung, Lektorin, Geldgebern und Medien hin und her, um das Desaster irgendwie noch abzuwenden. Ich wollte das Buch, natürlich wollte ich es. Es sollte da sein können, aber es gab keine Lösung. Die kam letzten Endes von Wolf Biermann. Wir trafen uns in Berlin.

Er hatte einen Kompromiss: Das Lied raus, da es eh überall publiziert ist. Der Brief bleibt drin. »Und jetzt mach hin, ich will die Inge Müller lesen.«

So kam es. Der Band erschien ohne das Biermann-Lied, aber mit einem zweiten Nachwort, das den Streit um die Herausgabe darstellte. Das Buch war nach all dem Trubel binnen kurzem vergriffen und wurde vom Markt genommen. Ich sehe mich in Darmstadt sitzen, nach Telefonkonferenzen, nach Anwaltsbriefen, nach dem ganzen Medienrummel, nach einem erledigten Buch, das doch hatte mein Anfang werden sollen. Ernüchtert, leer, verschreckt. Was war geschehen? Warum die Aufregung, wieso der Wirbel um eine lange vergessene Dichterin? Meine Gedanken gingen wie magnetisiert in die Büros des Aufbau-Verlages zurück. Die Pflanzen, die Möbel, der Geruch, sogar das Licht aus DDR-Zeiten. Ich höre die Stimmen der Pressefrau, des Geschäftsführers, des Hauptlektors. Und sitze meiner Lektorin gegenüber. Wie sie in den Monaten unserer Arbeit wieder und wieder auf die Wirren der fünfziger Jahre zu sprechen kam, auf Walter Janka und Wolfgang Harich, auf den 17. Juni 1953, auf Tribunale, Verrat, drakonische Strafen, brutale Schnitte durch Biografien. Was hatte sie mir damit sagen wollen?

Man müsste das können: die Geschichte um einen solchen Konflikt ein einziges Mal von Anfang bis Ende durcherzählen. Das Leben aller Protagonisten, alle Zeitumstände, alle Interessen, alle Verzahnungen und Verzerrungen. Vielleicht ist es die einzige Möglichkeit, überhaupt irgendetwas zu sehen. Man müsste langsam beginnen und erst einmal die Lektorin reden lassen, von sich diesmal. Von ihrer Herkunft, ihrem Leben, ihren Kindern, ihrem Glück, ihrer Arbeit. Nach ihr kämen all die anderen dran. Vermutlich würde sich der Zusammenhang auf diese Weise wie von selbst ergeben. Aber in dem Moment sah ich keinen. Ich blieb hängen, an den Situationen, an dem Druck. Es gibt Sätze, die sind wie früher die Pausenbrote auf dem Schulhof. Man kaut und kaut sie, kriegt sie aber einfach nicht runter. Ich sah das Buch vor mir auf dem Tisch liegen. Anderthalb Jahre Arbeit. Es sollte mein Anfang werden. Es war da, ich hatte darum gekämpft, immerhin. Nein. Es war schon wieder weg.

Aber was hatte ich erwartet? Ein solches Buch und durchweg wohlwollendes Nicken? War denn Streit an der Stelle nicht richtiger als Stille? Die erste Lesung aus dem Manuskript noch Ende Mai 1996 in der Literaturwerkstatt Pankow. Der Raum war voll wie zu DDR-Zeiten. Ich stellte noch nicht veröffentlichte Texte einer deutlich politischeren Inge Müller vor, deutlich politischer jedenfalls, als bisher bekannt gewesen war. Ihre Mauerstücke, das Jonas-Fragment, Auszüge aus ihren Tagebüchern. Anschließend eine verbissene Diskussion darüber, wohin sie denn nun gehöre. Zur DDR-Literatur, sich selbst? Ich drang nicht durch. Die neunziger Jahre und der Osten: Aufbruch, Chaos, Wandel, Hoffnung, Überforderung, Brüche. Aber auch ein Krieg um die Vergangenheit, das neue Abstecken der Felder, viel Strategie- und Symbolpolitik, die Erfindung der DDR als Wiedergängerin, Utopie, Phantom, Märchen. Vor allem aber Schweigen.

AUGENBLICK NULL. Was war der Konfliktstoff? Wofür stand die Schutt- und Schattenfrau Inge Müller im Hinblick auf das innere Kollektiv DDR? Was war es, was nach oben schoss, als die Abwesende durch den Mauerfall so urplötzlich anwesend wurde? Wenn ich Fragen zur ostdeutschen Vergessenspolitik habe, gehe ich manchmal zu Gerit. Sie hat dafür ihr ganz eigenes Signalsystem. Menschen mit Schicksal, historische Schlüsselereignisse und wie die sich in der Literatur wiederfinden, vor allem in Biografien, Tagebüchern, Erinnerungsbüchern, das hat sie auf phänomenale

Weise parat. Wenn wir uns gegenübersitzen und über Geschichte sprechen, sagt sie sofort, wie dankbar sie sei, immer wieder aufs Neue, für die historische Gnade. Sie sagt diese zwei Wörter und meint 1989 damit, »die Chance anzufangen, frei zu leben, glücklich und aufmerksam«. Gerit, Jahrgang 1968, beginnt regelmäßig so, obwohl sie weiß, dass ich weiß, wie sie darüber denkt. Aber offenbar will sie das, diese Art Einverständnis, die Vergewisserung für den Moment. Notwendige Nähe für das Gespräch, das dann immer in dieselbe Richtung läuft: Was liegt unter der Geschichte? Was hat man sich geleistet, nicht zu sehen? Welche Fassaden, welche Masken, welche Verdrehungen? Sie ist zäh darin, wach, genau, bohrend. Und das hat Gründe.

Wie oft Gerit mitten in der Nacht anruft und gleich losfragt. »Hast du das auch gelesen?« – »Wie soll ich mir das vorstellen?« – »Wieso wird das bei Jauch nicht gefragt?« Sie kriegt dann diesen Ton, der Antworten verlangt. Ich soll was sagen, mir was einfallen lassen. Da ihr das zu lange dauert, ist sie schon beim nächsten Thema: »Wie kann das sein, dass Sarah Kirsch stirbt und wir erst 14 Tage später davon erfahren?« Oder: »Gaucks Mutter hat mit dem Satz, dass die Kommunisten erst seinen Vater freilassen sollten, dann könne man vielleicht auch mal über die Pioniere reden, so Wichtiges an ihm getan. Hier begann ein Teil seiner Identität. Meinst du nicht auch?« Ich sehe sie vor mir: das Drängende, Suchende, ihr Dauer-Habacht, ihr schmaler Körper, das Schicht-auf-Schicht ihrer Klamotten, das viele warme Rot, die lilafarbenen Stiefel, der vor sich hinklappernde Silberschmuck, die beiden kleinen Töchter, meist an ihr dranhängend, ihr direkt ausbrechendes Lachen. Aber warum ich immer an Ruhelosigkeit denke, obwohl ihr Leben zuallererst von Angekommensein erzählt?

Gerits Unruhegedächtnis hat seinen Augenblick Null und

führt direkt nach Zieko. In dem kleinen Dorf im Anhaltinischen ist sie aufgewachsen. Aber ihr Signalsystem kommt aus einer anderen Zeit, aus den letzten Tagen des Krieges, genauer vom vorletzten Kriegssonntag, dem 29.4.1945. Es ist derselbe Tag, an dem Inge Müllers Eltern im Keller ihres Berliner Wohnhauses zusammen mit 17 anderen durch eine Bombe begraben wurden. In Zieko, direkt an der Autobahn und unweit der Elbe, zwischen Wittenberg und Dessau, blühen in jenem Frühjahr die Apfelbäume und der Flieder. Wenn die Ziekoer jedoch aus ihren Fenstern schauen, zieht das taumelnde Ende des Krieges an ihnen vorbei. Ein Zug ausgehungerter KZ-Häftlinge, der von Magdeburg Richtung Coswig durch den Ort getrieben wird und sich im Nichts verliert; aus der anderen Richtung, aus dem Coswiger Gefängnis eine Häftlingskolonne, deren Bewacher die Zuchthäusler in eine Scheune im Dorf einschließen und dann verschwinden; die vorrückende 1. Ukrainische Armee, die Flüchtlinge, Verwundete, Evakuierte, Zwangsarbeiter, versprengte Soldaten und SS in das kleine Dorf treibt; von Düben aus die nahende 9. US-Armee, vor der ein ähnlicher Zug im Ort Zuflucht sucht. Vom Westen also die Amerikaner, vom Osten die Sowjets, im Raum dazwischen das totale Chaos.

Zieko ist übervoll. In der Kirche die SS, in den Scheunen Zuchthäusler und Ortlose, beim Bauern Puhlmann, Gerits Großvater, eine Abteilung des deutschen Generalstabes und ein Sprengkommando für die Autobahnbrücken ringsum. Allein 1000 deutsche Soldaten, heißt es später, seien an diesem Tag im Dorf gewesen, in dem ansonsten 250 Leute leben. Das winzige Zieko also von innen verbunkert und von außen im Zangengriff. Die Katastrophe kann von überall kommen, jede Sekunde durch die Tür treten oder aus dem Himmel fallen. Die Dörfler beobachten unruhig den Luftraum, die Dorfstraße, die Chaussee und was sich sonst noch so einsehen lässt. Irgendwann werden sie da sein. Nur welche, wann, von wo? Und vor allem, was geschieht dann? Am Morgen des 29.4.1945 schickt die US-Armee den Dübener Bürgermeister als Parlamentär nach Zieko. Doch die Generalstäbler lehnen die kampflose Übergabe des Dorfes ab.

Daraufhin wird der Ort von Panzern beschossen. Über die Felder kommen deutsche Soldaten gestürmt, sie wollen noch unterkommen, drei Scheunen brennen und dunkeln den Frühling ein, eine Schafherde irrt über die Dorfstraße, Fuhrwerke rasen aus dem Dorf, viele Ziekoer verkriechen sich vor Angst in ihre Keller, über dem Ort kreiselt ein Flugzeug, Lautsprecher fordern: »Ergebt Euch!«, die Amerikaner liegen in einem Wäldchen, keine 800 Meter vom Dorf entfernt. Der Sonntag bekommt etwas Apokalyptisches. Wie sich selbst retten, wie all die anderen, wie Zieko?

Gerits Onkel Friedrich Puhlmann, Jahrgang 1931, erst 13 und im Ort nur Fritzchen genannt, läuft zu Lotte. Charlotte Lehmann ist 24, Jungbäuerin und wohnt im Haus gegenüber. Sie wollen etwas tun, den Ort vor dem Untergang retten. Sie entscheiden sich, den Amerikanern mit einer weißen Fahne entgegenzulaufen. Das Bettlaken vor sich in die Höhe haltend, stapfen Fritz und Charlotte über die Wiesen hinterm Haus. Die Befreiungs-Szene macht schnell die Runde. Beide werden denunziert. Ein SS-ler mit Maschinenpistole im Anschlag stürzt den jungen Befreiern hinterher. Kapitulation wird es keine geben! Aus dem Hinterhalt heraus, von einem Weg aus zwischen zwei Höfen, eröffnet er das Feuer. Friedrich Puhlmann erleidet einen Armdurchschuss, einen schweren Bauchschuss und einen Lungenschuss. Er schleppt sich zum Bach. Charlotte Lehmann taumelt mit einem Bauchschuss noch ein Stück weiter. Bauer Puhlmann ist mit seinen Zwillingstöchtern beim Löschen einer Scheune, als ihm jemand zuruft, dass eine junge Frau hinten auf der Wiese liege. Er rennt sofort los. Auf dem Weg findet er seinen Sohn am Bach liegen. »Papa, ich bin so schwer verwundet«, sagt der leise. Charlotte Lehmann liegt bewusstlos unweit von ihm. Helfer bringen beide zur Sanitätsstelle. Aber die nötige ärztliche Hilfe werden sie nicht erhalten. Fritzchen und Lotte sterben noch in der Nacht.

Für Zieko wird der Tod der beiden zum historischen Schlüsseldrama. Aber auch in Gerits Familie bleibt mit dem 29.4.1945 die Zeit stehen. Als die US-Truppen den Ort am Morgen des 30. April schon nach Stunden wieder verlassen, treffen einen Tag später die Sowjets ein. Die Puhlmann-Schwestern verstecken sich aus Angst vor Vergewaltigungen auf dem Dachboden. Ihr Bruder Friedrich wird am Mittwoch, dem 1.5.1945, beerdigt. Sie nehmen nicht daran teil. Nur der siebenjährige Hans-Georg, Jahrgang 1938, das vierte Kind der Puhlmanns, Gerits Vater, ist im Haus. Was hatte er vor drei Tagen gesehen? Durfte er noch einmal in das Zimmer des Bruders, der im Sterben lag? Wer sprach mit ihm über diese sinnlosen Morde? Wie die Tradition es vorsieht, macht der Tod des Bruders Gerits Vater zum Hoferben. Die Rolle, die ursprünglich für den Älteren vorgesehen war, geht unmittelbar auf ihn über. Will er das? Wo kann er trauern? Wo kann er hin? Die Wiese mit dem Bach als Todesort wird zur Chiffre für das Dorf- und Familiengedächtnis. Ist er manchmal da? Das Bruder-Erbe, er nimmt es an, verkapselt es in sich, trägt es mit sich herum und schweigt es aus, weil es ausgeschwiegen werden muss.

Denn Friedrich Puhlmann, der sein entschiedenes Herz mit dem Leben bezahlt, kann kein DDR-Held werden. Er wollte den Ort an die Amerikaner übergeben und damit an Sieger, die fast über Nacht zu neuen Feinden werden. Sein Schicksal steht damit unter striktem Erinnerungsverbot. Ein Zuwider ist undenkbar und mit Todesängsten besetzt.

Zwar bleibt der Junge mit der weißen Fahne in Zieko 40 DDR-Jahre lang im Binnengedächtnis des Ortes, auch im Pfarrhaus hängen zwei Fotos, aber eine öffentliche Erzählung ist ausgeschlossen. Zivilen Widerstand gegen den Nationalsozialismus gab es nicht. Befreier sind allein die ruhmreichen Sowjetarmisten, sonst nichts, sonst niemand. Daran hat man sich zu halten. Und man hält sich dran. Dieser Umgang hat zur Folge, dass »Fritzchen« zwar unter dem allgemeinen Opfer-Signum in die Dorferinnerung eingemeindet, seine klare Entscheidung aber darin ausgelöscht wird. Und auch sein Tod bleibt ungeklärt. Was ist tatsächlich am 29.4.1945 in Zieko geschehen? Wer hat ihn denunziert? Wer ist der Mörder? Fragen, die Gerit fast 70 Jahre später immer noch stellt und die unbeantwortet bleiben müssen. Es gibt niemanden mehr, der darüber Auskunft geben könnte. Der Augenblick Null – eine eingekapselte psychische Wunde.

BLITZEINSCHLÄGE. Die Vergessenspolitik der zweiten deutschen Diktatur hat einen doppelten Bruch: Sie handelt von der »Unfähigkeit zu trauern«, vor allem aber von einer staatlich verhinderten Möglichkeit, der instrumentellen Unmöglichkeit zu trauern. Auch Inge Müllers Tod konnte zu DDR-Zeiten keinen Trauerabschluss finden. Ihr Kriegstrauma war tabu. Der weibliche Soldat war ein Schuldsoldat und damit Täter. Täter aber hatte die Opfergesellschaft DDR keine zu haben. Ihr nicht anerkannter Schmerz, ihre Todesangst, die zentralen Erfahrungen ihres Verschüttetseins als Soldatin mussten eingekellert, der Krieg kryptiert werden. Eine Belastung, die es ihr unmöglich machte, das eigene Leben zu konsolidieren. Aber auch eine, die es nicht zuließ, ihr Schicksal und ihr Werk zu DDR-Zeiten angemessen ins Öffentliche zu heben. Und nach 1989? Der vehemente und affektive Ausschlag, nachdem Inge Müller aus dem historischen Blasensystem der Ostdeutschen endlich als Realität auftauchen durfte. War das im Osten die Abwehr auf das Buch über sie?

Aber was liegt unter dem verordneten Machtschweigen? Was passiert im Einzelnen? Die Schweigeordnung einer Diktatur als ihr ungeschriebenes Gesetz hat etwas Unhintergehbares und zugleich Hermetisches. Es ist ein Existential-Artefakt, mit Tausenden Ein- und Ausgängen, verschiedenen Oberflächen, kolossal Widersprüchlichem, mit Nicht-Orten, also Unerzählbarem. Ein Schweige-Palympsest, der umso undurchsichtiger wird, je länger eine Diktatur dauert. 40 Jahre sind viel Zeit. Ein mimetischer Bau, der, labyrinthisch ausgeformt, zugleich auf einer unverrückbaren Hierarchie besteht.

ERSTES KERNSCHWEIGEN. Denn das erste Kernschweigen, nachdem sich die verschiedenen Schweigesysteme in der DDR klar auszurichten hatten, handelt von deutschen Kommunisten, Stalins Terror und dem sowjetischen Gulag. Die Komintern schätzte die Zahl der Politemigranten in der Sowjetunion nach 1933 auf 40 000, davon waren 4700 deutschen KPD-ler. Im April 1938 wurden 70 Prozent von ihnen im sowjetischen Exil verhaftet, die KPD-Parteiführung wurde fast vollständig liquidiert. Stalin ließ mehr Genossen ermorden, die zwischen 1920 und 1933 dem obersten Gremium der KPD angehört hatten, als Hitler: im Ganzen 104 der 142 Politbüro- und ZK-Mitglieder. Führende Kommunisten, die in Deutschland den Nationalsozialisten in die Hände fielen, hatten somit mehr Chancen zu überleben als die, die sich ins Vaterland der Werktätigen hatten retten können. 80 Prozent der im Großen Terror 1937/38 ermordeten Kommunisten waren Ausländer. Am Ende war die kommunistische Weltbewegung praktisch liquidiert.

Das Frappierende ist, dass die wenigen deutschen Sowjetunion-Überlebenden sowie die Kommunisten, die die KZs überlebt hatten, mit Kriegsende die politische Kerngruppe des neuen Staates im Osten bilden werden. 218 kamen zwischen 1945 und 1947 aus Moskau zurück. Sie waren ein eiserner Schweigeverbund. Nur drei Männer der Parteispitze überlebten diesen Terror: Wilhelm Florin, Wilhelm Pieck und Walter Ulbricht. Sie sangen die heroischen Loblieder auf die Sowjetunion und schwiegen ihr kommunistisches Eidschweigen: aus Verdrängung, aus Angst, der Karriere wegen oder aus Scham über den eigenen Verrat, ohne den die sowjetischen Jahre nicht zu überleben gewesen wären. Sie waren Menschen ohne Vergangenheit, verschworene Schweiger. Ihr Großtrauma wurde zum Politikfundament der DDR. Alle wussten sie voneinander. Sie wussten, wer, wann, wie und unter welchen Bedingungen überlebt und wen Stalin hatte umbringen lassen. Wie regiert es sich damit?

ZWEITES KERNSCHWEIGEN. Ein ganz ähnliches Schweigegebot galt für die deutschen Kommunisten, die aus den KZs zurückkamen. Für ein emotionales Fundament der DDR brauchte die neue Macht nichts so sehr wie einen tragfähigen Heldenmythos – den vom deutschen Kommunisten als »Sieger der Geschichte«, als totales Opfer und moralischen Anwalt. Für diese Idee wurde die hochambivalente Rolle der deutschen Kommunisten als Kapos in den Lagern auf völlig unstatthafte Weise umgeschrieben. Fraglos waren die Kommunisten nach oft jahrelanger Verfolgung in den Lagern einer erbarmungslosen Extremsituation ausgesetzt gewesen. Es gelang ihnen nur, diese zu bestehen und zu überleben, indem sie sich selbst eine komplexe Lagerhierarchie schufen. In der Parteisprache diskret benannt mit den Begriffen »Opfertausch« und »Kaderschonung«, versteckte sich hinter diesem Kontrollsystem der vielfache Mord an Mithäftlingen, in Kooperation mit der Lager-SS. Morde, legitimiert durch den Parteiauftrag, die mit Gründung der DDR radikal kalkuliert zur Utopie umgebaut wurden, zu jenem ostdeutschen Antifaschismus, der den Gründungsmythos und das zentrale Nationalnarrativ des neuen Staates ergeben sollte. Die Roten Kapos von Buchenwald, etwa 700 Kommunisten, zogen nach 1945 – im Osten wie im Westen – in die kommunalen Verwaltungen ein. Nicht wenige aus dem Lagerleitungskern machten in der DDR steile Politkarriere. So der Büroleiter von Wilhelm Pieck, Walter Bartel, der stellvertretende thüringische Ministerpräsident Ernst Busse, Erich Reschke als späterer Zuchthaus-Chef von Bautzen oder Helmut Thiemann alias Rolf Markert, von 1954 bis 1981 Geheimdienstchef von Sachsen, der zumindest mit dem Mauerfall 1989 für die von ihm begangenen Kapitalverbrechen noch hätte angeklagt werden müssen. Er starb 1995.

Es waren diese beiden Schweigegesellschaften, die – symbolisch und real gesehen – das Großlager DDR aufbauten und es vom ersten Tag an um genau jene Achse gedächtnispolitischer Amnesie kreiseln ließen. Das war das Herz des Opferstaates DDR. Auch ein falsches Herz schlägt. In dem Fall so stark, dass es Millionen Ostdeutsche über fast 40 Jahre hinweg in eine anhaltende Loyalität zum System DDR zwingen konnte. Wer sich mit dem Staat im Osten identifizierte, dem war der reine Opferstatus garantiert. Schuld? Gab es für hochbelastete Nazis. Sie wurden verurteilt. Kollektiv jedoch wurde die Schuld ausgelagert. Wohin? In den Westen. Dieses Umbauprinzip war auch das machtstrategische Angebot, der Deal für alle nominellen Nazis und Mitläuferchargen, die auf diese Weise entlastet wurden und damit angehalten waren, im Osten am »besseren Deutschland« mitzubauen. Noch im August 1949 hatte das SED-Zentralkomitee die Amnestie von NSDAP-Mitgliedern beschlossen. Ein Großteil von ihnen wurde umgehend Mitglied der neuen Machtpartei.

Das Schweigen, das sich durch diese großpolitische Kulissenschieberei über die gesamte DDR zog, perpetuierte. Umdeuten, nivellieren, ausblenden, vergessen. Es waren Angebote. Sie wurden angenommen. Schweigen und Wegschauen im politischen Raum, aber vor allem auch in den Familien. Ein Schweigen, das dem Einzelnen erlaubte, dauerhaft gut zu sein. Was aber macht das im Inneren? Wie arbeitet sich das in eine Biografie, in ein Familiengefüge hinein? Versucht man sich dem zu nähern, geht es fast immer um Selbstschuld, um Eigenanteile, um Lanciertes und Selbstgesteuertes. Dann geht es um ein Schweigen, das nicht offenbart wird, weil man sich einem unverzerrten Wertesystem gegenüber schutzlos der Verurteilung und Schmähung ausgeliefert sähe. Dann geht es um ein Schutzschweigen, das sich nicht abfordern lässt, vor allem dann nicht, wenn das gesellschaftliche Klima dafür nicht gegeben ist. Dann geht es um einen Konflikt, der sich nicht nur vor den äußeren Wertesystemen versiegelt, sondern mit dem viel komplizierteren Konflikt des eigenen, inneren Totemsystems kollidiert. Dann geht es um ein Intimschweigen, das politisch gemacht wurde und nach 56 Jahren Diktaturerfahrung im Osten noch immer nicht aufgebrochen ist.

Aber stehen diese Tiefenablagen, dieses Schweigen in Schichten, nicht synonym für die Identitätsschwäche der DDR-Biografien, auch in unserer Generation? Ist das unser fehlendes Vaterland, unsere weggebrochene Muttersprache? Ist die Nicht-Wahrnehmung und das Alleinlassen in diesem Traumaland nicht oft die Ursache für die inneren Abwesenheiten der Mauerkinder?

AM BACH. Wenn Gerit von ihrer Kindheit erzählt, spielt eine Vierjährige in Zieko in der »Lücke«, wie das im Ort heißt. Es ist ein Stück Sandweg mit Wiese, direkt neben dem Puhlmann-Hof. Sie sitzt allein da und blickt in die Gegend. Sie flicht Löwenzahnkränze, dann rennt sie zum Bach. Später streunt sie durchs Dorf und schaut bei der Mutter vorbei, die im Kälberstall der LPG zugange ist. Da die keine Zeit für sie hat, geht die Kleine zum Friedhof.

»Diese Geschichte«, sagt Gerit, »hat mich gehabt und mich auch gemacht. Aus dem Unbewussten heraus bin ich auf sie zugegangen. Es gab Zeichen, aber was soll ein Kind mit ihnen anfangen? So hat die Großmutter vermieden, über Fritz zu reden, ist aber bis zu ihrem Tod in Schwarz gegangen. Auch mein Vater hat über den Bruder nicht sprechen können. Niemand ist da bei ihm rangekommen. Er war ein Mensch mit Tiefe und Weitsicht, aber keiner der großen Worte. Sein Weg war früh vorgezeichnet: Verantwortung übernehmen und bei den Tieren bleiben. Studieren war nicht.«

Gerit berichtet von Bruchstücken, von Auslassungen, von der Krypta der Familie. »Es hat nie eine kontinuierliche Erzählung über den Tod des Onkels gegeben. Wenn gesprochen wurde, dann verschämt, verdruckst, unklar, auszugsweise.« Ich halte das Gesprächsband an. Wie oft sie sich selbst ins Wort fällt und betont, dass sie nicht chronologisch berichten könne, dass es so viele separate Geschichten gebe, dass sie sich wünsche, das Ganze mal in Ruhe erzählen zu können. Ich drücke auf die Taste. Das Band läuft weiter. Anhalten, zurückspulen. Ihre Stimme ist fest, die Pausen sind da, um zu denken, sie erzählt hyperklar. Und sagt, dass der unerlöste Tod des Onkels der Familie den Weg in die nächste Diktatur gebahnt habe. Im Grunde sei es immer um dieselbe Angst gegangen: Wenn du dich aus dem Fenster hängst, bezahlst du es unter Umständen mit dem Leben. Eine Angst, die konform machte, die jedes Aufbegehren niederhielt, die das Leben aufs Funktionieren eichte, die den Vater früh in die LPG eintreten ließ. Eine Angst, die da war wie das Wetter.

Der Puhlmann-Hof, das sind acht Kühe, 50 Schweine, Pferde für den Pflug, Gänse, Enten, Hühner. Ab 1958 gehört der Hof zum LPG-Typ III. Da ist der Vater 20. Er wird Rinderzuchtmeister, staatlich geprüfter Landwirt und steht im Stall. Fürs Melken muss er nachts um halb drei aufstehen, Wochenende war nicht, 17 Tage Urlaub im Jahr, Schichtbetrieb und ein Monatslohn von 200 DDR-Mark. Gearbeitet wird rund um die Uhr. Geht nicht gibt's nicht, heißt es am Küchentisch. Aber die Puhlmanns sind auch eine Instanz im Dorf. Da geht man hin, wenn es Ärger im Stall gibt, wenn ein Storchennest hermuss, wenn das Rote Kreuz im Zieko organisiert werden soll, wenn's ums Sterben geht und Puhlmann als Vorsitzender des Gemeindekirchenrats eben da sein wird. Das ist Familie nach außen. Familie nach innen heißt auch Notgemeinschaft, die das Trauma schützt und die Angst verriegelt. Familie als Einschluss im DDR-Einschluss.

Gerit orientiert sich am Ungesagten und umkreist den Tod des Onkels, als hätte sie einen eigens für sie bestimmten Geigerzähler in der Hand. Mit sicherem Gespür für Tabus trägt sie das emotionale Tiefengedächtnis der Familie in sich. Der Augenblick Null ist der Kern, ein Teil ihrer Identität, sie ahnt es. Nur kennt sie die Geschichte noch nicht, die auch ihre eigene wird. 1972, da ist sie vier, kommt ein neuer Pfarrer nach Zieko. Als sie von ihm hört, läuft sie die Dorfstraße runter, zieht am Pfarrhaus an der Glocke und sagt, dass sie sich den neuen Pastor mal anschauen wolle. In der »Christenlehre« ist sie bereits. Die Dorfkinder sitzen sich oben im Pfarrhaus unterm Dach in langen Holzbänken gegenüber. An der Wand hängen zwei Fotos. Auf dem kleinen hockt ein Junge auf einem Gartenzaun, auf dem anderen sieht man das Porträt einer jungen Frau. Der Pfarrer sagt, dass der Junge ihr Onkel sei, erzählt die Geschichte, warum er sterben musste und zeigt Gerit sein Grab. »Das Foto von Fritz und sein wacher Blick. Es ist das, was mich immer geleitet hat«, sagt sie, »das Bild trägt das, was verhindert wurde, in sich.«

»Wenn ich an das DDR-Zieko denke, sehe ich meine Mutter mit dem Fahrrad auf der Dorfstraße. Rechts und links am Lenker eine Milchkanne. Mich hatte sie quer. Geht nicht gibt's nicht, lautete die Familienlogik. Drei Kinder, der Hof, der LPG-Kälberstall. Wir hatten zu funktionieren«, sagt sie. Aber Gerit funktioniert nicht. Sie kann nicht. Sie lernt die Welt quer kennen. Und außerdem ist da noch etwas. Sie spricht von einem »unbewussten Treiben, Laufen, Draufzusteuern.« Der Augenblick Null. 1974 wird sie im Nachbarort Klieken eingeschult und sitzt mit 35 Kindern in einer Klasse. Schon nach zwei Wochen will sie nicht mehr. »Ich weiß ja, wie's da geht, ich brauch da nicht mehr hin.« Sie vermisst das Streunen und Alleinsein. Sie vermisst die Wege zum Bach, die ihr insgeheim von dem berichten, was sie noch nicht wissen kann.

Für eine mit eigenem Geigerzähler, die durch kontaminiertes Gelände muss, spielt das mit der Schule eine ausschlaggebende Rolle. Wie kommt man zu Wissen, das es offiziell nicht gibt? Wo steht das Eigentliche? Wie geht Geschichte in echt? Was wird weggeschoben, verbogen, verdreht und warum? Ihre politische Sozialisation, sagt Gerit, sei die Geschichte mit Fritz gewesen. Von daher habe sie Nationalsozialismus und DDR immer parallel gelesen, als eine lange Diktaturzeit. »Du verstehst die DDR sonst gar nicht«, meint sie und betont, dass sie gern eine Schule gehabt hätte, in der sie sich frei fühlen konnte. Aber sie wurde separiert, weil sie die schulgesteuerte Ferienzeit nicht mitmachen wollte, weil sie zum Pfarrer ging, weil sie sich im Unterricht nicht abspeisen ließ, weil sie es wissen wollte. »Gerit redet auch gern ungefragt«, steht in ihrem Zeugnis.

»Anpassung, aber kein Weltwissen«, das sei für sie Schule in der DDR gewesen. Gerit kommt unmittelbar auf unsere Generation zu sprechen. Die sei die erste und einzige gewesen, bei der die DDR kompakt hermetisch gegriffen habe, sagt sie. »Denn die DDR-Diktatur saß im Sattel. Alles war eingerichtet, die Mauer dicht, die wirkliche Welt gab es nicht mehr. Wir haben die Hoffnungslosigkeit unserer Eltern abgekriegt, ihre Mauer-Paralyse, unter der das unbewältigte Schuldsyndrom des Krieges lag. Das manifestierte sich in uns. Jedes Jahr mehr hinter der Mauer hieß weniger Eigenes. Wir dachten in gedeckelten Schachteln. Kaum stieß man eine auf, ging der Deckel wieder zu. Nicht nur das Land, auch unser Denken war eingemauert.« Vielleicht musste es so sein, dass sie Lehrerin wurde.

Gerit erzählt die Generation Mauer als eine Generation, die als Friedenskinder mit den Traumatisierungen ihrer Eltern aufwuchs und ihre Angstblockaden erbte. Was sich bei aller Verschiedenheit bislang über die westdeutsche Kriegsenkel-Generation mitteilt – ein verunsichertes Lebensgefühl, emotionale Indifferenz, Bindungsproblematiken, unabgegrenzte Fürsorgestrukturen, verzögerte Ablösungen von den Eltern sowie Loyalitäts- und Grenzziehungskonflikte –, kann im Osten nicht anders sein. Aber 56 Jahre Diktatur, eine eintrainierte Opfermentalität, das Leben im Einschluss und in einem geharnischten Angstsystem, politische und private Gewalt sowie eine verordnete internalisierte Schweigeordnung mussten das Identitätsproblem in unserer Generation zwangsläufig verschärfen. Es ist ein Doppelerbe, in das vor allem diejenigen nachhaltig eingebunden sind, die mit ihren historischen oder politischen Belastungen zu kämpfen haben, aber auch die, die politischen und privaten Gewalterfahrungen ausgesetzt waren.

RASTERFAHNDUNG. Ich frage den Mann, mit dem ich lebe, wie das für ihn mit den Kriegsenkeln ist, mit den Babyboomern des Westens, seiner Generation. Er erzählt von den Lehrern Mitte der siebziger Jahre. Es gab ein paar ältere harte Konservative, doch vor allem junge Achtundsechziger, alles linke GEW-Lehrer, von denen der eine oder andere wohl aus den K-Gruppen kam. »Mathe und Physik hatten wir bei den Älteren, Soziologie und Philosophie bei den Jungen. Mit denen lasen wir Marcuses *Repressive Toleranz*, diskutierten über Südafrika, nahmen dreimal hintereinander den Untergang der Weimarer Republik durch.« – »Und die Hitler-Zeit?« – »Die ließen die jungen Lehrer aus. Dafür lasen wir unter uns Bernward Vespers *Die Reise. Die Ermittlung* von Peter Weiss war Kult. Meine erste Seminararbeit schrieb ich über Rolf Hochhuths *Stellvertreter*. Als Denkbild der politischen Gesellschaft, als Referenzgröße war der Nationalsozialismus immer da. Die Vätergeneration stand unter Generalverdacht, aber im Geschichtsunterricht wurde das nie konkret. Und es gab auch keinen Link in die Familien hinein.« – »Es hat einen beschäftigt, weil der gesellschaftliche Diskurs so lief?« – »Es gab keine Institution, die die Kriegsenkel entlastet hätte. Wir konnten uns emotional nicht retten, wir konnten nicht entkommen. Wir haben *Bruder Eichmann* gelesen und *Kommandant in Auschwitz*. Wir suchten, aber der Schritt nach innen, zu den eigenen Vätern, der fiel schwer.«

Der Mann, mit dem ich lebe, erzählt von seinem Vater, einem liberal-konservativen Journalisten und Rilke-Spezialisten, der in der Zeit des Nationalsozialismus in der großen politischen Wochenzeitung *Das Reich* unterkam, in einem Blatt mit 1,4 Millionen Exemplaren Verkaufsauflage und wöchentlichem Leitartikel von Joseph Goebbels, in der sich auch Margret Boveri, Theodor Heuss, Wolfgang Weyrauch, Max Planck, Karl Krolow und Oskar Loerke zu Wort meldeten. Nach dem Krieg machte der Frontberichterstatter bruchlos weiter und wurde Kulturjournalist, der zwischen 1962 und 1972 als Programmdirektor die Kulturabteilung des Kölner Deutschlandfunks aufbaute. Ein Sender, der genuin dazu da war, Informationen in die DDR zu senden, als Alternative zum DDR-Radio. »Und was erzählte der Vater über seine Schreib-Zeit unter Hitler?« – »Da war er der Liberale und immer ein bisschen im Widerstand. Außerdem bestand er darauf, dass die nicht zu urteilen hätten, die nicht dabei gewesen waren.«

Der Junge aus Rodenkirchen mit den runtergerutschten Kniestrümpfen, der heftigen Matte und dem aufgedrehten Gartenschlauch im Keller geht nicht mehr zum Rudern. Mit 18 hat er ein Surfbrett und spielt Schlagzeug im Keller. Er trommelt wie wild. Nicht so wild, dass die Gläser springen, aber er kann schon ziemlich Krach machen. Es hört ihn nur keiner. Es ist RAF-Zeit. Das Wort des Jahres 1980 heißt Rasterfahndung. »Im Grunde«, sagt er heute, »gab es für uns nur zwei Optionen: Totalanklage oder Wegbügeln. Es war schwer einzuschätzen, wo der eigene Vater Handlungsspielräume gehabt hätte, wo er hätte Stellung beziehen können oder nicht mitmachen musste. Ich wusste zu wenig über die Zeit. Die Erzählungen des Vaters vertuschten, das spürte ich, nur was? Damit blieb man mit dem indifferenten Kollektivbewusstsein der Eltern, ihrer Lebensstrategie, identifiziert.«

»Und die DDR? Was fand in der Schule dazu statt?« – »Für

unsere linken Lehrer ging es um Systemvergleich. Marktwirtschaft versus Planwirtschaft, Bundestag versus Volkskammer. Damit befanden sie sich auf sicherem Boden. Das brachten sie uns bei, ohne jede Wertung. Reales DDR-Leben blieb außen vor. Wir hörten von keinen Mauertoten, keinen Speziallagern, keiner Stasi. Im Deutschunterricht lasen wir Christa Wolfs *Nachdenken über Christa T.* und nahmen an, dass das was mit unserer Selbstfindung zu tun haben würde. Die DDR war ein spießiges, düsteres, irgendwie suspektes Land. Wir hatten keine Fragen zu ihr. Es war nicht unser Problem.« – »Was war euer Problem?« – »Die Kölner Hausbesetzerszene, die USA, Nicaragua.« – »Und der Vater? Immerhin hat er beim Deutschlandfunk das Kulturprogramm für die DDR gemacht.« – »Er hatte keine Position dazu. Er saß in seinem Arbeitszimmer, am äußersten Ende des Hauses, verschanzt hinter den Tabu-Zonen seiner Biografie. Ab und an kam er rausgewankt und hielt seinen Kopf unters kalte Wasser. Er hatte sehr hohen Blutdruck.«

Die Väter der Kriegsenkel mit all ihren Flechten und ihrem Bluthochdruck, mit all ihren inneren und offenen Wunden, mit all dem, was da so raus sollte aus ihnen, es aber so schwer hatte damit. Es kam nichts raus. Haben die wirklich gedacht, dass ihre Kinder nichts davon mitbekommen würden? Dass ihr System der Kälte Bestand hätte? Wie viel Zeit damit draufgeht, die Dinge zu begreifen. Wie viele Umwege, wie viele innere Kämpfe, wie viel Verstörung.

Der Mann, mit dem ich lebe, geht 1980 in die Schweiz. Da ist er 19. Seine Mutter ist Schweizerin. Sie lebt in Köln. Heute sagt er, dass er vor allem wegen der Freunde gegangen ist, dass es ihm um die Zürcher Wohngemeinschaft ging, um Lesegruppen, freie Liebe, kurzum den großen Aufbruch. Es sagt, dass es auch eine Flucht aus der Enge des elterlichen Hauses war und aus dem, was ungeklärt bleiben sollte. Der

Nationalsozialismus als das innere Thema, das zum Nicht-Thema wurde.

»Und welche Nichtthemen noch?« Er erzählt von einer Veranstaltung in Zürich, bei der eine Frau um die 60 auf dem Podium saß und über das KZ Sachsenhausen berichtete. Sie sprach von 1946, 1947, 1948 und vom Lager. Er nahm an, dass sie sich in der Zeit vertan hatte. Erst im Gespräch danach klärte sich die Geschichte. »Eine halbe Welt«, sagt er, »war ausgeblendet worden. Ich fühlte mich betrogen, von den Eltern, den Lehrern, den Medien. Die Speziallager, der Große Terror, die Roten Kapos. Solschenyzin, Schalamow. Heute ist das alles beschrieben, aber zu der Zeit musste man sich dahin auf den Weg machen. Heute liegen auch Kisten voller Akten über den Vater hier.« Er studiert osteuropäische Geschichte in Zürich, fährt nach Workuta, ins ehemalige Stalingrad, nach Tschetschenien. 20 Jahre Osten.

Sind es Umwege?, frage ich mich. War meine Flucht in den Westen ein Umweg? Aber wann sind Umwege einfach nur Spiegelungen, und ab wann werden sie zur eigenen Lebensbahn? Wie geht das, aus dem Schatten der Geschichte zu treten? Wo gibt es sie, die Landkarten für die eigenen blinden Flecken und die für die Umwege? Waren diese Umwege nicht vor allem Versuche der Kriegsenkel Ost wie West, der historischen Neurose und Indolenz der Väter-Generation zu entkommen?

WUT UND TRASH.   Von Zieko bis Halle an der Saale sind es knapp 65 Kilometer. Von der Autobahn aus sieht man weit in flaches Land. Felder mit Windflügeln. Rechterhand ist Dessau angezeigt. Im Radio sagt die Brandenburger Stasibeauftragte, sie wolle nächstes Jahr zum Tag der Deutschen Einheit endlich mal Leute auf dem Podium haben, die noch heute an die DDR glauben. Nach ihr spricht der Regisseur

Armin Petras, Jahrgang 1964, mit den Eltern 1969 vom Westen in den Osten übergesiedelt, von der dritten Diktatur im Land, einer Finanzdiktatur. Linkerhand kommt Bitterfeld. Ich will zu Moritz Götze, Maler und Gesamtkunstwerker, der sein Atelier in Halle in der Burgstraße hat. Es gibt Kaffee. Den mit dem krümeligen Satz. Türkisch also, die DDR-Variante. Kennt noch jemand Rondo Melange?

»Der Osten ist komplex und überhaupt nicht homogen. Was die Zeit angeht nicht, aber auch im Lokalen nicht«, sagt er und schaut ein bisschen in den Garten. »Wir waren ausgeliefert und eingesperrt. Beides eben. Die Angst, die Ohnmacht, aber auch die Heimatverbundenheit. Das Perfide an der DDR war: Es gab keine Regel. Dennoch haben wir in ihr gelebt, als ob es sie nicht gäbe.« Moritz Götze, Jahrgang 1964, redet, als würden wir uns seit 20 Jahren gegenübersitzen. An einem kleinen Tisch, im Rücken seine begonnenen Arbeiten, auf dem Boden Stapel an Katalogen, in den Regalen Bücher, Schallplatten. Als hocke man immer so miteinander, in einem Anfang. »Was ist der Anfang?« – »Sein Anfang ist da, wo er jetzt lebt. Die Burgstraße«, sagt er. »Ich habe mein ganzes Leben in dieser Straße verbracht. Es ist wie selbstverständliches Terrain.« Das Selbstverständliche, das ganze Leben, das lange, schiere Jetzt. Moritz Götze legt schon mal seine Tangenten. Und der Anfang?

»Da fällt mir vor allem der große Tisch zu Hause ein. Da saßen wir all die Jahre.« Vater Götze, Mutter Götze, die zwei Jahre jüngere Schwester Nele, ab und an auch der sechs Jahre jüngere Halbbruder Alex. »Bei uns gab es nie Abendbrot allein. Wir waren immer viele.« Die Eltern, Inge und Wasja Götze, studieren an der Kunsthochschule Burg Giebichenstein. Sie in der Gobelinklasse, er Innenarchitektur und Gebrauchsgrafik. Beide gehören zur Bohème der Stadt. Schon seit Ende der sechziger Jahre hat Halle eine autonome, vernetzte Kreativ-Szene. Der Vater Wasja Götze, neben Hans Ticha und Willy Wolff einer der seltenen Pop-Art-Künstler der DDR, organisiert die legendäre Petersberg-Rallye. Es ist eine halsbrecherische Kostüm-Wettfahrt über fünf Kilometer, bei der die Phantasie klar Vorrang vor der Schnelligkeit hat. Es geht heiter, schräg und skurril zu. Lebenslust als Wagemut, als Subversion. 1970 kauft das Götze-Paar ein Haus in der Giebichensteiner Burgstraße, randvoll noch mit Bildern und Hausrat der Vorbesitzer, auf dem Dachboden eine vergessene Bibliothek. »Alles Schätze«, sagt Moritz Götze. Bis er elf ist, fährt er regelmäßig nach Pirna, zu den Großeltern väterlicherseits. Während sie arbeiten, kann er nach Belieben die Stadt erkunden und landet des Öfteren im Ortsmuseum. Als Zehnjähriger fragt er dort an, wie man Museumsdirektor wird. Das fasziniert ihn. Das will er werden.

Im Museum wird die Zeit zum Raum. Sakrales und Alltag, Verwittertes und Glamour, Deftiges und Sanftes, Brüche und Übergänge. Man sieht einen Jungen im Ringel-T-Shirt durch die Räume aus Zeit wandeln. Unverrückbare Daten, merkwürdige Zuordnungen. Geschichte als Universum, dessen Schicksal besiegelt scheint. Auf den ersten Blick jedenfalls. Und auf den zweiten? Moritz Götze wird zum Universum-Sammler. Eins davon stellt er sich während der Schulzeit mit seinem Halbbruder zusammen. »Schule war grausam«, sagt er. »Ich habe Bücher so geliebt, aber ich sah nicht ein, warum ich nach Vorschrift lesen und schreiben lernen sollte.« Die beiden ziehen los, in die »auf Abriss gestellten«, das heißt rapid verfallenden Fachwerkhäuser, Villen und Gründerzeitbauten in der Innenstadt von Halle, und tragen das zusammen, was ihre Bewohner zurückgelassen haben. Aufwachsen im Verlorenen, Abgelebten, Entglittenen, Preisgegebenen, in etwas dauerhaft Wegrutschendem, in einer vor sich hinrieselnden Welt. Was macht das mit einer Kindheit, wenn rechts und links ständig etwas in Trümmer fällt? Mag sein, dass es den Blick schärft auf das, was man besser nicht hergeben sollte. In jedem Fall konditioniert es die eigene Imagination.

Der Junge im Ringel-T-Shirt schleppt sich über die Schulzeit. Es gibt Ärger. Er geht nicht in die FDJ. Er lernt das russische Alphabet nicht. Er verweigert den Wehrunterricht. Er will nicht schießen lernen. Es ist Ärger, der auch am großen Tisch in der Burgstraße eine Rolle spielt. Denn die Mutter, mittlerweile Dozentin und Leiterin des Fachgebietes Bildteppichgestaltung an der Burg Giebichenstein, hat die Verweigerung des Sohnes als gravierenden Konflikt mit ihrem Chef auszutragen. Wie kann sie junge Kunststudenten zu sozialistischen Persönlichkeiten formen, wenn sie schon zu Hause scheitert?, fragt der. Ihr Chef ist der Maler Willi Sitte, seit 1974 Präsident des Verbandes Bildender Künstler in der DDR, später Mitglied des Zentralkomitees der SED.

Da der Vater 1976 als einziger Künstler aus dem gesamten Bezirk Halle die Petition gegen die Ausbürgerung von Wolf Biermann unterschrieben hatte, wird es eng und der Druck auf Inge Götze, die mit ihrem Gehalt die ganze Familie ernährt, massiv. Was jetzt? Moritz Götze will nicht, aber er entscheidet sich schlussendlich doch, am Wehrunterricht teilzunehmen. Es scheint das kleinere Übel zu sein. Die Druck-Situation jedoch setzt ihm zu, macht ihn noch wacher und dünnhäutiger. Der Drill, die Gängelei, die Härte. Er hat keinen Bock darauf. 1981 schließt er die Schule ab und beginnt eine Tischlerlehre bei einem Privatier in Bad Kösen. Wenn er frei hat, fährt er nach Berlin, nach Jena, nach Dresden, nach Mecklenburg. Im szeneintensiven Prenzlauer Berg, im Umfeld des Dresdner Malers Helge Leiberg, einem Freund der Eltern, bei der Jungen Gemeinde in Jena geht es in der Zeit provokant, wild, laut, trashig zu. Abrisswohnungen und Keller werden umfunktioniert zu Partyräumen, Kunstgalerien und Leseorten. Da geht die Post ab, und Moritz Götze muss dabei sein. Die skeptische Generation Mauer hat Zeit, will ihr Ding machen, Musik hören, zusammenhocken, ordentlich saufen, jedenfalls exzessiv Spaß haben. Ein Teil von ihnen macht inoffizielle Zeitschriften und Kunstbücher, veranstaltet Happenings und Punkkonzerte, zeigt sich Kunst, liest neue Texte. Ausbrüche aus den verordneten DDR-Bahnen und Inkubationsräume für Suchende, Unangepasste, Nomadisierende, Anarchos. Ein Leben kurz vor dem Absturz. Sie hausen in dem Land, in das sie hineingeboren wurden, wie bunte, fremde Vögel.

1981 gründet Moritz Götze die Band »Giebichensteiner Rockknaben«. Nachdem er in Ostberlin die Punk-Szene kennengelernt hat – wütende, wunde Jungs mit grellem Irokesenschnitt, mutwillig zerfledderten Klamotten, Lederjacken mit riesigen Sicherheitsnadeln, Hundeketten am Hals, in Schnürstiefeln und mit ersten, noch ungelenken Tattoos –, orientiert er die »Rockknaben« zur Punk-Band »Größenwahn« um. Längst trägt er kein Ringel-T-Shirt mehr, sondern breit gestreifte, superenge Jeans mit weitem Schlag und wüste Sakkos. »Das Punksein hatte sehr viel mit sich distanzieren, sich abgrenzen zu tun. Abgrenzen von der Mitte, vom Normalen«, sagt der Suhler Punk-Musiker Thomas Jopp, Jahrgang 1966.

Sich abgrenzen durch Kleidung, Körperstyling und Musik. Zerstörtes und Zerstörerisches, Aggressives und Selbstaggressives, Erschrecktes und Erschreckendes. Schon die Namen der Bands, die in den frühen Achtzigern entstehen, sprechen Bände: »Abraum«, »Bunte Trümmer«, »Der Rest«, »Müllstation«, »AG Schund & Schmutz«, »Kaltfront« oder »Totalschaden«. Diese Punk-Generation fühlt das Ende der DDR vor. Sie grölen End-Songs, wie Shanghai, der Sänger von

»VITAMIN-A«, im Song »Letzte Generation« klarmacht: »Wir sind die junge Generation / doch was haben wir vom Leben schon / wir warten auf den Untergang / wir warten auf den Untergang / wir warten auf den Untergang.«

DIE LETZTEN. Mannheims Generations-Grundformel, die »nach Lebensstil, Habitus und spezifischem Generations-Diskurs« bemisst, trifft für die Mauerkinder als Punk-Generation voll zu. Sie sehen in ihren kunterbunten Outfits nicht so aus, wie sie aussehen sollen, sie sind provokant und laut, jedenfalls anders, als man sie gern hätte, sie kreieren einen eigenen Diskurs, vor allem in ihren Liedern. 1981 singt »Planlos«: »Überall wohin's dich führt / wird dein Ausweis kontrolliert / und sagst du einen falschen Ton / was dann geschieht, du weißt es schon.« Staatsmacht und Geheimdienst wissen von Anfang an, dass mit den Punks eine Szene heranwächst, die das System voll und ganz ablehnt und die man nicht so leicht wird bändigen können. Heftig, krass, nüchtern und hart sind sie. Ihre Desillusionierung gilt der Schizophrenie, dem Doppelbödigen, der stillgelegten Zeit, dem Unveränderbaren, das die DDR der achtziger Jahre ausmacht. »Diese Verarsche!«, sagt Moritz Götze dazu. Ein Punk aus Leipzig erzählt: »Abgefahren war's irgendwie auch, wenn wir in der Gruppe durch die Stadt gezogen sind und es dann so aus den Normal-Zonis rausbrach: ›Alle ins KZ!‹ Das hat mir gefallen, wenn wir die dazu bringen konnten, ihr wahres Gesicht zu zeigen.« Der Generationenkonflikt zwischen denen, die den Staat DDR aufgebaut haben und den Nachgeborenen bricht mit dieser Punk-Generation erstmals richtig offen und öffentlich zutage. Die »Beatniks«, die »Gammler«, die mit den langen Haaren hatte man davor auch schon beargwöhnt und rüde abgestraft, aber jetzt geht die Angst um. Die Angst vor dem Großwerden der Kinder.

194

Die an der Macht beginnen zu ahnen, dass man es mit der DDR hätte anders machen können, dass das Ganze innerlich hohl und morsch geworden ist, dass man sich selbst hätte nicht so verunstalten müssen. Kein schöner Gedanke. Einer, der sich in Gewalt umsetzen wird.

Ende April 1983 organisiert Moritz Götze in der Christuskirche in Halle einen harmlos klingenden »evangelischen Jugendabend«. Es wird das erste DDR-Punkfestival. Ein riesiger Erfolg. Rauslassen, Luft holen, Action. Die Kirche ist voll bis obenhin. Das Konzert, das acht Bands aus dem ganzen Land zusammenbringt, scheint die Staatssicherheit erst einmal zu übersehen. Zumindest läuft der Abend ohne Zugriffe ab. Doch dabei wird es nicht bleiben. Geheimdienstchef Erich Mielke befiehlt nun die ganze Härte. Die Schlagworte gegen die neue Dimension von Jugendprotest lauten »Entartung, Asozialität, vom Westen gesteuert«. Das reicht. Damit kann man sie kriminalisieren, was ab 1984 auch landesweit im großen Stil geschieht. Die erste Generation DDR-Punks wird gezielt »zersetzt«, die Jugendlichen verhaftet und inhaftiert, zur Nationalen Volksarmee eingezogen oder in den Westen abgeschoben. Von 17 existierenden Punkbands werden sechs komplett aufgelöst, ihre Musiker verhaftet. In den wachen, wütenden, rüden Punks hätte sich eine ganze Generation gefunden, wären sie als Formation nicht zerrieben worden. Es ist der Kern der Generation Mauer, die in einer freien Gesellschaft mit freier Kommunikation ein Gesicht und eine unverwechselbare Erzählung bekommen hätte.

1984 ist auch das Jahr, in dem 41 000 »Antragsteller« überraschend in den Westen ausreisen dürfen. Der Druck im Inneren des Landes ist so groß geworden, dass die SED-Führung sich dafür entscheidet, Dampf abzulassen. Wenn die Aufmüpfigen erst einmal draußen sind, wird sich das Ganze schon wieder beruhigen, nimmt man an. Die geschrumpfte Szene füllt sich zwar rasch wieder auf, aber sie verschiebt und erweitert sich auch. Zur »negativ-dekadenten Jugend« gehören neben den Punks nun auch Heavy-Metals, Skinheads und Grufties. Das Jahr 1984. »Nicht nur die DDR war fragil, sondern auch das, was wir gelebt haben«, sagt Moritz Götze. »Eigentlich war klar, dass irgendwann Gefängnis ansteht. Um mich herum waren alle entweder schon drin oder zur Armee eingezogen worden. Das hing wie eine Glocke über mir. Man konnte überall leicht anecken. Im Januar 1984 ging meine Freundin Elisabeth Bohley in den Westen. Ich sehe uns noch Abschied nehmen. Wie die beiden Züge gleichzeitig in entgegengesetzte Richtungen aus dem Bahnhof fahren. Das war Hollywood.« Moritz Götze stellt ebenfalls einen Antrag auf Ausreise und bekommt einen PM 12, ein Ausweisprovisorium, das ihn an Halle bindet. Er zieht sich zurück, verbraucht unendlich viel Geld fürs Telefonieren und beginnt in dieser lähmenden Wartezeit zu malen. »Scheiße Mauer«, heißen seine frühen Bilder oder »Grenzsoldaten schlafen nie«. Im September 1984 wird ihm eine »Arbeitsplatzbindung« aufgehalst, und er muss als Betriebshandwerker ins Konsument-Kaufhaus Halle. Im Winter geht es ins Kohlekraftwerk und in die Kohlenanzünderfabrik.

»Aber ich hatte plötzlich das Gefühl: Ich kann gar nicht mehr weg, ich werde ohne Heimat unglücklich. Ich habe einen regelrechten Heimatrammel gekriegt. Silvester 1984 lernte ich Grita kennen, meine neue große Liebe. Seitdem lebe ich bewusst hier, sauge das Land mit allen Fasern auf wie ein Löschblatt.« Moritz Götze zieht seinen Ausreiseantrag zurück. Grita Schulze macht 1985 ihr Keramik-Diplom an der Burg Giebichenstein und kann ihn als künstlerische Hilfskraft anstellen. Zum Schein, damit er aus der Arbeitsplatzbindung rauskommt. Zeit für die Kunst. »Wirklich Zugang dazu bekam ich übers Drucktechnische«, sagt er, »über Linolschnitte und Siebdrucke.« Er richtet sich eine eigene Werkstatt ein, macht erste Serigrafien, Grafikmappen und Künstlerbücher.

GOLDFINGER II.   Das Leben läuft schnell in den Jahren der DDR-Agonie: 1986 wird Sohn Friedrich geboren. Ein Jahr darauf findet das Künstlerpaar ein Haus für Werkstatt, Atelier und Wohnung. Sie bauen es um. Für seine Arbeiten gibt es Interessenten. In Halle und Berlin kommen erste Personalausstellungen zustande, mit enormem Zulauf. »Ich musste nie was erzwingen«, sagt Moritz Götze. »Alles hatte diese Leichtigkeit, sonst hätte ich es gar nicht machen können. Ich wollte immer etwas, was mich beglückt.« Die Leichtigkeit, das Heitere, Gutgelaunte, das Glück. Die Segel sind gebläht. Nur muss jetzt noch ein bisschen Wind aufkommen. Kommt ja auch, aber erst der Schock. Im brisanten Oktober 1989 wird er für anderthalb Jahre zur NVA eingezogen. Er will in keine Armee, jetzt schon gar nicht. Er will auch kein Bausoldat werden, er will nicht in den Knast und auch nicht in den Westen. Er will sein Leben leben und seine Kunst machen. In Halle, genau da, wo er zu Hause ist. Punkt. Außerdem wird im Oktober 1989 Tochter Paula geboren. Ein befreundeter Arzt hat die Idee, ihn aus dem Verkehr zu ziehen und für längere Zeit ins Krankenhaus einzuweisen. Da fällt die Mauer.

Schon am nächsten Tag ist Moritz Götze im türkisfarbenen Trabant Combi zusammen mit einem Freund auf Deutschlandtour. Er muss wissen, was los ist und wie das aussieht, was er nie sehen sollte. Anfangs Stop-and-go über die Grenze, dann in die Lüneburger Heide, später Hamburg, Düsseldorf, Tübingen, Bamberg. »Wir waren nur unterwegs und haben Kaffee getrunken. Zwei Jahre lang haben wir das gemacht, wir waren unentwegt auf Reisen. Es gab ja so viele Museen anzuschauen.« Intensive Touren in bisher unzugängliches Terrain, viel Besuch von den Freunden aus dem Westen und eine explodierende künstlerische Produktivität. Das wird sein Anfang nach 1989.

Wenn Moritz Götze über seine Bilder spricht, spricht er von Bühne, als sei er Regisseur. Bühne als imaginative Produktionsstätte, als ein Ort, an dem »was stattfinden soll«. Aber was macht er da? Noch einmal der kleine, blonde Junge mit Ringel-T-Shirt, der mit wachem Blick durchs Pirnaer Stadtmuseum pilgert. Viel Mittelalter, viele Kanonenkugeln, Wehranlagen, Waffen, Werkzeug. Was ist eigentlich eine Wunderblut-Reliquie und was eine Gesichtsmoulage? Der auf dem Dach der Eltern in den alten, vergessenen Historienschinken stöbert und sein Lieblingsbuch findet, den 1890 erschienenen *Bildersaal deutscher Geschichte*. Der in den Hallenser Abrisshäusern verschwindende Welten auskundschaftet und sie auch noch einsammelt. Moritz Götze, der als Punk dem ungeliebten Realsozialismus rotzig sein überfälliges Schlusslied entgegentrompetet. »Eine absurde, interessante Erlebniswelt« nennt er die DDR, »ein abgeschlossenes Sammelgebiet«.

»Wir sind die privilegierteste Generation«, sagt er über die Mauerkinder. »Wir haben die Geschichte in uns, und was toll an der Welt ist, können wir nutzen.« Das meint er genau so. Auch in seinen Bildern. Er ist ein Rückkehrer, Universum-Sammler und pausenloser Anders-Erzähler von Geschichte. Er hat lange genug zurückgeschaut, ist in Ruinen rumgestolpert, hat das Eherne reflektiert, um es nun in seinem eigenen Universum entmottet wieder zum Vorschein zu bringen. Das ist kein bloßes Zurückrufen von Fakten und Ereignissen. Der Eros des Künstlers, das sind seine Funde, all das Historien-Material, das ihm zur Verfügung steht und einiges an Mehrwert entwickelt. »Ruinen, Körper, allegorische Landschaften« hatte Heiner Müller unserem Generations-Stoff attestiert. Bestes Bildmaterial, findet Moritz Götze.

Noch 1989 entstehen seine Grafikmappen »Reise nach Ägypten« und »Goldfinger«. Im Künstlerkoffer von James Bond ist alles versammelt, was der zeitgenössische 007 für seine Mission so braucht, bis hin zum Nähzeug. Es wird erst einmal gestopft, genäht, gefädelt, bevor an Bonds hoch-pathetische Weltretteraktionen gedacht werden kann, ver-spricht das Remake 35 Jahre später. Die Walther PKK hat ihr Pulver verschossen, die goldenen Slips sind versteigert, Gert Fröbe fällt nichts Markiges mehr ein, und Goldfinger II wird nicht mehr von Shirley Bassey, sondern nun von Moritz Götze selbst gesungen. Punkig, lispelnd, grotesk. Die eigent-liche Botschaft aber lautet: Die neue Welt ist schrill und frei von Kummer.

Was er an historischen, kultur- und kunsthistorischen Entrümpelungen seit 1989 auf seinen Mal-Bühnen statt-finden lässt, ist ein einziger Furor, eine Mega-Sanierung, ein Ausbrechen aus der Geschichte. Da wird entkernt, ent-schlackt, entsockelt, entspukt, ausgelüftet und wieder neu aufgestellt. Weg mit den Monstrositäten, den Hierarchien, den ausgemachten Referenzen. Jeder hat doch seinen eige-nen Kopf, um sich paar Gedanken zu machen. Sagt er das? Dass er auf die Verkettung von Zufällen warte, sagt er nur, und seine Bilder offen sein sollen, viel deutbar, die Rezeption schwebend. Nicht Partei nehmen, sondern eine Position ha-ben, daran liege ihm, an einer ureigenen Handschrift.

Und thematisch? 1991 gibt es die Grafikmappe »Das Nibe-lungenlied«, 1992 den ersten großen Katalog »Aus meinem Leben«, eine Satire auf Erich Honecker, dann Arbeiten zu Karl und Wilhelm und Friedrich, zu Luise und Friederike, zu Bismarck, Gundling, Schinkel, Kleist, kurzum zur gesamten preußischen Walhalla. Moritz Götze und seine Affinität zur Geschichte. Es ist auch eine Generationenkonstante, die zuallererst dem immensen Nachholbedarf an authentischer Geschichte geschuldet ist. Hauke Hückstädt in Frankfurt sagt: »Wir mussten alles neu lernen. Unsere Generation hatte keine Vorstellung von Politik, keine von Geschichte, keine von Demokratie. Die haben uns zu Ostzeiten völlig eingelullt.« Carla sagt: »Geschichte musste erst einmal aus den DDR-Fixierungen befreit, ja freigelegt, im Grunde enttraumatisiert werden.«

Und Moritz Götze? Er absolviert seinen eigenen Geschichtsparcours. Und liest und rekonstruiert und rekonstruiert und liest. Alles muss noch einmal angeschaut, die Depots durchforstet werden. Er ist ein seriöser, unwahrscheinlich disziplinierter Spinner. Auf seinen Bühnen erzählt er direkt, ohne Umschweife, das heißt, alle Energie zielt unmittelbar auf die Pointe. Er nennt es »Deutscher Pop«. Die Idee dafür holt er sich aus der Serie »re:realismus«, einer unverkrampften Durchrenovierung von DDR-Denkbildern und Mythen. 2002 entsteht »Am Schaltpult. Nach Willi Sitte«, 2003 »Der Schachspieler. Nach Willi Neubert«, 2010 »Stillleben 1978. Nach Wolfgang Mattheuer«. Die DDR im Retro-Look? Das aber würde die Verlorenheiten wegmoderieren, die bei aller Leichtigkeit und allem Schwung auf seinen Bildern unübersehbar sind, wie in den Soldatengesichtern der Serie »Einer von uns« von 2010. »Deutscher Pop« ereignet sich für ihn als eine Synthese aus gestisch-plakativem Pop, historischer Genauigkeit und »Kuratorium«.

Hinter Kuratorium versteckt sich nichts anderes als sein Anspruch aufs Gesamtkunstwerk. Das meint nicht nur das Konzeptuelle seiner Mal-Bühnen, sondern auch seine Ausstellungspläne, die Silhouetten-Installationen, die knallroten Stahl-Hirsche, die großen Emailfassaden, die künstlerische

Ausgestaltung der Schlosskirche St. Aegidien in Bernburg, aber auch seine Dringlichkeit, wenn die Heimatstadt Halle mal wieder der eigenen Kultur zu Leibe rückt und wertvolle Bausubstanz vernichtet, wie im Fall des »Künstlerhauses 188«. »So ein Unsinn. Das muss verhindert werden«, sagt er scharf und geht in Aktion. Er hat das immer so gemacht. »Es muss eine Lösung geben«, verlangt er. Vielleicht war das mit dem Museumsdirektor viel seriöser gemeint, als man ursprünglich bei dem Jungen mit dem Ringel-T-Shirt angenommen hatte. Aber es braucht keinen Superlativ. Sicher, seine Ausstellungen sind international, seine Bilder erzielen heute hohe Preise, er hat große Aufträge. Er selbst sagt lediglich dazu: »Es ist schön, dabei zu sein.« Moritz Götze erweitert sich, unentwegt. Er ist wach, er rackert, er ist sehr da.

VII. KLEINE GESCHICHTE DER DEUTUNGSHOHEITEN
Den Westen an den Osten erinnern

DOUBLE-BINDS. Ein knappes Jahr bleibt Carla in Darmstadt. Dann geht sie nach Potsdam zurück. Eine Freundin holt sie in die Fernsehbranche. Endlich gibt es die Möglichkeit, Filme zu machen. Sie fängt bei »Memory Picture Sound« in Kreuzberg an, einer vom Journalisten Dieter Bub geleiteten Film- und Fernsehproduktionsfirma. Er war von 1979 als *Stern*-Korrespondent in Ostberlin akkreditiert gewesen und wegen der Titelstory seines Blattes über das Honecker-Attentat 1983 aus der DDR ausgewiesen worden. Dieter Bub kennt die DDR gut, hat jahrelang da gelebt, hat viele Freunde und Kontakte. Und er ist Medienprofi genug, um zu wissen, dass Ost-Themen in den nächsten Jahren bei den Öffentlich-Rechtlichen gefragt sein werden. Stoff gibt es in Fülle, die Themen liegen praktisch auf der Straße.

Carla hat zwar ein Literatur-Diplom in der Tasche, wird aber bei »Memory Picture Sound« das Film-Metier von der Pike auf lernen müssen. Fünf Jahre lang, jeden einzelnen Schritt. Wie ist das mit den Drehorten, den Protagonisten? Was sind gute Bilder? Wie geht erzählen? Wie schneiden? Klar ist, dass sie draußen sein muss, losfahren, recherchieren. Nicht wissen, worauf sie stoßen wird, was die Leute ihr sagen, wie die Story geht. Sie will den Blick freilegen. Es geht um Erfahrungshunger, Wirklichkeitshunger, Geschichtshunger. »Diese Art Vergewisserung, die war notwendig. Was wussten wir denn?«, sagt sie. 1993 macht Carla ihren ersten eigenen Film über »Memorial«, die russische Menschenrechtsorganisation, danach den Film *Die andere Heimat*, über den Abzug der Roten Armee aus Deutschland, über »Solidarnosc« und über Yaffa Eliach, die jüdische Historikerin mit ihrem »Turm des Lebens« im Washingtoner Holocaust-Museum. Politische Reportagen werden ihr Ressort. Noch im selben Jahr fliegt sie für einen längeren Dreh nach Australien. Beim Zwischenstopp auf dem Flughafen von Singapur lehnt sie mit einem »Beck's« in der Hand an »Harry's Bar« und schaut in die Nacht. Zum ersten Mal.

Carlas Filmografie ist lang. Unmöglich, ihr Œuvre ganz aufzulisten. Um uns in den neunziger Jahren überhaupt ab und an zu sehen, treffen wir uns manchmal in ihrem Schnitt-Studio im tiefsten Kreuzberg, auf einen kurzen Kaffee. Sie müsste da nicht jede Minute sitzen, ihre Kollegin ist eine erfahrene Cutterin. Aber es wäre dann nicht ihr Film, sagt sie. Da ist sie wieder, ihre Kernfähigkeit des Beharrens, Verbindens, Öffnens – nun bei ihren Filmen. Es ist das, was sie immer machen wollte. Es werden Filme, die auf eine organische Ganzheit aus sind, in der alles mit allem zusammenhängt. Rausfahren, Recherche, Drehzeit und dann eine unendliche, sich über Wochen hinziehende Bosselei. Bosseln, bauen, weben als Montageprinzip, das nicht von vornherein Material ausschließt. Das ist ihr wichtig. Alles soll erst einmal da sein dürfen.

Ende der neunziger Jahre heißen die Redakteure in den Sendeanstalten mit einem Mal Produktmanager. »Mit der Dominanz der Einschaltquote kamen andere Leute. Die Öffentlich-Rechtlichen wollten mit ihrem Auftrag nichts mehr zu tun haben, und das völlig ohne Not«, sagt Carla. In dieser Zeit spricht sie wenig darüber. Sie arbeitet, jedes Jahr vier, fünf Filme für die ARD und für Arte. Sie ist viel in Afrika, den USA und in Asien unterwegs. Aber etwas verschiebt sich in ihr. Sie leidet unter der Verwahrlosung des Mediums. »Die Anstalten wollen Oberfläche. Aber damit wird es schwer, mit den guten Bildern«, sagt sie und sucht nach einem Ausweg. Es ist ein Loyalitätskonflikt gegenüber dem, was ihre Passion ist. Bei einem zweiten, langen Dreh in Australien lernt sie John kennen. Er ist Chef des Tiwi-Landrats im Norden Australiens, auf zwei Inseln oberhalb von Darwin, und von den traditionellen Landeignern eingesetzt, um deren Rechte als Ureinwohner zu schützen. Seine Arbeit ist nichts weniger als der Versuch, eine der ältesten Kulturen der Welt ins Jetzt zu transformieren, sie ein Stück weit unabhängig zu machen, für sie gangbare Wege zu finden.

Carla zieht nach Darwin und spricht davon, dass eine Liebe auch Heimat sein kann. 2003 heiraten die zwei. Sie kommt immer seltener nach Deutschland. Eine Zeitlang erfüllt sie noch Aufträge bei öffentlich-rechtlichen Sendern, aber irgendwann will sie nicht mehr. »Früher gab es drei Wochen Drehzeit für einen langen Film. Heute ist es eine Woche. Diese Art, über Leben drüber zu gehen, die Geschichten der Leute zu benutzen. Das kann ich nicht mehr«, sagt sie. Stattdessen nähert sie sich der Kultur der Tiwis an. Das macht sie vorsichtig und langsam, Step by Step. So oft sie kann, fliegt sie in kleinen Cessnas von Darwin aus auf die Tiwi-Inseln. Es ist nicht Exotik und auch nicht das Rätselhafte der alten Kultur, das sie anzieht. »Irgendwann wurde mir klar, dass ich eine Beziehung zu ihnen habe. Nein, nicht kulturell. Da ist es eine sehr fremde Welt, aber politisch.« Carla erzählt von der fragilen Trauma-Gesellschaft der weißen Australier, von einer Überlebensnation und ihrer Kultur des Gelingens und von der himmelschreienden Ungerechtigkeit im Umgang mit den Ureinwohnern. »Jeder Schritt, den die Tiwis machen, wird behindert. Dauernd ist jemand da, der sie kleinmacht. Ihre Ideen, ihre Vorhaben, etwa wenn es um ihren Hafen, eine eigene Schule, das Leasen des eigenen Landes geht, werden schwer angegriffen, wenn möglich verhindert. Sie dürfen nicht selbständig werden und auch kein freies Denken haben. Warum dürfen sie nicht machen, was sie wollen? Schließlich sind sie die rechtmäßigen Besitzer ihres Landes.«

Es sei dieser Zustand des Bestimmtwerdens, sagt Carla, der sie an die DDR erinnere. Auch die Nicht-Wahrnehmung. Sie habe lange darüber nachgedacht, was die Ursachen für diesen Double-Bind seien. Australien, das sei doch Integration in Reinkultur, hatte sie gedacht, ein starkes, freies, reiches Land. »Aber die Aborigines werden hier noch immer mit klassenloser Gesellschaft gleichgesetzt, mit einem ersponnenen Ur-Kommunismus«, sagt sie. »Im Grunde geht es um eine Ideologie des Paradieses, um einen brutalen Traum, den man ihnen überstülpt und aus dem sie nicht entlassen werden. Dabei spielt es überhaupt keine Rolle, dass die Aborigines selbst eine knallharte konservative Gesellschaft mit starken Hierarchien sind. Wenn es um sie geht, regieren zuallererst Imaginationen.« Es ist etwa fünf Jahre her, dass die Tiwis Carla eine kleine Filmkamera gekauft haben und sie baten, ihre Rituale festzuhalten, ihre Feste, Malereien, Tänze, sogar ihre Beerdigungen. »Die Tiwis kennen nur eine lange Vergangenheit. Für sie gibt es keine Projektion von Zukunft. Aber sie wissen, dass ihre Welt in diesem Moment verschwindet«, sagt sie.

UNERSCHLOSSENES.   Ende 1996 verlasse auch ich Darmstadt wieder und gehe nach Berlin. Warum? Ich weiß es nicht genau. Offenbar geht es noch immer um das Gefühl, von etwas isoliert zu sein, das mich meine Sachen packen lässt. Isoliert sicherlich auf andere Weise als zu DDR-Zeiten, aber eben isoliert. War es nicht das, was ich überwinden wollte? Ein Zimmer mit Kohleofen im Kreuzberger Hinterhof. Ich fahre vom Mehringdamm aus ins Bundesarchiv in der Finckensteinallee. Dort liegt sie, die DDR, in ihren Akten, Beschlüssen und Protokollen. 40 Jahre lang hatte sie geschwiegen, waren Menschen, Schicksale, Namen, Geschichten verschwunden. Nun wird sie reden müssen.

Zwei Jahre fahre ich dahin, zeige an der Pforte meinen Ausweis, laufe die Schlängelwege direkt zum großen Lesesaal, hole mir am Eingang meine Mappen ab und blättere Seite um Seite DDR auf: Wie die 1948 eingesetzte Zentrale Parteikontrollkommission die Treuesten ihrer Treuen in Herzinfarkte, ins Verstummen, in den Selbstmord treibt. Wie die, die nicht in Moskau, sondern im Westen im Exil waren, makabren Verhören ausgesetzt werden, ihre Jobs und manchmal ihr Leben verlieren. Wie diese frühe Zeit in den Akten von »Gestapoagenten«, »Trotzkisten«, »Verrätern«, »Banditen«, »Cliquen« und »Hetzern« nur so wimmelt und sich ein Netz der Ausweglosigkeit über das Land zieht. Manchmal, wenn die Fragetechniken der Kontrolleure die vor der Kommission sitzenden »Banditen« so umzingelt haben, dass das Protokoll nur noch Bindestriche produziert, stehe ich auf und laufe durch das beschauliche Villenviertel von Lichterfelde.

Die Sache mit dem Archiv. Es ist wie das Einbrechen in unerschlossenes Gebiet, denke ich. Als wären die Protokolle Puzzleteile, um die Rückseite der DDR sichtbar zu machen. Aber was ist das für ein seltsames Gespräch, das hier stattfindet? Einerseits ist die DDR vergangen, ihr Leben im ruhigsten Teil von Westberlin abgelegt und damit vollzogen. Andererseits findet die Auseinandersetzung ja weiter statt.

Nichts ist weg, nichts geklärt, nur Zeit vergangen. Zurück im Lesesaal, schlage ich die Kommissions-Mappe wieder auf: »Wer ist die betreffende Person, die das Ihnen hier vorgelegte Foto darstellt? Welchen Dienstgrad hat die auf ihm befindliche Uniform? Wie kommt der Ihnen hier vorgelegte Brief in Ihren Besitz? Wie kommt es, dass man Ihnen zur Unterstützung einen ungeraden Betrag überwiesen hat? Haben Sie sonst noch irgendetwas zu Ihrer Verteidigung zu sagen?«

Nein. Schluss, aus. Das war's für heute. Ich atme auf, lehne mich zurück, blicke um mich. Draußen ist es dunkel geworden. Keine zehn Leute sitzen noch da, darunter drei ältere Männer. Was mag sie hier interessieren? Was ist mit ihnen? Wieso fallen sie mir überhaupt auf? An der Materialabgabe höre ich eine Frau vor mir sagen, sie wolle mal darauf aufmerksam machen, dass im Lesesaal systematisch Materialien abhanden kämen. Der Mitarbeiter an der Theke stöhnt. Dann nickt er und sagt, man wisse das, aber das DDR-Material sei erst vor einem guten Jahr in die Finckensteinallee gekommen. Es sei viel. Man würde auf Hochtouren arbeiten. Alles solle so rasch wie möglich verfilmt werden. Die Kapazitäten reichten jedoch im Moment nicht aus.

Immer wieder die Frage nach der Textur der Realität, ihrer Verformbarkeit und Verletzlichkeit. Immer wieder die Frage nach den Fakten. Immer wieder dieses seltsam wabernde Unsicherheitsgefühl, wenn es ums DDR-Erbe geht. Einerseits das kontinuierliche Verschwinden von Tatsachen aus dem öffentlichen Raum, andererseits die Versuche, zu rekonstruieren und sich die Zeit anzueignen. Und was ist mit mir? Wird es eine Wiederbegegnung mit den Eltern geben? Ich sehe sie am 20.12.1996 wieder, nach dem Tod meiner Berliner Tante, der Schwester meiner Mutter. Die Trauerfeier findet in Berlin-Baumschulenweg um zehn Uhr morgens statt. Es ist ein klirrend kalter Wintertag mit lilafarbener

Sonne. In der Trauerhalle niemand, nur ein älterer Mann, der mich an die Aktenklauer im Archiv erinnert. Gedrungen, derb. Ich hab ihn nie vorher gesehen. Wer ist das? In den Fenstern eine Armada vertrockneter Alpenveilchen, vergilbte Gardinen, DDR-Mobiliar. Wir warten schweigend. Nach einer Viertelstunde trifft mein Berliner Onkel ein, begrüßt den Mann wie einen alten Bekannten, dann mich, und sagt, dass die Familie aus Dresden später komme. Sie sei im Schnee steckengeblieben. Auf dem Tisch steht die Urne meiner Tante.

Die beiden Männer besprechen sich, dann schließt der Onkel leise die Tür. Der ominöse Mann stellt sich vor uns beiden auf und beginnt mit der Trauerrede: »Liebe Mutti, liebe Geschwister, liebe Schwägerinnen und Schwager, liebe Nichten und Neffen und weitere Verwandte, liebe Freunde und Bekannte«, sagt er. Dann spricht er von Hoffnung, Leben, Krankheit. Dann heißt es: »Aufgewachsen, erzogen und wohlbehütet im Elternhaus, umgeben von weiteren sechs Geschwistern, hat sie eine schöne Jugend erlebt.« Und dann: »Ihr berufliches Engagement hat sie voll ausgeschöpft und in dieser neuen Umwelt, geprägt durch die von ihr sehr geachteten Vorgesetzten, hat sich ihr politisches Bewusstsein geformt. Ein wichtiger Lebensabschnitt begann für sie im Jahre 1964. Durch ihre loyale, hilfsbereite Art hat sie sich hier einen Kollegenkreis geschaffen, aus dem Freundschaften hervorgingen, und einige dieser Bindungen haben sie bis hin zu ihrem Tode begleitet.« Die weißen Freesien, die ich in der Hand halte, fangen an zu zittern. Der Mann nimmt die Urne. Wir verlassen die Halle. Hinter einem kahlen Busch hockt ein Mann und spielt das »Lied vom Kleinen Trompeter«. Wir gehen langsam, Schritt für Schritt. Es kann unmöglich noch kälter werden. Die Szene schmerzt. Ich mochte die Tante. Sie lebte einen verschliffenen Berliner

Chic, rauchte und trank viel. Etwas zerrte heftig an ihr, was ich nicht verstand, sie aber lebendig machte. Ich drehe mich um und sehe den Vater am Eingang des Friedhofs stehen. Die Dresdner sind eingetroffen. Er winkt. Er hat seine alte Honecker-Tschapka auf. Neben ihm die Großmutter im Rollstuhl, die Mutter, die Tanten und Onkel. Sie starten. Der Rollstuhl hüpft über den gefrorenen Boden. Die Gruppe läuft schnell. Der Wagen mit der Großmutter hat Fahrt aufgenommen und kommt nur sehr knapp vor dem ausgehobenen Loch zu stehen, in dem die Urne verschwindet. Die zitternden Freesien fallen hinterher. Das Ganze geht sehr schnell.

Wir sitzen danach in einer Kneipe im Nikolaiviertel. Da hat meine Tante gelebt. Der Vater fragt den Berliner Onkel nach dem Trauerredner, der sich am Ausgang des Friedhofs mit einer Thälmann-Faust verabschiedet hat. Ich verstehe nicht, was er sagt, denn ich sitze zu weit weg. Ich frage die Mutter, was es eigentlich damit auf sich hat, dass die Tante unbedingt anonym beerdigt werden musste, einfach so, auf einem Stück Wiese. Sie meint, das sei jetzt Trend. Man habe im Kollektiv gelebt, also könne man auch im Kollektiv unter der Erde liegen. Ich frage sie nach der älteren Schwester, nach der Dresdner Kindheit und der Zeit in Riga. Vermutlich hat es mit dem Tod ihrer Schwester zu tun, vielleicht auch damit, dass wir uns so lange nicht gesehen haben, jedenfalls erzählt sie. Von einer Fahrt zusammen mit ihr ins Rigaer Ghetto. Sie war sechs, die Schwester zehn. Es war Winter, harter Winter, wie jetzt. Sie wurden vom Vater in einem großen Auto abgeholt. Die Mädchen sollten auf den Rücksitz kriechen. Sie fuhren durch die Straßen. Aus dem Wagen heraus sah sie Körper im Schnee liegen. Und Blut. Daran erinnere sie sich und daran, dass sie im Lager in den Werkstätten beide schöne Sachen bekamen. Handgemachte Schuhe, Mäntel, Kleider.

Es ist einer der wenigen Momente, in dem die Mutter tatsächlich spricht, und es ist das klarste Bild, das ich von ihr habe. Eine Sechsjährige, die vom Rücksitz aus vielleicht die Hand auf die Schulter des Vaters legt, um ihren Schrecken erklärt zu bekommen. Ich will mehr über Riga wissen, über das Schneekind dort, das hier meine Mutter ist. Aber es wird nie mehr etwas kommen. Die Szene ist gelöscht, weggetaucht in ihr, verpackt und weggeschlossen, kann sein für immer. Die Beerdigung der Tante ist an einem Freitag. Am Montag darauf sitze ich wieder im Archiv in der Finckensteinallee. Ich weiß mit einem Mal, warum ich da sitze, warum ich im Lesesaal Mappen öffne und nach Gesprächen suche, die in ihnen abgelegt sind: Weil ich niemanden fragen muss, weil ich mir nicht dauernd Situationen ausdenken muss, die günstig sein könnten, um etwas in Erfahrung zu bringen, weil ich nicht in Nebentexten Wörter abskelettieren muss, die eventuell doch was bedeuten könnten, weil ich im Archiv Antworten kriege. Ich notiere auf Zetteln, was ich wissen will, und bekomme das, was dazu da ist. Ich lese Geschichte, wie sie stattgefunden hat. Niemand ist da, der sie verzerrt, benutzt, ausschweigt. Da ist das Vergangene, und da bin ich im Versuch, etwas in die Hand zu bekommen. Ich will Land gewinnen. Ich fange an, Namen aufzuschreiben. Namen aus Protokollen, Beschlüssen, Nachlässen. Namen, die mit Vorgängen zu tun haben, die zu DDR-Zeiten nicht öffentlich werden sollten und es auch nicht wurden. Die verschwanden. Ich schaue durch das große Fenster des Lesesaals in den Berliner Himmel und denke an die Mutter. An ihr System des Verbergens, der Kontrolle und Selbstkontrolle, an ihre verwischte Weiblichkeit, an ihre Selbstpreisgabe, an ihre Methode der Unkenntlichkeit, aus der sie so viel Macht beziehen kann. Ich denke über Wörter nach, über Wörter wie Verhängnis und Loyalität.

AUF AUGENHÖHE. Im Mai 1992 setzt der Bundestag die Enquete-Kommission »Aufarbeitung von Geschichte und Folgen der SED-Diktatur« ein. Es geht um Bestandsaufnahme, aber auch um Kontinuitäten. Über sechs Jahre wird getagt, in 40 Plenarsitzungen und 76 Anhörungen. Es ist ein Mammutprojekt und das erste Mal in der Geschichte des deutschen Parlaments, dass sich eine Enquete mit einem historischen Thema befasst. Die PDS mosert, die Kirche knurrt. Bei einer öffentlichen Anhörung am 4.5.1994 im Berliner Reichstag ist auch der Philosoph Jürgen Habermas als Sachverständiger geladen. Thema der Sitzung ist die Last der doppelten Vergangenheit. Damit ist Streit vorprogrammiert. Es wird ein Streit um die Geschichte. Für Habermas ist wesentlich, dass unter der Beleuchtung des DDR-Unrechts die Erinnerung an die Massenverbrechen des Nationalsozialismus nicht verblassen darf. Des Weiteren stellt er klar: »Nur wenn wir den Aufarbeitungsprozess nicht als ein bruchlos gesamtdeutsches Unternehmen definieren, wird klar, warum wir aus dem Westen, die wir den spezifischen Verstrickungen des Staatssozialismus ganz ohne eigenes Verdienst entgangen sind, die gebotene Zurückhaltung üben müssten, ohne uns andererseits die Indifferenz von Unbeteiligten leisten zu dürfen.«

Ein Unrechtssystem hinterlasse, so sagt er, »das Bedürfnis nach Genugtuung, nach Herstellung politischer Gerechtigkeit«, aber es sei notwendig, dieses Bedürfnis und die Frage nach der Entwicklung demokratischen Bewusstseins voneinander zu trennen. Damit ist der Kern eines deutschdeutschen Streites umrissen, den es in den kommenden Jahren in zahllosen Auflagen geben wird, ohne dass er geklärt würde. Dafür sind die politischen Denkbilder der alten Bundesrepublik und die internalisierten Aufarbeitungsfolien der westdeutschen Geschichtswissenschaft zu manifest und auch zu selbstherrlich. Die Antwort auf Habermas, für den die Auseinandersetzung um die DDR vor allem ein »Streit um die Interpunktion der Zeitgeschichte« ist, wird einmal mehr dem Schriftsteller und Oppositionellen Jürgen Fuchs überlassen: »Als ich die vielen klugen Antworten hier hörte«, sagt er, gedacht für »Diplomarbeiten, Dissertationen, Habilitationen, progressiv und kritisch, provozierend und erklärend, begriff ich plötzlich, dass wir verloren haben.« Es ist Desillusionierung, vielleicht Verzweiflung, die Jürgen Fuchs umtreibt. Er spricht von der Kälte des westdeutschen Demokratieverständnisses und von der Indolenz seiner Intellektuellen, die sich auf die Seite der Schlussstrichzieher und deren Helfer geschlagen haben, um die kleinen und großen Stolpes zu schützen. »Ihr sollt in Augenhöhe zu uns sprechen«, fordert er und will von Habermas wissen: »Warum habt ihr koexistiert?« Der Philosoph antwortet, selbstkritisch und umstandslos. Er spricht vom Generationenkonflikt zwischen den westdeutschen Linken, die in der Auseinandersetzung mit dem Nationalsozialismus sozialisiert worden seien, und den ostdeutschen Dissidenten. Er konzediert »linke Einäugigkeiten gegenüber dem bürokratischen Sozialismus«, aber auch eine Verwurzelung in den innenpolitischen Feinderklärungen der sechziger Jahre. Er schließt damit, dass womöglich erst jetzt, nach 1989, ein »antitotalitärer Konsens« in Deutschland denkbar werde.

Es ist nicht nur eine Differenz in der Sprache. Der Schlagabtausch hat es in sich und wäre der Stoff für eine deutsch-deutsche Debatte gewesen, der es ernsthaft um die politische Einheit des Landes gegangen wäre. Die Debatte findet nicht statt. Es gibt keine Augenhöhe zwischen Ost und West. Stattdessen wird bereits im Juni 1995 eine zweite Kommission installiert, die sich mit der »Überwindung der Folgen der SED-Diktatur im Prozess der Einheit« befassen wird. 1998 legt sie ihren Abschlussbericht vor. Das Schrifttum im Ganzen: 31 Bände, 36 000 Druckseiten. Aber was besagt der Umfang? Wer liest das?

BESTÄNDE. Archive sind nichts Objektives, jedenfalls nicht nur. Akten unterliegen Interessen, verschwinden, geraten in schwerstes Hochwasser. Ihre Bestände können mitunter derart verlegt werden, dass sie unauffindbar sind. Einerseits waren nach 1989 mit dem sofortigen Aktenzugang, zwei Enquete-Kommissionen des Bundestages, einer 1998 eigens zur DDR-Aufarbeitung eingerichteten Bundesstiftung, der schwer erkämpften Stasiunterlagenbehörde und einem immensen Forschungsetat alle Weichen für einen seriösen Umgang mit der zweiten deutschen Diktatur gestellt worden, der entsprechend auch seine quantitativen Ergebnisse zeitigte: Zwischen 1990 und 2005 erschienen allein 16 000 Publikationen, davon 4000 Monografien und 1500 Sammelbände zur DDR.

Andererseits zeichnete sich schon bald das Wegdrücken des Themas ab, etwa wenn zwei westdeutsche Großhistoriker erklärten: Die DDR-Zeit habe eindeutig zu wenig Streitpotential zu bieten und könne deshalb höchstens als Fußnote in die Weltgeschichte eingehen. Im Aufarbeitungsbergwerk gerieten die Räder ins Stocken. Wie, was? Die DDR-Forschung doch kein Karrieremodell? Keinen Lehrstuhl für »ostdeutschen Kommunismus« oder generell für Kommunismusforschung? Keine Anschlussfähigkeit in der Forschung? Nein. Na, wenn das so ist. Die Situation kippte. 2006 erneut eine Expertenkommission, die die Weichen für eine Neuausrichtung der Geschichtslandschaft DDR legen sollte. Sie schrieb etwas von »pluraler und multiperspektivischer Aufarbeitung« und »neuen Narrativen«. Darüber hinaus wusste sie nicht so recht, wie sie das mit der DDR so halten wollte.

Tja, was war er denn nun, dieser kleine, miese, graue Staat? Eine »Konsens-Diktatur«, ein »sozialistisches Projekt«, eine »durchherrschte Gesellschaft«? Ein »Unrechtsstaat«, kein »Unrechtsstaat«? Oder nicht doch vielleicht ein Märchen? Schwer zu sagen. Je weiter die DDR zurücklag, umso schillernder die Konstrukte.

Doch die Kommission fing sich scharfen Gegenwind ein. Opferverbände und diejenigen, die mit knappen Mitteln gesellschaftliche Aufklärung leisteten, wehrten sich. Mehr narrativer Fehlstart war nicht drin. Infolgedessen wurde nachgelegt. Daraufhin schrieben die Experten, dass wir es »heute mit einem mehrfach gespaltenen Milieugedächtnis zu tun« hätten, »in dem voneinander abgeschottete Bilder der DDR-Vergangenheit nebeneinander« stünden. Die nachgereichte Erkenntnis vom mehrfach geschredderten DDR-Gedächtnis dürfte der immer konfuser werdenden Debatte über die Vergangenheit nicht sonderlich auf die Sprünge geholfen haben. Warum auch? Muss Vielschichtigkeit von Geschichte notgedrungen ihre Härtesubstanz wegmoderieren? Was sollte denn der ganze philologische Budenzauber? Wieso hängt die Rezeption der DDR noch immer so seltsam in der Luft? Wer promotete die Politik der inneren Mauern? Der Kulturwissenschaftler Jan Assmann hat mit seinem Buch *Das kulturelle Gedächtnis* von 1992 erläutert, dass Erinnerung stets ein von Eliten betriebenes soziales Training sei, die Einigung auf einen Kanon. Es geht um Deutungshoheiten.

Unter diesem Aspekt gibt es wenigstens zwei Interessenslinien, die die aufdringliche Homöopathisierung der DDR-Geschichte im Auge haben und mal über bewusste Politik, mal durch mentales Apriori protegieren. Da sind zum einen die alten Tätereliten im Osten, die sich aufgrund der fehlgeschlagenen juristischen Aufarbeitung der DDR gründlich reorganisieren und eine neue Klientel generieren konnten. Trotz zahlreicher Todesurteile, trotz Hunderter Grenztoter, trotz Abertausender politischer Häftlinge, trotz Willkür und Repression sind nach 40 Jahren DDR lediglich 23 Personen zu Haftstrafen zwischen drei und zehn Jahren verurteilt worden. Juristisch entlastet und damit unschuldig, konnte man sich für seine »Lebensleistung« deftige Renten erstreiten, ruderte nach dem Ende des Juristischen unbemerkt in die Strukturen zurück, hievte sich gegenseitig auf prima Posten und politische Stellen, ist in dubiosen Verbänden organisiert und bestens vernetzt in einem mittlerweile unbegrenzten »Operationsgebiet« unterwegs. Darüber hinaus beansprucht man Aufnahme in die Geschichte. Man will Deutschland Ehre eingefahren haben und drängelt: Ein Platz an der historischen Sonne wäre doch was, um die eigene Lebensbilanz aufzupolieren.

Und da sind zum anderen akademische Eliten des Westens, die anhaltend über die erste deutsche Diktatur nachgedacht und geforscht haben und, wie Karl Heinz Bohrer 2003 schrieb, »eine zweite Haut bundesrepublikanischen Bewusstseins« geformt haben. Der Publizist meint eine Moralistik, die sagen will: »Das Gute hat sich durchgesetzt, das Böse ist gebannt.« So aber entstehe »kein eigentlicher Gedächtnisraum, sondern eine neurotisch wirre Zone«, meint er. »Denn Gedächtnis liegt nur vor, wo es ein Gedächtnis von vielem gibt.«

SEHNSUCHT NACH MYTHEN. Im Sommer 1999 erhalte ich einen Anruf aus Heidelberg. Eine männliche Stimme fragt, ob ich die Sprinterin aus Jena sei. Wieso? Ich würde ja ganz nette Bücher über vergessene Dichterinnen schreiben, aber was sei eigentlich mit meiner eigenen Geschichte? Welche Geschichte? Na, meine Sportzeit, heißt es. Die sei doch längst vorbei, entgegne ich. Der Mann am anderen Ende lacht. Ob er mir nicht mal paar Unterlagen schicken könne. Manchmal seien die Dinge gar nicht so vergangen, wie man auf den ersten Blick annehmen würde. Der Anrufer ist Professor Doktor Werner Franke, Krebsforscher und eine hartnäckige Stimme im deutschen Antidopingkampf, dem es mit dem Anruf um die bevorstehenden Prozesse zum DDR-Staatsdoping geht. Er fragt, ob ich mich als Nebenklägerin aufstellen lassen würde. Ich sage Nein.

Ich sage Ja. Der Berliner Prozess gegen die beiden Drahtzieher des konspirativen Staatsplans 14.25, den ehemaligen Sportchef der DDR Manfred Ewald und den Mediziner des chemischen Großfeldversuchs Manfred Höppner, beginnt am 2.5.2000. Im Saal sitzen 22 Nebenklägerinnen. Ihnen gegenüber der 73-jährige Ewald, einst fanatisch, eloquent, mit schneidender Stimme, jetzt ein kleiner Mann mit öligem Scheitel, im himmelblauen »Präsent 20«-Anzug und rosafarbener Krawatte. Neben ihm sein Mitstreiter Höppner, ein unruhiger, untersetzter Mittsechziger im noblen Dreireiher. Staatsanwalt Klaus-Heinrich Debes verliest die Anklageschrift. Es geht um vorsätzliche Körperverletzung. Die beiden lächeln und schütteln den Kopf. Die Anklageschrift ist 180 Seiten lang. Die Namen der Geschädigten werden einzeln verlesen und die Geburtsdaten angegeben. Beinah alle sind in den sechziger Jahren geboren, also Mauerkinder.

22 Verhandlungstage wird es geben. Die ersten Prozesstage gehören den Angeklagten: Manfred Höppner ist Jahrgang 1934 und damit genauso alt wie meine Eltern. Er ist der Typus einer Generation, die historisch schuldlos, aber indoktriniert in die zweite deutsche Diktatur hineinwächst. Die den Hunger, die Risse, die realen oder inneren Abwesenheiten der Eltern erlebt hat und die in der jungen DDR ankommen will. Die Zeit der vermeintlichen Utopie soll auch

die Zeit der unüberwindbaren, stählernen und dauersiegenden Körper sein, die die Heilsbotschaft des Systems in alle Welt tragen. Totalitäres lebt mit der Sehnsucht nach Mythen.

Manfred Höppner wird diese Sehnsucht ausleben: Zunächst Marinearzt, geht er 1964 zum soeben gegründeten Sportmedizinischen Dienst, lässt sich zum Facharzt für Sportmedizin ausbilden und ist 1974, als es um die Leitung der Arbeitsgruppe »Unterstützende Mittel« geht, auf den Punkt da. Er wird gefragt, und er greift zu. Es ist widerwärtigste Drecksarbeit, aber ein Posten mit Westreisen und internationalem Ruf, mit gutem West- und Ostgeld, mit Karriereleiter und Entscheidungsmacht. Für DDR-Verhältnisse allerhand. Höppners System läuft an. Es verteilt männliche Sexualhormone systematisch an bis zu 15 000 Athleten, von denen die Jüngsten achtjährige Schwimmer sind. Tausende Meter Akten zum staatlich geplanten und gelenkten Doping in der DDR. Die Dinge liegen auf dem Tisch.

Was nicht auf dem Tisch liegt, sind die exemplarischen Generations-Synapsen in einem entglittenen System wie dem DDR-Sport. In einem Zeitungsinterview schildert sich der Arzt Manfred Höppner als »einen ehrlichen Arbeiter«, als einen, der seine Mitarbeiter jederzeit geachtet habe. Nie habe er hintergehen wollen und immer im Sinn gehabt, Menschen nichts Schlechtes zu tun. Man wird in ihm auch nicht den kalten Macher finden, der sich im Rausch seiner Macht über alles und jedes hinweggesetzt hat. Er sei ein »Rädchen in einer Bürokratie« gewesen, sagt er, ein »Zwitterwesen«, hin- und hergerissen zwischen Staatsräson und dem, was er als praktizierender Arzt an Schäden täglich vor Augen hatte. Manfred Höppner – ein Jongleur verschiedenster Sprachen und Systeme: der Medizin sowieso, aber auch des Sports, des Pragmatismus, der Kontrolle, der Macht, des Kollektivs, des Ostens wie des Westens, der Staatssicherheit.

Er versucht atemlos, sich in allen zu vermischen und beherrscht die Rollen, die zu den Sprachen gehören. Das erlaubt es ihm, die Gewalt, mit der er Umgang hat, über minimale Reibungsverluste an andere weiterzugeben. Eine Welt unendlich verschobener Brüche.

In einem Interview vom März 1990 entwirft der DDR-Sportpapst Manfred Ewald ein ganz ähnliches Selbstbild: »Ich habe mit besten Kräften und nach bestem Wissen das getan, wozu ich in der Lage war, für die DDR, für den DDR-Sport, für die internationale olympische Bewegung. Ich hoffe, dass man eines Tages sagen wird, dass es eine gute, eine ehrliche und eine anständige Arbeit war. Das würde mir völlig genügen.« Die Garnison guter, anständiger und ehrlicher Arbeiter, die säkularisierten Heilserwartungen eines Polit-Regimes, die Effizienzkonzepte von Körpern und ein Kollateralschaden, den vor allem die Generation Mauer auszutragen hat. Dabei ist er nicht nur eine Generationengeschichte, sondern auch eine zwischen den Geschlechtern. Der Sport als genuine Männergesellschaft. Ein chemisierter Körper ist ein abhängiger und damit kontrollierter Körper. Abhängigkeit als Strudel, Einsamkeit, Sucht. Von dort ist es keine Entfernung mehr bis zum androgenisierten Körperpanzer, der sich abrackert, der nur Leistung kennt, der trainiert bis zur Selbstaufopferung, bis zur Enteignung.

Diese Hardcore-Synapse nimmt ab Mitte der achtziger Jahre noch einmal richtig Fahrt auf, weil neben den Guten, Ehrlichen und Anständigen nun noch der Ehrbare in den Ring steigt: Alexander Schalck-Golodkowski, Jahrgang 1932. Der »ehrbare Kaufmann«, wie er selbst von sich sagt, gleichzeitig »Offizier im besonderen Einsatz«, hatte so schnell wie möglich zu klären, ob nicht die zwangsgedopten Sportler helfen könnten, die chronisch defizitäre Zahlungsbilanz der DDR aufzubessern. Natürlich konnten sie das, befand er und ging einkaufen, im Westen. Vor allem medizinische Geräte, um die viele Chemie entsprechend umzurubeln. Die Valutaaufwendungen für den DDR-Sport verdoppelten sich in der Ägide Schalck-Golodkowski in den achtziger Jahren auf mehr als zwölf Millionen. Viel Geld für ein marodes Land. Um das einzudämmen, schlug der ehrbare Staats-Kaufmann im März 1987 der obersten Sportleitung die Gründung einer Sportagentur mit Außenhandelsvollmacht vor. Das hatte unmittelbare Folgen, die sich genauso unmittelbar in den Körpern der Athleten niederschlugen. Ein Verbandsarzt beschrieb diese in aller umgangssprachlichen Anschaulichkeit: »Wir erleben hier den Zweiten Weltkrieg. Ich habe ihn nicht mitgemacht, aber auch damals hat Adolf nicht alles gewusst, was unten los war.«

SENKBLEI. Während sich die Drahtzieher des chemisierten DDR-Sports im Prozess hart ausschweigen, lässt der Oberste Richter alle Nebenklägerinnen als Zeuginnen aussagen. Der Sport als Sozialgeschichte und die Körper als direkte Einblicke in Familienkonzile. Im Prozesssaal kommt die DDR noch einmal zusammen. Die Chemie ist dabei vor allem ein Katalysator. Durch sie tritt die Erstgravur voll zutage. Gewalt legt sich auf Gewalt und radikalisiert sich. Der Körper vergisst nichts. »Wir waren Knete«, sagt eine der Nebenklägerinnen, »Lebensmaterial für groteske Männer. Väter, Trainer, Ärzte, Funktionäre, die uns in Muster pressten, die eigentlich sie geprägt hatten: Härte, Form, Funktion, Bedürfnislosigkeit. Wenn du als Kind in so ein System kommst, in einer Zeit, wo du noch kein Ich hast, brichst du weg. Du funktionierst nur noch wie eine Labormaus. Du willst durchkommen, überleben. Du gehst weit damit. Du gehst dir verloren. Die Chemie fällt in dich ein wie Senkblei und bleibt in dir. Die kriegst du nicht mehr los.«

Höppner und Ewald werden verurteilt: 20 und 22 Monate auf Bewährung. »Beide Angeklagte handelten rechtswidrig, schuldhaft und vorsätzlich«, liest der Vorsitzende Richter aus dem faden Urteil. Höppner sagt: »Man muss auch verlieren können, wie das im Sport so üblich ist.« Der Bundesgerichtshof sagt, dass das Ganze »mittelschwere Kriminalität« gewesen sei. Die Urteile sind rechtskräftig. Von den Frauen, die durch ein Vierteljahr Prozess gegangen sind, werden die meisten erneut krank, gehen ins Krankenhaus, müssen operiert werden. Die Schadenserzählung ist aufgebrochen, wird sich ausbreiten und geht nun so weiter. Es ist eine Geschichte, die keine Rückkehr kennt. Es gibt keine Umwege. Die dicke Stasi-Akte von Manfred Höppner. Man muss nur sie lesen und weiß, was das System war, was in ihm möglich war.

Aber ist das alles? Wer war ich in dem Ganzen? Was war mein Platz? Immerhin war ich drin. Ich bin gelaufen für das System. Ich sehe eine 15-Jährige über die Felder laufen, oberhalb von Wickersdorf, raus aus dem Internat. Wie sie in den Wald einbiegt, wie sie rennt, als könne sie ihn hinter sich lassen und dazu noch die Zeit, den Vater, sich. Dabei bin ich mir ziemlich sicher, dass ich das in dieser Zeit nicht gedacht habe, nicht gedacht haben kann. Ich weiß gar nicht, ob eine 15-Jährige überhaupt an so etwas denkt. Vermutlich läuft sie einfach und kommt soeben aus dem Wald rausgerannt, dann die Landstraße. Ich kann die 15-Jährige schwer atmen hören. Das ist nicht angenehm. Es erinnert mich an was. Sie läuft, weil sie einen starken Körper haben will. Weil ein Körper, der sie trägt, etwas wäre, worauf sie sich verlassen kann, der sie annimmt, wahrnimmt, vor allem aber in Ruhe lässt. Er soll es machen für sie, damit sie sich nicht anzuschauen braucht. Es ist mein Hoffnungsprojekt schlechthin: etwas vergessen zu machen, von etwas frei zu werden, etwas nur für sich allein zu haben: den eigenen Körper. Die 15-Jährige wird das schon hinkriegen. Wenn sie etwas hat, dann ist es Energie.

Sie will jetzt unbedingt zum Sport. Der Vater sagt Nein. Alle Sportler seien dumm. Sie setzt sich durch und wird genommen, sie ist für die Verhältnisse spät dran, sie ist Anfang 17, sie hat keine Ahnung vom Sport, sie kommt aus dem Wald. Ich kann mir dabei zuschauen, wie ich im Sportclub Motor Jena die Tür zu meinem Internatszimmer öffne und mich stolz auf mein Bett plumpsen lasse. Ich bin weg von Wickersdorf, ich brauche nicht Russischlehrerin zu werden, worauf wir uns als 14-Jährige verpflichten mussten. Ich werde rennen und endlich meine Ruhe haben. Mit ein bisschen Glück werde ich sogar Rom, Paris, London sehen können. Jetzt fängt alles an, denke ich. Ich kann mir dabei zuschauen, wie ich in mein neues Leben hineinrenne, aber nicht, wie ich in das Verhängnis des Systems renne.

Es gibt altes Filmmaterial aus dieser Zeit. 1982, 1983, 1984, 1985. Ich laufe mit Stirnband und surrealer Dauerwelle. Ich sehe mir heute dabei zu, wie ich mir damals abhandengekommen bin. Es gibt Filmausschnitte, da erkenne ich mich nicht, nicht wegen der Dauerwelle, sondern wegen der Schatten. Sie haben mit dem Druck zu tun und mit der Chemie. Wir trainieren viel, es gibt viele Tabletten, ständig, alle möglichen, immer in Silberfolie. Es ist eine Kultur. Wie sie sich nennt, darüber sagt niemand etwas, auch nicht, was sie bedeutet. Ich schatte ein, ich lasse mich einmeiern, ich sehe bei all dem unwahrscheinlich alt aus. Ich werde mir fremd. Es fehlt nicht mehr viel, und auch der Körper wird schlappmachen. Aber das kann er gar nicht. Er wird ja gelaufen. Er fängt an zu siegen. Er fängt nicht in Rom, sondern in London damit an. Länderkampf 1980. Rom kommt später, mit Evelyn Ashford. Und irgendwann die Olympischen Spiele.

1984 in Los Angeles. Wir fliegen ins Trainingslager nach Mexiko. Ich verliebe mich in einen mexikanischen Geher. Wir gehen ins Kino, wir fahren zu den großen Pyramiden und zu seiner Familie. Sie feiert viel. Ich stelle mir vor, wie es wäre, wo ganz anders zu leben, ohne die DDR. Wie es wäre, ohne ihr System zu laufen. Und endlich meine Isolation loszuwerden. Der Geher und ich sprechen darüber, nachts vorm Eingang des Trainingslagers, in einem seltsamen Englisch, das nur wir beide verstehen. Auf dem Rückflug nach Berlin-Schönefeld weiß ich, dass ich das Land verlassen werde. Es gibt einen Fluchtplan für Los Angeles.

Und einen Freund, dem ich all das erzähle. Von der Liebe, den Fahrten durch Mexico-City und dem Fluchtplan. Er heißt Jürgen Falkenthal und ist mein Nachbar. Er kommt, wenn er keine Milch mehr zu Hause hat oder rasch einen Kaffee trinken will. Er sitzt oft auf meinem Sofa. Er fragt, wie ich es machen will. Ich sage es ihm, denn er ist ein Freund. Er sagt es direkt der Staatssicherheit, denn er arbeitet für sie. Lange schon und intensiv, als IM »Ilja Vogelberg«. Später werden es 9000 Seiten Akten sein. Berichte von ihm über Athleten, Physiotherapeuten, Trainer, den ganzen Sportclub. Spitzensport und Flucht, da tickt das große Alarmsystem. Das kennt keinen Pardon. Die Geheimpolizei eröffnet die OPK »Ernesto Canto« über mich, eine Operative Personenkontrolle, und entwickelt einen Maßnahmeplan. Als Erstes will sie einen Mann in der DDR finden, der dem mexikanischen Geher ähnlich sieht. Ich soll ihn vergessen. Sie finden keinen. Als Zweites setzen sich zwei Männer im Speisesaal des Sportclubs mir gegenüber. Ich frage, wer sie sind. Ich habe mir etwas zuschulden kommen lassen, sagen sie. Man sei im Bild darüber. Ich könne es wiedergutmachen, indem ich für sie arbeite. Ich habe Angst. Ich stehe auf und verlasse den Tisch. Ich weiß, dass das nicht alles war. Sie werden wiederkommen. Ein paar Tage später stehen sie vor meiner Tür. Aus dem Augenwinkel heraus sehe ich, dass der eine seinen Fuß in die Tür stellt. Sie wollten noch einmal mit mir sprechen, sagen sie. Da sei noch was. Ich solle nachdenken. Der Vater würde sich auch freuen. Der Vater? Ich schiebe den Fuß des einen aus der Tür und drücke sie zu. Sie kommen nie wieder.

Das Jahr 1984. Ich spüre, dass sich der Hintergrund in mein Leben drängt, dass sich die Dinge ineinander schieben und andere parallel laufen. Ich muss zu Aussprachen, mit dem Trainer, mit dem Clubvorsitzenden, mit dem Sportbund in Berlin, mit der Partei. Sie sagt, ich sei Olympiakader. Olympiakader im Sportclub Motor Jena seien Mitglieder der SED, und das ausnahmslos. Das stünde also an. Die Bezirksleitung habe das für die Olympischen Spiele zur Vorgabe gemacht. Ich bekomme einen Mentor. Es ist mein Nachbar, Jürgen Falkenthal alias »Ilja Vogelberg«. Ich denke an Los Angeles. Im Sommer bin ich nicht mehr da. Ich werde in Abwesenheit aufgenommen. Wir sind im Trainingslager. Wir trainieren viel.

Die Aussprachen mit mir, die in die nächste Runde gehen. Weil ich in der Kneipe Bier trinke, weil ich angefangen habe zu rauchen, weil ich Freunde in der Jenaer Opposition habe. Ich sitze da und weiß, dass das nie mehr aufhören wird. Ich will mich entscheiden, ich entscheide mich nicht. Es ist Frühjahr 1984. Ich gehe zum Arzt. Mein Körper hat Schmerzen. Der Arzt sagt, es müsse sofort operiert werden. Es sei der Blinddarm, vielleicht. Ich werde eingeliefert. Ich liege in einem Gang. Stundenlang. Es ist kalt, das Licht sehr grün. Ich habe das Gefühl, dass die Welt mich vergessen hat. Als ich aufwache, habe ich einen Schnitt, fast 20 Zentimeter lang, einmal quer über den Bauch. Zehn Jahre später lese ich in meiner OPK-Akte, dass die Operation die Möglichkeit gewesen sei, mich »für längere Zeit auf Eis zu legen«. Im Januar 2003, fast 20 Jahre später, erfolgt im Berliner Auguste-Viktoria-Krankenhaus die Rekonstruktion des Bauchraumes. Der Chirurg sitzt nach der Operation lange an meinem Bett und hält mir die Hand. Er zeichnet auf, was er in mir zusammengesetzt hat. Meine Organe hätten nun Gelatinemäntel, Kinder würde es keine geben, sagt er. Er sagt noch was von verdammt viel Glück und einer neuen inneren Ordnung.

Los Angeles fällt aus. Es findet für den Osten nicht statt. Eine Retourkutsche für Moskau, ist die Erklärung. Ich laufe wieder. Ich will raus. Ich weiß noch nicht, wie. Und auch nicht, dass ich nie mehr rauskomme. Die mexikanische Liebe wird in Los Angeles Olympiasieger. Die Gespräche mit mir laufen weiter. Ich bin rausgefallen, wird mir klar, ich bin zu ihrem Feind geworden. Ich könne mich entscheiden, sagt der Clubvorsitzende, entweder der Sport oder meine Oppositions-Freunde. Ich schaue jeden Einzelnen in der Runde an. Ich muss jetzt etwas sagen. Ich kann nicht, ich bin stumm. Wir fahren zu den DDR-Meisterschaften nach Erfurt und nach Prag. Es ist der Ersatz für Los Angeles. Unsere Staffel läuft Clubstaffelweltrekord. 42,20 Sekunden. Es ist Jahresweltbestzeit. Es gibt Filmausschnitte davon. Der Mann mit dem ich lebe, sagt, ich würde auf ihnen wie eine Kampfmaschine aussehen. Ich sehe nur die Schatten.

Und muss weiter zu Aussprachen. Weil ich an der Ostsee am Strand Ronny und Stefan getroffen habe. Es sind zwei Punks. Wir hätten in der Sandkuhle gesessen und Bier getrunken, wisse man. Das gehe nicht. Ich habe das zu klären. Auch das mit den Jenaer Freunden. Ich sei politisch labil. Damit könne man keinen Sport machen. Es ist Sommer 1985. Ich schaue in die Runde. Wie soll das weitergehen? Im Kopf die Bilder, von Rom, Paris, von Mexiko. Ich sehe mich auf der Tartanbahn laufen und höre mich sagen, dass ich mich entschieden habe. Für meine Freunde, für Ronny und Stefan, für Micha und Petra. Ich bekomme zehn Minuten Zeit, meine Sachen zu packen und vom Clubgelände zu verschwinden. Meine Zeit mit dem Laufen ist vorbei.

VIII. AUF DEM MAJDAN
Über den entborgenen Osten

SUCHMODUS. Was die Geographie und die Geschichte einer Generation angeht, gehen die Blicke in alle Richtungen: Wo findet ihre Geschichte statt? Worin ist sie eingebunden? Was hat sie in sich aufgenommen? Was macht eine Generation aus? Wodurch grenzt sie sich ab? Und von wem? Was gibt sie weiter? Wohin will sie? Was bleibt in ihr unerlöst? Was darf von ihr auf keinen Fall preisgegeben werden? Was lässt sich nicht revidieren? Was muss als Bruch verteidigt werden, um bestehen zu können?

Ich denke an das System Weißer Hirsch. Hunderte Versuche hat es gegeben, aber es geht nicht mit Reden, auch nach so langer Zeit nicht. Es gibt keine Klärung. Es wird nicht anerkannt, was geschehen ist. Ich wünsche es mir anders, aber es gibt keinen anderen Weg, als die Abwehr zu akzeptieren. Das Totemtier ist tot, das Hoffnungsprojekt verbraucht. Keine Schlängelwege mehr, kein Strudeln zurück, nur noch Offenheit nach vorn. Ich denke an die Zeit nach 1989. Das neue Leben, die alten Konflikte. Jahrelange Verbindungen sind zerbrochen, Bezüge, Freundschaften, Lieben. Neue, beglückende, reiche sind dazugekommen. Aber wohin mit den vielen offenen Enden in einem Leben in Schichten? Und die DDR-Geschichte? Wie ordnet sie sich zu? Wem? Was macht ihr Erbe heute so ortlos?

Die Blicke, die hin und her gehen. Was sagen die Jungen? Wie werden wir von ihnen gesehen? »In deiner Generation ist die DDR erst richtig zu sich selber gekommen.« Ich sitze im »Würgeengel« am Cottbusser Platz einer jungen Frau gegenüber. Sie wollte mein Feuerzeug. Danach sind wir ins Gespräch gekommen. Sie ist Jahrgang 1981 und in Magdeburg geboren. Ich schaue sie an. Vom Alter her könnte sie meine Tochter sein. Ihr bedacht ausgesuchter Stil: schwarze Springerstiefel und Schluffipelz, aufgebrezelt und abgerobbt, raffiniert und gebrochen, die dunklen Haare irgendwie hinten zusammengeschoben, das Gesicht fett überschminkt. »Immer, wenn es um Politik geht, zieht ihr den Kopf ein, seid ihr nicht da. Ihr riskiert nichts«, setzt sie ihren Furor fort. »Superspießig seid ihr, kleinbürgerlich und zynisch, ohne Ideale und völlig unpolitisch. Nie seid ihr da, wo's abgeht. Total unsexy ist das. Anfangs habe ich mich mal an euch orientieren wollen und Fragen gehabt, aber da ist nichts. Einmal DDR, immer DDR.« Es geht so weiter: »Die Männer von euch haben vielleicht in den Achtzigern mal ihren Irokesenschnitt gehabt, aber heute rennen die alle in denselben hellblauen Hemden rum. Mal mit schmaleren Streifen, mal mit breiteren. Echt krass ist das. Richtige Langweiler. Und dann die Frauen. Die haben doch alle eine an der Waffel, mit ihren dussligen Farbticks. Wissen die nicht, wie sie aussehen? Am schlimmsten aber seid ihr Akademikerinnen. Ihr hockt mit euren Manager-Männern in Nobelhäusern überm Zürichsee oder am Rand von Wien, schlürft kistenweise Rotkäppchensekt und haltet ätzende Vorlesungen an den deutschen Unis über Gender Studies. Was ist das denn? Emanzipation?«

Na, das ist ja mal 'ne Ansage. Aber woher die Vehemenz, die Enttäuschung, der massive Groll? Dabei ist der Argwohn der Einheitskinder gegen die Generation Mauer im Grunde nicht neu und erst einmal auch nichts Besonderes. Bereits 2002 hatte die Schriftstellerin Jana Hensel, Jahrgang 1976, in *Zonenkinder* ihre »Vorgänger, die letzte »echte« DDR-Generation« abgewinkt. Sie stieß sich vor allem an deren Unkenntlichkeit. Es sei eine Generation, die denen misstraue, »für die alles Ausdruck sei«, formulierte sie. Und eine, die mit einer »zur Schau getragenen Geste des Rückzuges, des Nichtmehrteilnehmenwollens und auch ein bisschen Langeweile« unterwegs sei. »In ihren Cliquen mussten alle gleich sein und sich gleich fühlen. Innere Einheit war wichtiger als Anderssein nach außen.« Schließlich sei es eine Generation, die »alle Bereiche ihres Lebens zu privaten« mache und bei der »eine nette Arbeitsatmosphäre wichtiger als berufliches Fortkommen« sei.

Da ist sie, die Inkarnation des DDR-Bürgers. Ausdruckslos, unkenntlich, privatisierend. Dabei sind Labels doch schnell gemacht. Die Frage ist: Sind sie auch passend? Was ist das für ein Generationengespräch, das da stattfindet? Was ist sein Stoff? Macht es Sinn, ihn zum Thema zu machen, selbst wenn klar ist, dass er mehr Raum bräuchte? Und dennoch: Gehört der Blick der Jüngeren auf uns und meiner auf sie nicht auch hierher? Jana Hensel hatte mit ihrem Generationentext *Zonenkinder* 13 Jahre nach dem Mauerfall vermutlich als Erste auf den Phantomschmerz der Einheitskinder im Hinblick auf das verschwundene Land DDR aufmerksam gemacht. Das abrupte Ende der DDR fiel bei ihr in eins mit dem abrupten Ende der eigenen Kindheit. Streckten die Einheitskinder in den Jahren des Umbruchs verstört ihre Hände aus, griffen sie ins Leere. Abwesenheiten waren in dem Chaos noch das Stabilste: orientierungslose Eltern, unglaubwürdige Lehrer, der Verlust des vertrauten Alltags, eine angstbesetzte Zukunft. Ein Großsturz der Instanzen und der Welt, in die sie hineingewachsen waren. Doch worauf sollten diese ungeborgenen Kinder in ihrer ganzen Ungeborgenheit zurückgreifen? Was erwies sich für sie als tragfähig?

2009, sieben Jahre nach den *Zonenkindern* und 20 Jahre nach dem Mauerfall, kam das Thema auf noch vehementere Art zurück. Die Einheitskinder meldeten sich nun als Gruppe. Sie fühlten sich ungesehen im Klima der großen Freiheitsfeste. Auf den Podien saßen immer dieselben alten Männer, sagten sie, die immer in dieselbe Freude einstimmten. Sie aber hatten andere Themen: Ein Fünftel von ihnen war arbeitslos. Oft steckten sie in prekären Jobs, berichteten von extremem Druck, paradoxen, inkonsistenten Lebensmustern, großer Ernüchterung im Hinblick auf das westliche System, vor allem aber hatten sie Fragen. Fragen nach sich, den Letztgeborenen der DDR, nach den Eltern, von denen ein Teil zur Generation Mauer gehört, und nach dem Erfahrungsraum DDR.

Eine Generation fing an, über sich zu erzählen: »Ich glaube, ich habe nur Sehnsucht nach heiler Welt und ein bisschen Ruhe, aber es pochert immer so«, sagt Martha, Jahrgang 1978, freie Puppenspielerin aus Erfurt. Jette, Jahrgang 1980, aus Rostock, verdient sich ihr Geld mit Telefonsex, um ansonsten ihre Bilder zu malen: »Besser so als einen Job, bei dem ich nicht weitermalen kann«, sagt sie. Der Görlitzer Thomas, Jahrgang 1986, mittlerweile in Berlin, steckt noch im Referendariat fürs Lehramt und organisiert sich seine Jungs auf »Gay Romeo«, einer Website, über die man Leute trifft. »Wir sind die Switcher, Verstellungstaktiker, Erfolgsrangler, mit der ständigen Angst, langweilig zu sein. Aber im Grunde geht es nur um eins: ums Geld verdienen und ums unentwegte Produzieren«, sagt Martha über ihre Generation.

Und die Geschichte? Stephan, Jahrgang 1980, Sohn eines ehemaligen Polizeibeamten, der 1990 entlassen wurde und beruflich nicht mehr Fuß fassen konnte, lebt die väterliche Ohnmacht in Detail nach, ohne die Kraft aufzubringen, nach der konkreten Erfahrung des Vaters zu fragen. Was aber geschieht durch das Outsourcing der beschwiegenen Geschichte? Peter, Jahrgang 1984, Sohn eines im berüchtigten Stasi-Zuchthaus Bautzen inhaftierten Dissidenten, kann die Geschichte des Vaters nicht mehr ertragen und flüchtet sich in harte Drogen. Kann der Sohn nicht leisten, was eine Gesellschaft leistet: dauerhaft an der Härtesubstanz der DDR vorbeischielen? Hanna, Tochter einer in Thüringen lebenden Parteifunktionärin, klebt an der Mutter, die seit 1989 durch verschiedene biografische Löcher musste. Was verursacht das dickwandige mütterliche Schweigematerial bei der Tochter? Jonas, Jahrgang 1982 und aus Chemnitz, erzählt von seinem Vater, der Major bei der NVA gewesen ist. Kurz nach 1989 habe er sich noch über alles hinweggesetzt. Später sei es ihm richtig schlecht gegangen, psychisch vor allem. Der Sohn aber habe nicht lockergelassen, bis der Vater sagte: Gut, wenn du es wirklich wissen willst, erzähle ich dir von mir. Thomas, dessen Vater Offizier bei den Grenztruppen war, erzählt das Gegenteil: »Da kannst du dich wund stoßen. Wie oft ich es versucht habe, mit dem Vater ins Gespräch zu kommen. Null Chance.«

Das Gespräch zwischen den Generationen bleibt bis auf Weiteres gestört. Johannes Staemmler, 1982 in Dresden geboren und einer der Initiatoren der mittlerweile als »Dritte Generation Ost« benannten forcierten Identitätssuche, schreibt in seinem 2011 erschienenen Beitrag *Wir, die stumme Generation Ost*: »Uns verbindet am meisten, dass wir keine Ahnung haben, was die eine Hälfte unserer Herkunft, nämlich die DDR, mit uns zu tun hat ... Unsere Eltern verkriechen sich heute in schablonenhaften Erinnerungen. Sie berichten wenig und meist nur das, was ihnen heute kein Unbehagen bereitet. Sie wollen ihre gerade neu errungene Identität nicht gefährden. So erzählen sie auch ihr Leben, lückenhaft und verträglich. Sie sprechen vom Kollektiv, in dem sie gearbeitet haben. Oder von Montagsdemonstrationen und organisierten Ferienreisen. Erinnerungen werden nur bruchstückhaft weitergegeben, verdrängt oder vielleicht sogar vergessen. Wir vermissen, dass sie mit uns einen differenzierten Blick auf eine Zeit werfen, die nicht widerspruchsfrei zu interpretieren ist – weder heute noch damals.«

Reden kann gelernt sein, betont die »Dritte Generation Ost« schwungvoll und startet ein dezidiertes Entschweigeprogramm. Die Generation Niemandsland in einem händeringenden Suchmodus. Erst einmal bleiben sie dabei unter sich. Anfang Juli 2011 treffen sich 150 Einheitskinder zum ersten Mal, im Berliner »Collegium Hungaricum«. Drei Tage sitzen sie da und reden über ihre »gefühlte Generation«. Sie klopfen gegenseitig ihre Kindheitsbilder ab, vergleichen, erzählen, erpuzzeln. Im Sprechen setzen sie selektiv ein Land zusammen, das es nicht mehr gibt, nur in den Erinnerungen an eine kurze DDR, nur in Büchern und Filmen, nur in der akuten Wahrnehmung, dass der Osten »ein schwieriger Fall« ist.

SPUTNIK II. Eine Generationspsyche, die wie ein Daumenkino aus den unterschiedlichsten Beschleunigungen abzulaufen scheint und bei dem die Kindheitsbilder beruhigter, stabiler und damit auch abrufbarer sind als alles das, was auf 1989 folgte. Das Kryptierte wird nicht der Schmerz, wie in den Generationen vor ihnen, sondern die DDR dient hier als Heilland, als gute Welt, als Märchen. Sie wird zur innerpsychischen hellen, reinen Kammer, unantastbar, ein Imaginationsraum. Auffällig vielen Erzählungen dieser Generation ist vielleicht deshalb jener unheimliche DDR-Zauber eingeschrieben. »Die DDR war nicht perfekt, aber man musste sich nicht um Arbeit, Wohnung und das Gesundheitssystem sorgen«, schreibt die Autorin Sabine Rennefanz, Jahrgang 1974, in ihrem 2013 erschienenen Generationsbuch *Eisenkinder*. Mit Blick auf ihr verschwundenes Herkunftsland hält sie fest: »Die DDR, das Experiment, war nicht zu Ende gegangen. Es war abgebrochen worden. In meinem Kopf kreisten damals die Gedanken, wie es hätte sein können. Ein anderer, ein besserer Sozialismus.« Über den Moment der Deutschen Einheit erklärt sie: »Heute mögen das einige bestreiten, aber ich weiß, dass ich damals niemanden kannte, der sich über die Wiedervereinigung freute.«

»An die Stelle der Geschichte aber treten – Ruinen, Körper und allegorische Landschaften«, hatte Heiner Müller 1995 formuliert, während er gleichzeitig forciert an seinem Traum-Projekt für die Bergung der kommunistischen Idee arbeitete. Für die Generation Mauer, glaubte er, könne es statt Geschichte allein noch eine abgelebte, zerfledderte Nachlandschaft geben. Mit der müsse sie klarkommen. Wie konnte er auch davon ausgehen, dass kaum 15 Jahre später die Letztgeborenen der DDR paratstehen würden, um in die Ruinen der DDR und ihre allegorischen Landschaften einzuziehen und sich die Idee eines reinen Sozialismus zu kreieren? Viele Gespräche der »Dritten Generation Ost« kreiseln um diese eine Reise. Losfahren, in die Plattenbauten von Marzahn, Hoyerswerda, Halle-Neustadt, in stillgelegte Fabriken, leerstehende FDGB-Ferienheime und alte Sanatorien einbrechen und dabei das Verlangen nach der DDR, die Sehnsucht nach der vermeintlichen Heimkehr stillen. Sollte man sich diese Erzählfolie nicht noch mal genauer anschauen? Denn Sputnik II startet nun nicht mehr in ferne Galaxien, um den Sieg des Kommunismus zu verkünden, sondern in einen Imaginationsraum Retro-DDR. Aber was bedeutet es, um jeden Preis in ein Land zurückkehren zu wollen, das es nicht mehr gibt, und sich ein Terrorsystem als generationsgebundenen Fetisch, als speziellen Talisman zu halten? Wie ist es zu verstehen, dass die Vernehmbaren aus der Generation Einheitskinder ständig darauf verweisen, dass sie kein Problem mit der DDR haben und andere es damit auch nicht haben können? Woher diese Ignoranz? Was müssen Generationen voneinander wissen?

Imaginationskultur und Realität, heißt es, sind zwei, die sich nicht so recht mögen. Die eine zielt aufs Heile, die andere will es eins zu eins. Wo die eine auf Konfusion aus ist, verlangt die andere festen Boden. In der Imagination jedoch wird das Opfer zur Chiffre, die Erinnerung ein Palimpsest, der Täter sorgsam einsortiert ins uralte Bibelprogramm. Das Vergangene wird auf diese Weise zum Verwirrspiel, zur Verschiebemasse schlechthin und muss in diesem ominösen Gedächtnispark inständig relativiert, verfälscht, wegmoderiert werden. Heißt: Je weniger reale Erfahrung, je weniger DDR konkret, umso mehr Disneyland Ost, umso höher der Marktwert von Sputnik II an der medialen Börse der Projektionen.

Kann sich eine republikanisch gewachsene Kultur eine historische Fehlerzählung dieser Couleur leisten? Kann sie nicht, aber sie tut es. Dass die DDR als Fußnote der Geschichte erklärtermaßen nicht zum nationalen Erbe gehört, war offenkundig bereits geklärt. Sie war zu klein, zu piefig, zu wenig monströs. Die historischen Messen sind gesungen. Noch dazu hat Deutschland längst andere Probleme. Die Welt hat sich gedreht und ist mittlerweile schlichtweg woanders. Die Deutschen sind nach mehr als 50 Jahren Schuldkultur von Mitscherlichs *Unfähigkeit zu trauern* über Antonia Grunenbergs *Lust an der Schuld* endlich wieder normal geworden. Niemand habe so vorbildlich, so selbstquälerisch, so absolut, so emsig erinnert und aufgearbeitet wie sie, heißt es.

Nun sei es Zeit für einen gelassenen Patriotismus, für eine »neue Lust an der Unschuld«. Und was die angeht, kann nun mal keine historische Minifußnote in die Quere kommen. Dass man durch diesen Hegemonialstil mit harter Geste über die Opfer des ostdeutschen Regimes hinwegtrampelt, darf dabei nicht in Betracht kommen. Sicherlich, die DDR ist im Forschungsraum mittlerweile klar desavouiert, aber bis ins mentale Bewusstsein des Landes ist dieses viele Wissen bisher kaum vorgedrungen. Die Zukünftigen haben diesen ins Auge fallenden Gedächtnisfatalismus natürlich längst kapiert, daraufhin ihr Selbstermächtigungsprojekt gestartet und sich ihre ganz eigene DDR erobert. Es ist eine, die es in der Realität nie so gegeben hat. Macht ja nichts, interessiert eh keinen. Aber muss deshalb beinah alles, was von dieser Generation ästhetisch über die DDR im Entstehen ist, derart quellenunkritisch und auswechselbar im Material, derart unter eisernem Ironiegebot stehen und so ins Universelle gehoben werden? Warum dann überhaupt noch der Bezug auf die DDR? Dazu die ewig gleichen Sätze der Macher: Ja, man wisse, die DDR-Nummer sei was Emotionales, aber man mache trotzdem, was man wolle. Was meint hier eigentlich emotional? Exemplarisch dazu der 2013 gelaufene Film *Sputnik* von Markus Dietrich, 1979 in Strausberg geboren. Er sagt über seinen Stoff: »Mir war schon im Vorfeld klar, dass das Thema »DDR im Film« sehr oft kontrovers und vor allem emotional diskutiert wird ... Die historischen Ereignisse bilden den Hintergrund und sollen nicht auf ein DDR-typisches Drama heruntergebrochen werden. Ich wollte eine DDR zeigen, die nicht nur von Stasi und Flucht geprägt ist.«

Die DDR bitte endlich in Grautönen und nicht im Extrem.

Für die Einheitskinder wird das der Identitätskern, ein zu verteidigendes Terrain. An ihm wird gebaut und designt. Die Aufmerksamkeit seiner ersten Tagung im Juli 2011, vor allem die mediale, sei überwältigend gewesen, wird vom Einheitskinder-Netzwerk befunden. 2012 erscheint sein Band *Die dritte Generation Ost. Wer wir sind, was wir wollen.* Die Buchpremiere ist völlig überlaufen. Was an ihrem Vorhaben interessiere, sagen die Organisatoren, sei der »völlig neue Blick«. »Zwei Jahrzehnte nach Mauerfall und Wiedervereinigung brechen die Letztgeborenen der DDR aus dem diskursiven und politischen Raster aus. Sie erklären öffentlich, dass ihr Leben stärker vom andauernden Prozess des deutschen Zusammenwachsens geprägt ist, als viele meinen. Daraus hat sich ein neues Selbstbewusstsein entwickelt«, schreibt Johannes Staemmler.

Das neue Selbstbewusstsein ist eins von Netzwerkern, Schreibern, Projektierern, Organisierern, Twitterern. Es gibt eine Mailingliste und eine Facebook-Seite mit knapp 2000 »Freunden«. Im Juni 2012 macht eine Gruppe eine Bus-Tour durch Ostdeutschland, über die ein Dokumentarfilm entsteht. Danach kommen eine Diskussionsrunde unter dem Titel »Rotkäppchensalon«, regelmäßige Biografiegruppen und ein Forschungsprojekt zum Fachkräftemangel in Ostdeutschland. Im November 2012 findet die zweite Tagung statt. Natürlich geht es auf ihr auch um die Rezeption des gemeinsamen Buches. Etliche Eltern waren nicht begeistert über die Texte ihrer Nachkommen. Es gab ordentlich Krach. Der Krach wird auf der Tagung durch Worte wie Verbitterung, Schwarzweißdenken, Angst, Sprachlosigkeit, Verdrängung fundamentiert.

Im November 2013 wird die Initiative von Bundespräsident Joachim Gauck ins Bellevue eingeladen. Gauck spricht anfangs davon, dass die Unterschiede zwischen Ost und

West zunehmend wegfallen würden. Das ist nicht das, was die Eingeladenen hören wollen. Erst in der Folge spricht er von »der zweiten Ebene des Fragens«, von Prägungen und Deformationen. Die Kommunikation scheint nicht ohne Haken zu sein. Kann sie auch nicht. Gauck kennt man nicht als DDR-Ekstatiker, stattdessen verlangt er von der »naiven Enkelgeneration«, wie er sagt, mehr historisches Wissen. In einem Interview in der *Zeit* heißt es, er »beschwerte sich auch darüber, wie unbedarft und positiv die Jüngeren heute über die DDR denken. Sie fangen an, vom Leben damals zu schwärmen, obwohl sie es gar nicht kennen.«

Das Treffen im Bellevue ist nur eine Mini-Station auf dem Weg zur neuen Simulationsidentität der jungen Ost-Elite. Das Netzwerk hat viel vor. Es wird intensiv konzipiert. Adriani Lettrari, Jahrgang 1979, Kommunikationswissenschaftlerin und Chefin der ostdeutschen Zukunftscrew, spricht mittlerweile von der »Erschließung potenzieller Transformationskompetenzen« und vom »reflektierten Scheitern«. Ein Unternehmen wie die Bundeswehr könne sich von ihnen als Umbruchsspezialisten beraten lassen. Die DDR-Box wird allenthalben mit neuem Vokabular, neuen Inhalten und neuen Ideen aufgeladen. Nie war sie so chic, so gestylt, so sehnsuchtsbeladen, so sagenhaft, so komplett ersetzt wie durch die »Dritte Generation Ost«. Hatte Jana Hensel in ihrem Buch *Zonenkinder* 2002 mit ihrem »Go West!« noch eine klare Richtungsangabe gemacht, ist eine solch eindeutige Fixierung längst aufgebrochen und revidiert. Johannes Staemmler fragt jetzt: »Wollen wir den Blick in die Vergangenheit? Den Blick nach Westen? Den Blick nach vorne? Den Blick nach Osteuropa?« Vier Blickrichtungen. Und nichts scheint unmöglich. Es ist der intensive Versuch, die disparaten Teile zu einer neuen Schein-Ganzheit zusammenzufügen. Und Osteuropa?

AUF DEM MAJDAN. »Irina?« Wir drehen uns beide um. Ja, sie ist es. Die Augen, ihre langen schwarzen Haare unter einer Vlieskappe mit der Aufschrift »Canada«. Ich muss sofort an Richard denken. Wir stehen auf der Bergmannstraße in Kreuzberg. Seit dem gemeinsamen Studium in Jena haben wir uns nicht mehr gesehen. Irina ist Ukrainerin und hat eine Schönheit, die einem unendlich vorkommt. Als wäre sie noch von etwas anderem getragen, dachte ich damals. Die nur noch stärker geworden ist, denke ich jetzt. Wie zu Studienzeiten spricht sie unerhört schnell und impulsiv. »Ich wollte immer weg aus dem engen Chmelnizky. Die DDR war für uns das, was für euch Ungarn gewesen ist. Wir kamen an und waren von da an vier Jahre lang nur unterwegs. Wir rannten in den Kinoclub, gingen zu Knoblauchpartys, saßen in Diskussionsrunden, und es gab Lascha.« Stimmt. Lascha, der Georgier. Der das intellektuelle Osteuropa nach Jena brachte. Der georgischer Präsident werden wollte. Der entsprechend genau so sprach und sich auch so gab. Der ausschließlich von Tbilisi, Stalin, vom KGB in der DDR, von Tradition und seinem Vater, einem geistigen Führer Georgiens, redete. Mit ihm konnte man jeden Morgen neu mit der Revolution beginnen. Ich habe ein Foto von uns. Da stehen wir vor dem Hauptgebäude der Uni. Richard, Carla, Irina, Lascha, ich. Wir lachen.

»Hast du Richard mal wiedergesehen?« – »Ich habe nach dem Studium in Jena zunächst im Transformatorenwerk in Chmelnizky angefangen zu übersetzen. Dort habe ich auch meinen heutigen Mann kennengelernt. Als die Mauer in Berlin weg war, entschieden wir uns gleich, nach Deutschland zu gehen. Und natürlich sah ich ihn da wieder.« – »Und?« – »Es war traurig. Wenn ich mittags mit Kuchen vorbeikam, war es stickig in seiner Wohnung. Er kam mir verändert vor, aufgedunsen. Einmal kam er zu uns in die

Gneiststraße und bat mich, mit ihm spazierenzugehen. Aber ich wollte nicht. Als er ging, schaute ich vom Balkon runter, ihm hinterher. Ich sah ihn nie wieder. Noch heute denke ich oft an ihn. Ich hätte so gern ein Foto.«

Dass sie zu DDR-Zeiten die Perestroika verschlafen habe, sagt Irina, weil sie immerzu mit der Männerfrage beschäftigt gewesen sei und Politik sie nicht interessiert habe. Heute sei das völlig anders. »Der Majdan in Kiew ist das Zentrum«, sagt sie. »Die Energie auf dem Platz. Die jungen, kreativen Leute, die so stark sind. Der Majdan ist der einzige Ort in der Ukraine, wo es keine Angst gibt. Das ist das neue Europa!«

INNEN UND AUSSEN.   Noch gibt es ja nichts, nur Wörter, Bilder. Flirrende Sporen. Wie Leuchtbojen schwimmen sie auf dem Wasser. Wie Punkte sind sie auf einer Oberfläche verteilt. Man weiß nicht, ob sie etwas miteinander zu tun haben. Sie tauchen auf und wieder ab, an x-beliebigen Orten, zu x-beliebigen Zeitpunkten. Eine gleichgültige Flut. Was ist es, eine Frage der Wahrnehmung, der Erfahrung, des Intellekts, der Sensitivität, dass aus der schieren Menge etwas zwingend Notwendiges wird? Wer im Politjournalismus arbeitet, muss das können: in der Flut das Thema sehen, den archimedischen Punkt, die Nachricht. Und das so früh wie möglich, am besten vor den anderen. »Es gibt eine kanonische Teilmenge, einen Kern«, sagt Michel Serres. Welcher Kern? Wo kommt der her?

Ein Mädchen sitzt am Fenster im fünften Stock eines Plattenbaus in Wolfen Nord. Sein Blick fällt auf ein weites Feld, auf die Verbindungsstraße zwischen Arbeitersiedlung und Fabrik. Die Fabrik ist der VEB »Filmfabrik ORWO« mit seinen riesigen Schloten. Es ist der Ort, an dem die Farben fürs Land gemacht werden. Das, worauf das Mädchen schaut, ist trist, mit einem Schleier, einer seifigen Schicht belegt. Es wartet in den Chemienebel hinein und hofft, dass in ihm etwas Kontur bekommt, dass etwas auftaucht, was es interessiert. In diesem »Inbegriff der Trostlosigkeit«, wie die Journalistin Sabine Adler, Jahrgang 1963, heute sagt. »Ich saß vor dem Fenster im fünften Stock und schaute auf die Brache. Wir konnten als Kinder nichts machen. Wie da leben? In so einer Stadt, mit solchen Berufen und so ganz ohne Kultur? Ich wusste nur eines: So nicht!« Ist es das, was man die erste Sprache nennt und über die es heißt, jeder ginge dabei durch seinen eigenen Film? Das Mädchen aus Wolfen jedenfalls schaut eine Kindheit lang nach draußen. Da werden die Filme gemacht, aber es kann nicht viel sehen. Zeitgleich hört es nach hinten. In seinem Rücken läuft pausenlos das Radio. Udo Lindenberg, die NDR-Hitparade, Hörspiele. Die Leuchtbojen finden im Kopf statt.

Bis die Mutter um halb fünf Uhr nachmittags nach Hause kommt. Sie ist Chemiearbeiterin, der Vater Kraftfahrer. Beide sind jung, Jahrgang 1941 und 1942. Die Wohnung ist für fünf Personen – Mutter, Vater, zwei Töchter, ein Sohn. Sie ist winzig, nicht mal 70 Quadratmeter. »Das musste ich früh lernen: extreme Rücksichtnahme. Unordnung gab's nicht«, erzählt Sabine Adler. Extreme Rücksichtnahme heißt Grenzen abstecken, die Dinge auseinanderhalten, auf Klarheit aus sein. Das gehört der Schwester, das mir. Das ist meine Zeit fürs Bad und die ist für die Mutter. Ist Reduktion am Ende etwas anderes, als die Dinge auf den Punkt zu bringen? »Und die Atmosphäre zu Hause?« – »Die Eltern waren arm. Die Ehe war schrecklich, im Grunde waren sie selbst elternlos. Sie hatten kein Modell für ein gutes Leben. Der Vater war uninteressiert, aber verlässlich. Das Signal, das er mir gab, war: Kümmere dich selbst! Ich hatte kein Verhältnis zu ihm. Wissen hat für die Eltern keine Rolle gespielt, auch das Bedürfnis, wissen zu wollen, nicht.« Das Mädchen hat genug von all der Tristesse. Es muss etwas finden für sich, es sucht nach Gelegenheiten. Die Schule ist ein erster Schritt. »Die Klarheit und die Konsequenz der Lehrer, das war gut für mich. Ich litt unter der Einsamkeit der Kindheit und unter meinem Kräfteüberschuss.« Erst Kindergarten, dann Wochenhort, Polytechnische Oberschule, Erweiterte Oberschule, Abitur eben. Das klassische DDR-Programm. Sie ist zwölf, 13, 14 und die mit den Einsern, die Ehrgeizige, die notorisch Unterforderte, die renitente Fragestellerin.

Ab der achten Klasse geht Sabine Adler neben dem Schulbesuch arbeiten. Das, was sie sich eine Kindheit lang von außen angeschaut hat, will sie nun von innen sehen. »Ich ging in die Zellulosefabrik. Das brachte das meiste Geld und war vor allem eins: ein Training in Sachen Realität. Der irrsinnige Mangel, das Schrottige, die Bevormundung. Das Chemiedreieck, die Dreckzulagen, die Krupphustenanfälle. Draußen an den Fabrikgebäuden stand: Alles zum Wohle des Volkes! Drinnen war nur Verfall. Ich arbeitete mit polnischen Gastarbeitern. Die verachteten die DDR.« Das Innen und das Außen. »Diese Parallelwahrnehmungen waren mein Ausgangspunkt«, sagt sie. Es wird ihre Arbeitsmethode: »in der Trostlosigkeit etwas Interessantes finden und sich so die Welt erschließen«. Ab der neunten Klasse weiß sie, dass sie Journalistin werden will. Sie weiß das nicht nur, sondern macht auch was dafür und sucht kurzentschlossen die Lokalredaktion der Tageszeitung *Die Freiheit* auf. Dort teilt sie den Redakteuren mit, dass sie lernen will, Zeitung zu machen. Sie ist 15. Sie spürt die musternden Blicke, aber sie darf bleiben.

Rausfahren und Geschichten finden, den Leuten zuhören, Realität erfassen und dabei die Erfahrung machen, was alles nicht berichtet wird, nicht berichtet werden darf »Dieser

Stress des doppelten Bewusstseins, dieses ›zwischen den Zeilen‹. Es ging auch darum, jeden Tag neu zu prüfen, was ich davon tolerieren kann.« Sie weiß um den Konflikt, aber auch um ihre Passion: Sie muss Journalistin werden. Der Vater reagiert auf den Wunsch der Tochter eindeutig: »Noch so eine, die uns belügt.« Nach dem Abitur, 1982, macht Sabine Adler ein einjähriges Volontariat bei der *Freiheit*, zuerst in der Jugendredaktion, dann in der Kultur. Es ist die Bedingung für ihr Journalistikstudium. 1983 beginnt sie am sogenannten »Roten Kloster« in Leipzig, der einzigen universitären Möglichkeit in der DDR, sich als Journalistin ausbilden zu lassen. Die Sektion Journalistik an der Karl-Marx-Universität Leipzig ist eine überaus nervös beäugte Institution, denn sie untersteht der direkten Aufsicht der Abteilung »Agitation und Propaganda« des Zentralkomitees der SED. Über ihr Studium sagt Sabine Adler: »In meiner Seminargruppe haben, wie sich später herausstellte, sechs Kommilitonen für den Geheimdienst gearbeitet. 70 Prozent des Stoffes waren reine Zeitverschwendung, die Inhalte höchst überflüssig, aber die handwerkliche Ausbildung war gut, vor allem die Sprechausbildung.« Nach dem Diplom 1987 geht Sabine Adler zu »Radio DDR II« nach Magdeburg. Im selben Jahr wird auch ihr Sohn geboren.

Magdeburg und die Mühen der Ebene. Die heillosen Kämpfe in der Redaktion. »Die DDR wollte sich nicht reformieren«, sagt sie. »Zu wirklicher Vertrautheit gehört auch politische Vertrautheit, aber ich hatte dort keine Ressourcen mehr, Freundschaften zu schließen. Zu groß das Maß an Kontrolle, an Sprechverboten. Die DDR und der große Zusammenhalt, das ist ein ewiger Mythos. Eher ging es um die Frage: Wo lauert der Verrat?« Wieder das Gefühl, nicht am richtigen Ort zu sein, wieder endlos viel Zeit, die verrinnt. Sie will endlich loslegen. Fast ist es, als würde sie immer noch in Wolfen aus dem Fenster schauen. Wieder das Gefühl, dass Journalismus etwas komplett anderes sein müsste. Dann der Mauerfall. »Mit ihm ist mir ein Problem abgenommen worden«, sagt sie.

Am 9.11.1989 sitzt sie in Magdeburg in der Frühsendung von vier bis neun Uhr. Danach holt sie den zweijährigen Sohn ab. Am Abend sieht sie die »Aktuelle Kamera«. Es ist ein Donnerstag. Am Samstag fährt sie nach Braunschweig. An der Grenze werden Bananen verteilt und Frauenzeitschriften. Studenten haben Flugblätter in der Hand: »Nicht blenden lassen!« Als sie aus dem Westen zurück in der Redaktion sitzt, wird sie Vaterlandsverräterin genannt. Von Magdeburg nach Braunschweig sind es keine 100 Kilometer. Im Grunde ist nur Helmstedt –Marienborn dazwischen, der wichtigste Grenzübergang zu Zeiten der deutschen Teilung. Alles, was von Berlin kam oder nach Berlin wollte, musste über diesen Kontrollpunkt. Sabine Adler fährt jetzt oft hin und her. Bereits im Januar 1990 erhält sie einen Vertrag beim Privatsender »radio ffn«. Vier Jahre wird sie da sein und wegen der Arbeit in Braunschweig leben. »Da fing auch zum ersten Mal ein materielles Leben an. Ich habe mir mein erstes Auto gekauft, Reiten und Abfahrtsski gelernt, Englischkurse gemacht und viele Reisen. Im Westen ging es vor allem um eins: lernen, lernen, lernen.«

PRÄZISE MITTE. Vielleicht ist es ja das: lasergleiche, beständige Aufmerksamkeit, so etwas wie Übersicht, Durchblick, vor allem aber echtes Interesse. Sabine Adler will zum Polit-Journalismus. Ihr Kompass ist klar. Den Puls einer Zeit über die eigene Arbeit begreifen. Sie hat die innere Sicherheit, dass sie das kann. 1994 wechselt sie zur Deutschen Welle, ab 1995 ist sie für fünf Jahre Korrespondentin für den Deutschlandfunk in Russland, mitten im Zweiten

Tschetschenienkrieg. Die Flüge mit Schrottflugzeugen der ehemaligen Aeroflot kreuz und quer durch das korrupte, wiedererstarkte Land, ihre Berichte und Interviews haben ihren journalistischen Ruf begründet: das Punktieren eines Themas, das analytische Draufzuhalten, ihre präzise Mitte, ihren unerschrockenen Kern. Die Porträts von Gorbatschow, Jelzin, Putin und Medwedjew, aber auch von Chodorkowski, von Menschenrechtlern und den Frauen aus Tschetschenien. Wie kommt es, dass einen eine Stimme zu interessieren beginnt und intensiv nahe rückt? »Ich will Geschichten von politischer Relevanz machen«, sagt sie da zum ersten Mal. Und genau so sind auch ihre Stücke. Als sie zurück ist, wechselt sie auf die Stelle für Außenpolitik in der Berliner Parlamentsredaktion des Deutschlandradios. 2007 wird sie Leiterin des DLF-Hauptstadtstudios.

»Das war eine beglückende Erfahrung, dass ich endlich Journalismus machen konnte«, sagt sie. Und täglich Verantwortung für zehn Personen, das heißt die Fähigkeit, ein Team anzustiften, aber auch ein Programm zu machen, das unbequem und gleichzeitig fair für das Politische Berlin ist. »Herr Schäuble, Sie sind eine Woche wieder im Amt. Sie wollten nicht 150 Prozent geben, sondern nur 100 Prozent. Erste Frage: Wie messen Sie das? Zweite Frage: Wie viel haben Sie gegeben?« Das ist ihr Stil. Das, was zu sagen ist, lässt sich kurz und klar sagen, wieso denn nicht? Tagesberichte, Interviews der Woche, Kommentare, Politexpertisen, Wochenpläne. Sabine Adler macht Brennglas-Journalismus. Es geht um Intensität. Sie muss ein paar Dinge genau wissen. Sie hat Hörer. Leute im Land, die auf sie zählen. Ihnen ist sie verpflichtet. Wer morgens im Auto sitzt, hört ihre Stimme in diesen Jahren beinah täglich in den »Informationen am Morgen«. Da ist eine Frau, nur mit einem Mikrofon. Sie steht immer schon da, wenn die Politikertraube im Anmarsch ist.

Sie stellt dann ihre Fragen. Erstens, zweitens. Es sind leise Fragen, die es in sich haben. Das Land weiß danach mehr. Es ist Politjournalismus à la bonne heure. 2010 wird sie für diese Arbeit vom *Medium Magazin* als Politikjournalistin des Jahres ausgezeichnet. Die Jury schreibt: »Sie entzieht sich bewusst dem allzu oft aufgeregten Hauptstadtjournalismus und sorgt für den notwendigen Überblick über das politische Geschehen. Das macht sie zur unverzichtbaren Stimme im Konzert der politischen Berichterstattung.«

Im Oktober 2011 holt sie Bundestagspräsident Norbert Lammert als Pressechefin des Bundestages. »Karrieretechnisch war das ein Riesensprung. 70 Mitarbeiter, Büro am Platz der Republik. Aber es war trotzdem ein Fehler. Mir fehlt schlichtweg das dienende Gen, eine Art Angepasstheit, eine Loyalität, die ich als Journalistin nicht haben darf, nicht haben will. Ich brauche eine Stimme.« Lange hält sie es nicht aus im politischen Großraumbüro. Schon zwei Monate später wird bekannt, dass Sabine Adler ihre Stelle aufgeben wird. Im September 2012 geht sie zum Deutschlandfunk zurück. Ihr Sender richtet für sie eine Korrespondentenstelle für Osteuropa in Warschau ein.

Wieder ein Anfang, noch einmal eine neue Sprache und ein Land, das sie noch nicht kennt. »Mich schreckt nichts Neues. Das hat auch mit dem DDR-Umbruch zu tun. Ich war ja nie verwöhnt. Was wichtig ist, nehme ich überall mit hin«, sagt sie. »Der Ausgangspunkt für meine Art Journalismus sind Übergänge. Altes verlassen, in Neues gehen. Auch Schmerzlinien. Wie kriegt jemand Krisensituationen geregelt? Menschen sind für extreme Dinge extrem tauglich und bewältigen dann mitunter die Normalität nicht. Das habe ich in der DDR erfahren und treffe es in Osteuropa wieder. Diese Intensität fesselt mich. Und deshalb bleibt Osteuropa für mich genuin wichtig.«

Kiew, Riga, Moskau, Vilnius. Von Warschau aus betrachtet hockt das politische Berlin wie unter einer Glocke. Die Entfernungen für Sabine Adler sind andere geworden. Manchmal sind die Interviews jetzt über 1000 Kilometer voneinander entfernt. Das Netz ist um Breitengrade weiter. Was hilft, ist ihre geballte Erfahrung als Nachrichtenseherin. Sie spricht über Putins Abkehr von der Europäischen Union, von machtbewussten Schokoladenkönigen und Zollkriegen, von Marionetten und Mafiabossen, von einem komplett falsch aufgestellten System. Aber vor allem hat sie die Sorge, dass all das in Westeuropa keinen interessiert.

GANZHEITEN. Die Farbigkeit der DDR, ihr bestimmter Braunton, der vor sich hin leuchtende Kindheitsweg, der dunkle Klang der Zinkbadewanne in der Küche. Erinnerungsorte lassen sich nicht filmen. Sie würden banal, fielen aus ihrer sakralen Haut. Ich fahre auf der Autobahn an Dresden vorbei, durch die große Mulde, und habe dabei den Weißen Hirsch vor Augen. Das schier Unauflösbare. Aber es gibt keine alte Rechnung. Es ist möglich. Man kann rauskommen. Was in letzter Zeit zurückkommt, ist das starke Ganzheitsgefühl aus der ersten Kindheit, als hätte sich die Gewalt ausgewaschen, irgendwohin abgelegt. Vielleicht bleibt das, die innere Kindheitstotalität, vielleicht ist das der Kern. Ich fahre nach Pirna, zum ersten Klassentreffen, zu Steffen und Andrea, zu all den Glücksrittern, die ich 35 Jahre nicht gesehen habe. Ivona hatte uns nacheinander ausfindig gemacht, angemailt und in ihrem Brief vorgeschlagen, ob wir uns nicht im DDR-Museum in Pirna treffen. Wegen der Erinnerungen.

Das Museum befindet sich auf einem riesigen Kasernenareal. Zu DDR-Zeiten war da ein Pionierbataillon mit 1500 Soldaten untergebracht und sowjetische Technik. Kraz, Zil,

Ural. Ich glaube, da kommt Steffen. Das da könnte Ivona sein. Wir sind vorsichtig, wir tasten uns heran, wir erkennen uns nicht, wir geben uns aber Mühe. Peter hat ein Klassenfoto dabei. Das hilft nicht weiter. Das Einzige, was hilft, ist lachen. Als hätte das Lachen unsere Kindheit konserviert, unsere Kosmonautenhelme, unsere Spiele auf dem Schulhof, unser Rennen im Wald, das erste Mal Hände halten. »Weißt du das nicht mehr«, sagt Ivona, »Steffen war immer in Anja verknallt.« – »Aber Micha hat sie das erste Mal geknutscht«, weiß Peter. Wir laufen durch das Museum. Es ist riesig, ein einziges Sammelsurium und voller Besucher. »Ich habe gehört, dass die jedes Jahr neue Räume dazumieten. Die DDR-Museen sprießen wie Pilze aus der Erde«, sagt Jana. Wir laufen zügig durch die Gänge, als wollten wir es hinter uns haben. »Meine Güte, ist das ein Wust«, stöhnt Peter. »Und alles da. Als ob wir hier wieder einziehen sollen.« Ivona hat in einer Kneipe einen Raum für uns bestellt. »Von 26 sind 13 gekommen«, sagt sie am großen Tisch. Steffen nickt: »Die da sind, denen geht's gut. Die anderen haben Probleme. So ist das einfach. Ist viel zu gefährlich, so ein Treffen.« – »Und wie geht's uns Glücksrittern?«, frage ich.

Jeder in der Runde erzählt. Die Berichte brauchen Zeit. Umbrüche, Einbrüche, Aufbrüche. Zwei Dinge fallen mir auf. Immer wieder die Angst vor Selbstverlust, aber auch die Angst vor dem Schuldigwerden. Beides geht einher mit einer expliziten Skepsis gegenüber Macht. Die Mauerkinder sind in einer Gesellschaft von Denunzianten großgeworden. Sie haben dabei gravierende Erfahrungen gemacht, mussten Brüche verarbeiten. Wie wahrt man das Eigene? Wie kommt man durch? Oft hatten sie Eltern und Lehrer, die ihnen die Muster der Preisgabe vorgelebt, die sich ausgeliefert oder sogar schuldig gemacht haben. Wie lernt man, diesen Mustern zu entgehen, und wenn das nicht gelingt, sie wieder in sich aufzulösen? Was mir auffällt in den Berichten der Glücksritter, ist, dass sich viel um die Frage eines intensiven Lebens dreht. Karriere ist zweitrangig. Lieber sagen sie Nein, um ihr Ding zu machen. Stars brauchen sie keine. Sie wissen um das Bröckeln der Helden. Sie erzählen davon, dass sie über Jahre in Therapien gehen, um die Gewalt, der sie ausgesetzt waren, nicht an die nächste Generation weitergeben zu müssen. Sie wollen sie in sich transformieren. Sie wissen und sagen es auch, dass sie ein Wunder von Geschichte erlebt haben. 1989 ist der Dreh- und Angelpunkt ihres Lebens, der große Glücksfall, das Unverhoffte, für viele die Befreiung. Sie sind davongekommen. Sind sie angekommen in der Geschichte?

Hans erzählt, dass er für eine amerikanische Firma in Iserlohn arbeitet, durch die Welt jettet, gutes Geld verdient und sich gerade ein Haus in Dresden baut, als Alterssitz. Er sagt, dass er, so oft er kann, in Dresden ist, auf dem Striezelmarkt und in der Frauenkirche und dass er des Öfteren an der alten Schule vorbeigeht und in der Neustadt um die Häuser zieht. Er müsse unbedingt zurückkommen. Uwe hat Veterinärmedizin studiert, Ivona ist Versicherungsvertreterin bei der AOK, Andrea hat einen Biobauernhof, Simone arbeitet bei der Verkehrswacht in Brandenburg, Peter ist Heizungsmonteur, Steffi hat in Dresden einen Klamottenladen. Niemand am Tisch, stellt sich heraus, ist bisher arbeitslos gewesen.

Ivona sitzt neben mir. Sie fragt mich, ob ich noch wisse, dass wir beide immer nach der Schule in die Eisdiele sind. Die Kugel zehn Pfennige. Und zum Bäcker, wegen der Kuchenecken. Und ob ich mich noch daran erinnere, dass ich keinen Köpper konnte und immer Angst vorm Wasser hatte. Ich frage sie, welches Bild sie habe, wenn sie die Augen schließt und an unsere Kindheit denkt. Sie überlegt einen

Moment. Dann sagt sie: Ich fahre Rad an der Elbe, über das holprige Pflaster. Ich sehe rechts den Strom, die wilden Böschungen. Das Wasser muffelt leicht. Ich werde immer schneller. Ich reiße die Augen auf. Ich versuche zu balancieren. Ich nehme beide Hände vom Lenker.

NACHWORT

Ich stehe am »Blauen Wunder«, an der träge vor sich hinsabbelnden Elbe. Es ist Anfang Januar 2020. Im Viertel hinter der legendären Brücke hat mein jüngerer Bruder gelebt, Jahrgang 1967. Robby ist tot. Er starb im Januar 2018 mit 50 Jahren an einem hochaggressiven Hirntumor. Zwei Jahre ist das her. Zwei lange Jahre, zwei kurze? Keine Ahnung. Früher hatte ich ein Gefühl dafür, wie endlos sich ein Tag dehnen kann oder was ein Monat ist. Seit Robbys Tod kommt mir alles, was mit Zeit zu tun hat, rhetorisch vor. Sie hat ihre Dimension verloren.

Solange Robby lebte, lebte ich ein Leben, von dem ich gesagt hätte, ich kenne es. Über das, was jetzt ist, kann ich nur sagen, mein Bruder ist in ihm abwesend. Ist jemand abwesend, wenn er nicht mehr in der Welt ist? Was ist wirklich da, auch wenn es einem in der Realität jeden Tag begegnet? Robby ist da und in einer Weise abwesend, dass es Momente gibt, von denen ich nicht weiß, wie drüberkommen. Vielleicht ist es das Zugleich, das so schwer ist. Ich weiß es nicht. Ich könnte diesen Satz hundertmal aufschreiben, es würde sich nichts ändern an ihm. Ich weiß es nicht. Nichtwissen als Blindheit, als Brennen, als Verstörung, als etwas Bohrendes, Ununterbrochenes, als Mattheit und Unruhe zugleich.

Die Elbe, der Knick hinter der Brücke, mein Blick strom-auf. Es ist Kindheit, Herkunft, all das. Wie oft ich mit Robby hier herumgestromert bin, die elbgrauen Kiesel einsam-melnd. Ich nehme einen Kiesel in die Hand, lasse ihn übers Wasser springen. Das mit der Zeit ist eine Falle, denke ich. Richards Tod kurz nach dem Zeitschnitt 1989, Robbys Tod kurz nach dem Zeitschnitt 2015. Beider Krisen im Kopf. Die neue Zeit, die Wiederkehr des inneren Traumas, dazwischen die, die es zerreißt.

Aber wieso Zeitschnitt 2015? War es überhaupt einer? Der Flüchtlingssommer 2015, Pegida und in der Folge eine starke AfD. Das kam pünktlich, erklärte vor Tagen eine Traumafor-scherin in einem Radiointerview. Man hätte die Uhr danach stellen können. 25 Jahre später würde das, was an Verleug-netem nicht angeschaut wurde, an die Öffentlichkeit drän-gen. Abgewehrte Instanzen arbeiteten effizient. So einfach also.

So einfach war es nicht. Mit diesem herben Rechtsruck wurde nicht nur der politische Konsens des Landes in Frage gestellt, Deutschland hatte damit auch wieder eine Politik der inneren Mauern. Alles und jedes schien plötzlich gegen-einander aufgestellt werden zu können. Und wo sind wir? Was entzündet sich da, und warum? Wieso ich ausgerechnet jetzt an Hartmut Radebold denken muss, an diesen leisen, genauen Mann, Jahrgang 1935, in seinem azurblauen Mo-hairpulli. Radebold, der Nestor der Kriegskinderforschung und damit Spezialist für vaterlose Kindheiten im Zweiten Weltkrieg. Als ich ihn das letzte Mal sah, saß er auf einem Podium und sprach kaum hörbar, aber vor sehr vollem Saal von seinem »Kummer«. Radebold ist Psychiater und Psycho-analytiker. Es ist davon auszugehen, dass sein öffentlicher Schmerz mehr sein wollte als etwas Persönliches. Als hätte er seinen Zuhörern noch einmal Mitscherlichs *Unfähigkeit zu trauern* auf die Knie gelegt. Trauern als gesellschaftliches Bewältigungsmodell.

Die Kriegskinder des Ostens, die Jungaktivisten als die klassischen Aufbauer. Vaterlos Hungrige, die sich im post-faschistischen Osten neu aufladen ließen von der Idee eines besseren Deutschlands. Die in ihren Blauhemden an die neuen Orte zogen, auf die Großbaustellen, in die Parteischulen und Pionierpaläste. Die viel von Aufbruch träumten, von Gemeinschaft, Essen und Sicherheit und dabei straff eingenäht wurden ins Amnesieprogramm des ostdeutschen Neustarts. Stattdessen die West-Gesellschaft des direkten Nachkriegs, die sich manisch schön putzte, die schier mär-chengleich Kohle machte und sich in ihrer Unfähigkeit zu trauern verpuppte. Warum ich ausgerechnet jetzt an Ulrike Meinhof denken muss, an die Frau auf den Fahndungspla-katen? Auch ein Kriegskind. Bis vor kurzem war mir nicht klar, dass sie Jahrgang 1934 gewesen ist. Ich wusste es nicht. Derselbe Jahrgang wie der Vater, der Terroragent. Der Terror, die Hirne des Terrors, die sehr deutsche Wand, auf die man sich zubewegt, wenn man mit Dingen wie diesen zu tun bekommt. Das Ding mit dem Extrem. Wo kommen Ost und West da zusammen? Es geht um Robby, um die Krise der Hirne, um 2015, es geht um das Heute und das Risiko, dass auf diese Weise kein Durchkommen ist. Ich stehe am Elb-knick und schaue auf das Wasser. Als ob es den Inhalt aus den Worten ziehen könne. So geht das eben nicht, höre ich meinen Bruder. Ich weiß. Und dennoch.

Die Kriegskinder des Ostens, heute um die 80, die Hitler und Stalin in den Knochen haben. Sie waren drin in der Mühle, in der Gefühlscodierung, in der Gefühlslandschaft Ost, mehr als ein halbes Jahrhundert lang. Als 1989 die Mauer fiel, waren sie um die 50 und im besten Karrierealter. Vielfach wurden sie ausgetauscht, verloren ihre Arbeit, standen unter Schock, waren orientierungslos. Dieser Zeitbruch muss sie an ihre eigenen Eltern erinnert haben, an die Jahre nach dem Kriegsende. Es muss sich schrecklich angefühlt haben. Doch für diese Erfahrungswucht hatten die Aufbauer des Ostens keine Sprache, nicht für sich, nicht für ihre Gefühle, nicht für die Zeit, in der sie nun leben sollten. Das hatten sie nicht gelernt. Sigmund Freud war seit 1948 im Osten verfemt und durfte erst Mitte der Achtziger wieder erscheinen. Der neue Mensch sollte progressiv sein, ein Mensch ohne Schmerz. Das Regime brauchte ihn als beliebig formbar. Im Herbst 1989 war das repressionsgewöhnte Kollektiv, in dem Hitlers Kinder inmitten des Schulddrucks der Doppeldiktatur überwintert hatten, wie über Nacht weg. Schluss, aus, Ende.

Ihre Kinder, die Babyboomer des Ostens, hatten den Eltern samt Vater Staat spätestens im Sommer 1989, über Tschechien und Ungarn, den Rücken gekehrt und waren in den Westen geflohen. Hunderttausende junge Menschen. Im anhaltenden Streit darüber, wem die glücklichste Revolution der Deutschen wohl gehört, werden sie notorisch wegerzählt. Wieso eigentlich? Gab es nicht Tote? Hatten sie nicht genauso viel Angst wie die Demonstranten in Leipzig und Berlin? Setzten sie nicht auch ihr Leben ein, um endlich ein eigenes, freies Leben zu führen? Die Generation Mauer, die *Glücklichen,* die sich mit 1989 aufgemacht und vielfach erstaunliche Karrieren hingelegt haben. Heute fahren die Daheimgebliebenen gern SUV, haben Haus und Boot und sind die Basiswähler der AfD.

Rassismus, das Völkische und Hetzende in unserer Generation – es ist nicht neu, war immer da, aber bis 2015 nicht derart sichtbar. Ab da schon. Eine Studie sieht die Kriegsenkel des Ostens als Hauptklientel der Neuen Rechten. Gut ausgebildet, berufstätig, passable Mittelschicht. Babyboomer sind überall die meisten, aber die hier verstören. Was sie sagen, ist fürchterlich. Was sie tun, nicht zu ertragen. Es sind viele. Die Zahlen steigen. Sie sind ein Sickersystem und sind längst in der Mitte der Gesellschaft angekommen. Sie wollen nicht einfach einen anderen gesellschaftlichen Ton, sie wollen eine andere politische Realität, den Systembruch.

Ein Teil der Generation Mauer, der dabei ist, seine eigenen Mauern aufzustellen: dichtmachen, Ressentiments pflegen, Tabus brechen, Wessis klatschen, rote Linien übertreten. Ich denke an unsere Kosmonautenhelme, an unser Leben in Kapseln, an unser Training der Unsichtbarkeit. Ich denke an Klaus, Jahrgang 1960. Mit 19 Jahren scheiterte sein erster Fluchtversuch über Ungarn. Er wurde verhaftet und zu fast zwei Jahren Zuchthaus im »Roten Ochsen« in Halle verurteilt. Kurz darauf musste er erneut ins Gefängnis, wegen vermeintlicher Kontakte zu Amnesty International. 1985, mit 25 Jahren, wurde er aus der Staatsbürgerschaft der DDR entlassen und in die Bundesrepublik abgeschoben. In München und Bonn studierte er Rechtswissenschaften. Unmittelbar nach dem Mauerfall 1989 ging er in den Osten zurück, engagierte sich in der Aufarbeitung des DDR-Unrechts, wurde Regierungsrat. Mittlerweile arbeitet er als Rechtsanwalt und ist heute Pressesprecher für die AfD in der sächsischen Provinz.

Aus staatlicher Verunmöglichung wurde nach 1989 eine inständige Suche nach Anerkennung. Mir fallen viele solcher Geschichten ein. Ich denke wieder an Wörter wie Umbrüche, Einbrüche, Aufbrüche und daran, wie viel Geschichte, wie viel Erfahrung in jedem von uns hockt. Die Generation Mauer als die Untoten des Kalten Krieges. Die an keine Ideologie mehr glaubten. Die ohne Vaterland und ohne Muttersprache aufwuchsen. Die mit 1989 plötzlich eine ganze Welt vor sich hatten und einen verlorengegangenen Auftrag in sich trugen. Die es nach 1989 besser und schlechter hingekriegt hatten. Und von denen ein wachsender Teil heute mit einer Zweifrontenstrategie unterwegs ist – wie in der Kindheit mit verdecktem Visier. Dabei geht es vor allem um einen Typ Männer, der heute diese gutsitzenden Anzüge trägt und die öden, blauen Managerhemden. Er ist intelligent, belesen und hat sichere, gute Jobs. Er gibt sich gutbürgerlich, geht auf Status und redet mit 50 unentwegt von der Rente. Er ist ängstlich, hypochondrisch und rechthaberisch, eloquent und voll innerer Gewalt, mit gut trainierter Filzpantoffelkultur und einer Vorliebe für hochpreisige Weine. Seine Wahl der AfD ist nicht Protest, sondern ganz klares Bekenntnis: Die Welt läuft richtiger und ist eindeutiger, wenn es uns kerndeutsche Spießer endlich auch im Parlament gibt.

Die Geschichte, um die es hier geht, hat sicherlich viele Namen. Einer müsste wohl lauten: Die Babyboomer des Ostens oder wie aus Glücksrittern Hassritter wurden. Dabei spielt es eine Rolle, dass der politische Auftrag dieser Generation keiner war, den sie je angenommen hatte. Dafür war die DDR in den achtziger Jahren schon inwendig zu hohl, zu kaputt, zu verlogen. Dafür war diese Generation einerseits zu pragmatisch, andererseits zu verstottert. Sie wollte vor allem eins: raus aus dem Verheißungsimperativ des kollektiven DDR-Wir. Und fand sich wo wieder?

Als die Mauer fiel, musste sich diese Generation nicht wie andere auf dem Majdan in Kiew oder dem Tahrir-Platz in Kairo von ihren Tyrannen zerschießen lassen. Sie mussten nicht wie ihre osteuropäischen Altersgenossen in London oder Paris die miesesten Jobs annehmen, um ihre Familien in Polen oder Bulgarien zu ernähren. Sie wurden begütert durch das jähe Jahrhundertglück der Geschichte. Für das laute Nein und die Sehnsucht nach Zerstörung des heutigen AfD-Stammwählers im Osten scheint der 1989 aus der Hand

genommene politische Auftrag allerdings ein Schlüssel-
moment zu sein. Eine einmal aufgeladene Generation bleibt
in Warteposition. Sie ist geprägt. Sie will etwas einlösen.
»Werde Bürgerrechtler!«, »Hol dir dein Land zurück!«, »Voll-
ende die Wende!« stand auf den Wahlplakaten der AfD im
Superwahljahr des Ostens 2019.

Warum ich das erzähle? Ich will auf die Sache mit der
Trauer zurück und auf das Wutgesicht des Ostens. Dabei ist
der West-Mann mit dem Kummer nicht einfach nur ein Bild.
Er könnte ein Schlüssel sein dafür, was in Ostdeutschland
ungeklärt geblieben ist, vielleicht bleiben musste. Es war zu
viel, zu viel an Geschichte, zu viel an Leid. Die Schicksale
dahinter sind oft genug unerzählt geblieben. Sie sind nicht
wirklich in unseren Köpfen, nicht in uns. Nicht im Osten
und auch nicht im Westen.

Die Kriegskinder, die die DDR aufgebaut hatten und das
Regime fortdauern ließen. Die sogenannten *Integrierten*,
die Bürgerrechtler-Generation, die historisch alles richtig
gemacht hatte, jedoch mehrheitlich die DDR weiter reformieren wollte. Die Kriegsenkel, die als einzige Generation
Schluss machen wollte mit dem Regime. Nicht mehr warten, nicht mehr reden. Aus und vorbei. Drei Generationen
mit Diktaturerfahrung. Für das politische Klima des Ostens
sind längst aber auch die Jüngeren entscheidend. Es sind
drei ostdeutsche Generationen ohne reale Diktaturerfahrung. Da sind zum einen die Einheitskinder, die sogenannten Letztgeborenen, die Kriegsurenkel, die bereits reichlich
zehn Jahre nach dem Mauerfall auf ihren Phantomschmerz
in Sachen DDR aufmerksam machten, vor allem auf das
abrupte Ende ihrer Kindheit. Was erfuhr diese Generation
tatsächlich von dem, was die Eltern und Großeltern in der
Doppeldiktatur im Osten gelebt hatten? Wie organisierten
sich die Einheitskinder den Zugang zu den Quellen, welche

konkreten Informationen bekamen sie in den Schulen und in den Ost-Medien?

Was sie zwangsläufig in Bann hielt, war das laute Nichtgespräch, die anhaltende Störung zwischen den Generationen. Die gab es schon zwischen den Kriegskindern und Kriegsenkeln. Sie verlängerte sich aber noch dazu in den desolaten Diktaturnachraum hinein. Politische Standards existierten nicht, wurden nicht eingeführt und auch nicht eingefordert. Opfer? Täter? Eine Frage der Perspektive und scheinbar beliebig. Historische Wahrheit perlte am inneren Osten ab wie Fett an einer Teflonschicht. Wie ging so Klärung? Wer vermochte in diesen Jahren die gesellschaftlichen Leitplanken zu setzen?

Mit den Ost-Millenials, die im vereinten Deutschland aufwuchsen und jetzt zwischen 20 und 35 sind, tritt heute und gegen alle Prognosen die zweite Generation Nachdiktatur mit dem Selbstverständnis an: »Wir fühlen uns als Ostdeutsche.« Sie sind fit, wach, gut ausgebildet und in der Welt unterwegs. Drei von vier wollen in den Osten zurück. Es geht um eine hochemotional ausgetragene Verteidigung der Herkunft und die unendliche Geschichte von der Identität. Sie wissen, dass der Osten ein politisches Experimentierfeld ist, aber auch eins für die eigene Biografie. Eine Generation, für die das Ost-Idiom eine leere Hülle ist, die darauf wartet, neu gefüllt zu werden. Eine Generation, die Sehnsucht danach hat, den historischen Belastungen ihrer Herkunft zu entkommen.

So das äußere Bild, und was ist mit ihren Erfahrungen? Lara fährt Taxi in Berlin, ist Jahrgang 1986 und stammt aus Wismar. Der Vater ist 1960 geboren, die Mutter 1964. Zwei Kriegsenkel also. Generation Mauer. Die Familie des Vaters stammt aus Ostpreußen und ist am Ende des Krieges nach Mecklenburg-Vorpommern geflüchtet. Nirgends landeten so viele Vertriebene wie im östlichen Norden, was die Bevölkerung fast verdoppelte. Der Vater der Mutter war nach 1945 aus Westberlin in den Osten gegangen. Zwei Äste einer Familie, bei der es vor allem ums Ankommen, um Anpassung, um Status ging. »Nach außen musste bei uns immer alles glänzen, nach innen sind wir eine völlig kaputte, gewalttätige Familie«, sagt Lara. Sie ist ein spröder, skeptischer Typ. Ihre Sätze wollen auf Distanz halten, ihr Blick signalisiert Überblick, als hätte sie alles gesehen. Es soll klar sein, dass die Dinge von ihr schon mal rundum bedacht worden sind. Sie raucht und sieht nach unten, als bringe es nichts, weiterzureden. Und redet weiter: »Ich bin Jahrgang 1986 und aus der Ost-Provinz kommend. Weißt du, was das bedeutet? Eine kaputte Familie, das kaputte Wismar, das kaputte Land. Das hatte was Unausweichliches. Darin war die DDR die absolute Nenngröße, das Gute, Bessere, eine Art gelobtes Land. In meiner Familie waren alle Partei. Und deshalb gab es nach 1989 auch keinerlei Auseinandersetzung, keine Fragen, nur ein sehr spezielles System. In Schweigefamilien ist komplettes Schweigen die Höchststrafe.«

»Und was ist das System?« Lara sieht mich leicht genervt an. »Was meint das schon? Ich war fünf und im Kindergarten, als der Vater sich beim Mittagsschlaf neben mich legte. Manchmal kam er auch nachts. Ich lag im Doppelstockbett, über mir mein jüngerer Bruder. Drei Jahre ging das. Eigentlich baut der Vater ja Häuser. Als die Mauer fiel, hat er noch studiert. Er ist Hochbauingenieur und verdient schweres Geld im Westen. Sexualisierung ist seine Sprache. Er kann nicht anders. Die Mutter ist Grundschullehrerin, stadtbekannt, schön, beliebt. Der Druck, dass die Fassade hält, ist also entsprechend hoch.«

Hört man Lara zu, bekommt die Nach-DDR etwas sehr Physisches. Dann fangen die Erinnerungen an zu scheppern, ist der alte Schmerz wieder da, die gezielte Leere, die Angst, den sinnlosen Ort zu verlassen, sich nicht entkoppeln zu können. Wie geht Ausstieg? Die Kriegskinder, die heute unversöhnlicher denn je die DDR verteidigen und neidvoll auf die Möglichkeiten der Jüngeren schauen. Die Kriegsenkel, die so viel vorhatten, aber oft genug die Schatten des alten Jahrhunderts nicht loswurden. Die Einheitskinder, die nach 1989 unbedingt die Achtundsechziger des Ostens geben sollten, aber überidentifiziert mit den Eltern auf die Pittiplatsch-Version DDR verfielen.

Die Ost-Millennials, die laut Studien Politdebatten mit den Älteren meiden, da sie toxisches Gelände sind. Dazu die dritte Generation Nachdiktatur, die Generation Z, um das Jahr 2000 geboren. Die *Digital Natives*, die in Sachsen, Thüringen und Brandenburg 2019 oft zum ersten Mal an den Wahlurnen standen. Lag die Wählerquote bei den Älteren um etwa 65 Prozent, kam die Generation Z im Osten auf lediglich 40 Prozent. Was besagt diese Zahl? Ist es ein neues Schweigen? Der Osten trudelt, auch zwischen dem Neid an Möglichkeiten und dem Neid an Geschichte. Eine glückliche Revolution ist auch biografisch eine Rarität.

Lara erzählt, dass sie sich in der zweiten Klasse die Haare abrasierte. »Das musste sein.« Bis sie 14 war, lief sie mit Nazifrisur und Jungsklamotten durch die Straßen. »Normal«, sagt sie trocken, wie so ziemlich alles normal sein sollte: die brutalen Schläge der Mutter, die behauptete Hypermoral nach außen, die Kälte im Inneren, die abgewürgten Konflikte, die pausenlose Tribunalstruktur, die sich auf der Straße, aber auch in der Schule wiederholte.

Die Sache mit den Familien, den Generationenspannungen, den Loyalitäten. Geburten, Heiraten und Scheidungen fielen im Osten nach 1989 für Jahre auf historische Tiefstände. Ab Mitte der Neunziger erholte sich die Familie und wurde zum Stabilisator, zur Orientierungsinstanz, zum Bollwerk und intimen Magneten gegen die große Verunsicherung. Aber was wurde aus den Schweigezonen des Privaten? Was aus den implodierten Identitäten der Eltern und Großeltern? Was aus den ungeliebten Kindern? Was aus der Identitätsnot derer, die nun ohne DDR aufwuchsen? Wie haben sich symbolische Grenzen und über Jahrzehnte unveränderte Denkfolien im ostdeutschen Binnenraum nach 30 Jahren neu austariert?

»In der Schule war die DDR das Land, dessen Namen wir nicht sagen durften, zumindest nichts Negatives darüber. Wir hörten immer dieselben Mythen: Die DDR hat nie Krieg geführt, es gab keine Arbeitslosigkeit, aber viel Frauen-Emanzipation, viel Solidarität, viel Miteinander. Eine Insel der Glückseligkeit. Das DDR-Bild war durchweg positiv. Aber unsere Kindheit? War eine ohne Grenzen, ohne Orientierung, voller Gewalt, inmitten einer gehässigen Gesellschaft. Das war schizo.« Aber es war noch mehr.

Lara raucht schneller, spricht konkret, will erzählen, will verstanden werden. Es darf an der Stelle keinerlei Missverständnisse geben. Es klingt, als könne sie sich das nicht erlauben. »Unser Geschichtslehrer beendete jede Stunde mit dem Satz: ›Und dann kam ein kleiner Mann mit schwarzem Schnurrbart ...‹ Das Ritual war immer dasselbe. Ein Schüler hatte den Satz zu vervollständigen. Die letzten beiden Wörter unseres Geschichtsunterrichts lauteten immer: ›Adolf Hitler‹.«

Dabei hätten die Ostlehrer die Klasse total im Griff gehabt, sagt sie, mit ihren Leistungskontrollen, den Tests, mit ihrem ganzen autoritären Gehabe. Westlehrer, die so nach und nach in Wismar eingestellt wurden, kriegten keine Chance bei ihnen. »Jede Freundlichkeit wurde von uns eiskalt erledigt. Wir waren grausam, weil wir grausam sein wollten.«

Laras Sätze sind Sätze wie ohne Ton. Als solle man mit ihnen sehen, was da ist. Nichts drüber, nichts drunter. Und genau das soll die ganze Aufmerksamkeit beanspruchen. »Dass dein Körper dir nicht gehört«, sagt sie, »in jeglicher Hinsicht, dass du dich unterzuordnen hast, dass du kleingemacht wirst, von Anfang an. Und dann die Brüche, die Härte, die permanenten Demütigungen untereinander. Das war das, was wir gelernt haben.« Als 2002 in Erfurt der erste Amoklauf an einer deutschen Schule stattfand, gab es zwischen den Klassen nur eine Frage: Wer würde das bei uns machen? »Amok war unser Thema. Es ist Verwahrlosung, also wir.«

Lara lacht herb auf und wechselt rasch das Thema. Sie will auf die Atmosphäre in den Neunzigern in Wismar zu sprechen kommen. Sie sagt erneut was vom »System«. Was sich so anhört, als sei das System längst zum Symptom geworden. »Wismar war eine einzige Ruinenlandschaft, alles marode. Gleich nach 1989 setzte sich in der Stadt die NDP fest. Wir Kinder wussten immer besser als die Eltern, wer und wo die Nazis sind. Auf dem Weg von der Schule zum Hort, es war so 1992/93, wurde etwa eine junge Vietnamesin von den Glatzköpfen eingekreist, bedrängt, beschimpft: Na, hast wohl zu viel Reis gegessen? – Lasst die in Ruhe, haben wir gesagt. Von den Erwachsenen ist nie jemand dazwischengegangen.«

Die Nazi-Hochburg Wismar: die Pogrome ab 1992, die Fackelmärsche, die Gewalt auf den Straßen, das Nazidorf Jamel bei Wismar, der »Werwolfshop«, der Motorradclub »Schwarze Schar«, das »Thinghaus« in Grevesmühlen, die »Freie Kameradschaft Wismar«. Die Stadt kämpft heute händeringend um ein anderes Image, aber die Nazi-Netzwerke expandieren. Zumeist leise, subtil. Es geht um unabhängige Strukturen, um Immobilienkäufe, um gefestigte Szenetreffs. Es geht ums Infiltrieren, darum, Mainstream zu sein. »Mitte der neunziger Jahre waren die Nazis ganz jung. Heute haben sie Kinder, besitzen mitunter ganze Straßenzüge, haben Geschäfte. Sie sind da und sehr aktiv. Hier war Hitler nie weg. Wo sollte er denn auch hin?«

Laras nervöses Gesicht. Was macht sie mit all dem?, frage ich mich. Mit der Destruktion, der Gewalttätigkeit, dem fehlenden Boden. Ich muss an den Mann im blauen Mohairpulli denken, an seinen Schlüsselschmerz. Ab 1989 gab es keine staatlich angeordnete Unmöglichkeit zu trauern mehr. Aber Gründe zu trauern hatte der Osten genug. Er tat es nicht, konnte es vielleicht nicht, noch nicht. Die Zeit war nackt, ruppig, unverstanden. Referenzsysteme, in denen man hätte miteinander sprechen können, gab es nicht. Sie existieren auch heute nicht. »Es war nicht das Gestern, das feige kapitulierte und beseitigt ist, sondern Menschen taten das, die weiterleben und nun dem neuen Geist die gleiche Aufgabe stellen, die der alte nicht bezwungen hat«, schrieb Robert Musil in seiner Novelle *Vereinigungen*.

Im Flüchtlingssommer 2015 wurde der Dauerdiminutiv fast über Nacht zum großen Nein und die Ostdeutschen zu »Wendeverlierern«, »Abgehängten«, »Bürgern zweiter Klasse«. Und das trotz deutlich anderer Realität. Denn bei Lichte besehen war die Einheit auch für sie eine riesige Erfolgsgeschichte. Noch am 30.10.1989 hatte Gerhard Schürer, der Vorsitzende der staatlichen Plankommission, in einer geheimen Wirtschaftsanalyse der DDR den Staatsbankrott erklärt. Die Inlandsverschuldung lag bei 123 Milliarden Mark, gegenüber 12 Milliarden im Jahre 1970. Die Arbeitsproduktivität erreichte nicht zuletzt wegen zerschlissener Anlagen und fehlender Automatisierung nur 40 Prozent gegenüber der Bundesrepublik. Die Auslandsverschuldung war 1989 auf 49 Milliarden gestiegen. 1970 hatte sie noch zwei Milliarden betragen. Dasselbe galt für den Verschleißgrad des Staates, was Totalausfall bedeutete. In der Industrie lag er bei 53 Prozent, bei den Gebäuden bei 67 Prozent, in der Landwirtschaft bei 61 Prozent. Das Land war marode und pleite zugleich.

Nach dem Herbst 1989 verlangten die Ostdeutschen die rasche D-Mark. Sie bekamen sie. Die Ostdeutschen wollten die Einheit. Sie kam schneller, als viele westdeutsche Politiker wollten. Und dann? Folgten harte Jahre der Transformation. Die Nullerjahre. Neben äußerem Aufbau, Neukonsolidierung und Bauboom waren das laut Statistik für die Postdiktatur Ost vor allem Jahre drastisch steigender Gewalt, zunehmender Kinderarmut, einer dreifach höheren Zahl innerfamiliärer Tötungsdelikte als im Westen oder dem um viele Jahre früher liegenden Drogeneinstiegsalter bei Jugendlichen. Die Seelenkosten der Diktatur wogen bei weitem schwerer als alles Monetäre.

Heute beurteilen 81 Prozent der Menschen in Sachsen ihre wirtschaftliche Situation als sehr gut bis eher gut. 88 Prozent derer, die in Thüringen auf dem Dorf wohnen, sagen von sich, sie seien zufrieden oder sehr zufrieden. Dort, wo die Arbeitslosigkeit besonders stark gesunken ist, wie etwa in Sachsen, ist der Zuwachs der Rechten am größten. Man nennt es das Sachsen-Paradox. Brandenburg hat sein Brandenburg-Paradox, Thüringen das Thüringen-Paradox. Es gibt Stimmen, die von einer Pervertierung der Wahrheit und einem geschichtsbedingten Blackout sprechen. Als fiele die Realität in ein Loch. In Osteuropa wird über den ostdeutschen Blackout nur der Kopf geschüttelt. Georgien, Rumänien, die Ukraine. Was hätte man dort darum gegeben, so viel manifeste Unterstützung wie Ostdeutschland erhalten zu haben, um endlich die eigenen Oligarchien und die Korruption abzuschütteln.

Diktaturen sind Verantwortungsentlastungen. Ihre affektive Verleugnungsvalenz auf den Weg in die Demokratie zu bringen, ist nichts anderes als Identitätsarbeit. Wie steht es damit? Gedächtnis, Erinnerung und Identität gehören wie selbstverständlich zum Generalbass der vereinten Republik. Über den Erfahrungsgrund der westdeutschen Kriegskinder schrieb der Psychoanalytiker Werner Bohleber, dass »diese im Schatten der Lebenslüge ihrer sich als Opfer definierenden Eltern aufwuchsen. Das Schweigen über die eigene Beteiligung und die Lücken in den Familienbiografien erzeugten ein nebelhaftes und teilweise verzerrtes Realitätsgefühl.« Die Schatten, der Nebel, das verzerrte Realitätsgefühl. Im Sommer 2019 gab es in Berlin anlässlich der Buchpremiere des wegen Totschlags verurteilten letzten DDR-Staatsratsvorsitzenden Egon Krenz eine 30 Meter lange Schlange, um von ihm ein Autogramm zu erhaschen. Ausgerechnet am 9.10.2019 äußerte sich der letzte SED-Chef Gregor Gysi in der Leipziger Peterskirche öffentlich zur Zeit. Dabei war es vor allem die politische Verantwortungslosigkeit der Linken, die die AfD im Osten vorbereitet und groß gemacht hat. Sie spielte den Kümmerer und blockierte den Ostdeutschen den Weg in die Demokratie.

Deshalb hat es seine Logik, dass Gregor Gysi in den neuen Ländern durch Alexander Gauland abgelöst wurde. Was im Osten politisch ungeklärt geblieben ist, hat Unterschlupf im rechten Milieu und bei der AfD gefunden. Die Partei ist das gedächtnispolitische Desaster des Landes. Je mehr sie sich radikalisiert, umso mehr wird sie zur Ostpartei. Das wird ihr zunehmend zum Problem, führt aber nicht an der Tatsache vorbei, dass Pampern, Verharmlosen, Wegmoderieren und Geld sich im Hinblick auf die Diktaturlast des Ostens klar als Fehlstrategie erwiesen haben. Keine Partei hat bislang ein Programm oder eine Idee entwickelt, wie der Destruktionslust des Ostens zu begegnen ist. Für 40 Jahre Seelenkosten gibt es kein Konzept. Es schien nicht wichtig genug, also hat man es laufen lassen.

Mit dem gezielten Rollback in das alte mentale Binnen-
regime des Ostens hat die AfD – auch wegen des ungelösten
Generationenstreits – leichtes Spiel, sich ein neues Kollektiv
zu formen. Höcke, Weidel, Gauland, Kalbitz, von Storch. Es
sind Politiker aus dem Westen. Sie brauchen nur ordentlich
Druck zu machen. Als ob das, was die inneren Schauplätze
bestimmt, neu beatmet werden wolle. Biografische Disposi-
tionen, eingefräste Identitätsmuster, neues Schweigen sind
im Osten der Boden für die politische Regression. Es wird
purer, ärger, härter. »Sei dabei, wenn Geschichte gemacht
wird!«, appellierte die AfD im Sommer 2019 während der drei
Landtagswahlen im Osten. Das Gefühl der herbeigeredeten
Niederlage wird strategisch zur Revolution umerzählt und
das Jahr 1989 zum Trigger. Es ist der Versuch einer Über-
nahme.

Aber ist die AfD, sind die Rechten überhaupt derart wichtig? Sind sie nicht vor allem ein Symptom und erinnerungs-
politisch das zeitgenössische Gesicht unseres Umgangs mit
Geschichte? Leisten wir uns Ostdeutschland nicht als Pro-
jektionsraum, um die fragwürdige Gedächtnisarchitektur
des vereinten Landes in Sachen Diktaturerbe auszublenden?
Das Ding mit dem Osten. So kriegen wir es nicht hin. Aber
ginge nicht wenigstens das? Eine deutsch-deutsche Neu-
erzählung als Konfrontation: Was ist geklärt? Was trägt?
Was bleibt Konsens in diesem Land? Was sagen das neu auf-
gelegte Spaltungssyndrom und die schiefe Identitätspolitik
über die gezähmte Revolution und unser Land? Wie wollen
wir es miteinander halten?

DANKSAGUNG

Am Ende der Dank. Zuallererst an die Protagonisten im Buch – an Sabine Adler, Gerit Decke, Moritz Götze, Carla Hicks, Hauke Hückstädt, Tobias Langhoff und Irina Serdyuk –, die sich geduldig von mir befragen ließen und offenkundig genug Vertrauen hatten, um sich auf die Generationsidee einzulassen. Ich danke allen ausdrücklich für die gute Zeit, die Sätze und das gemeinsame Nachdenken, ohne das dieses Buch nicht geworden wäre, was es ist. Ich danke für die Kollegialität, die Erweiterungen und die prompten Korrekturen. Vieles musste draußen bleiben. Ich bin mir über das Ungenügen, das notwendig Ausrisshafte und Vorläufige vollauf bewusst.

Ich danke Eva-Maria Otte als erster Leserin für ihre konkreten Erinnerungen, fürs Mit- und Weiterdenken, fürs Wörterpiezeln und die wenigstens zweihundertachtzig nächtlichen Telefonate. Was für ein Glück und was für ein Luxus, diese Freundin und Co-Pilotin an der Seite zu haben!

Ich danke Andreas Petersen, dem Mann, mit dem ich lebe, fürs Sprechen, Durchdenken, Mitlesen, für die inhaltlichen Einsprüche und den Dauerbeistand.

Ich danke auch den Personen, deren Namen im Buch aus persönlichkeitsrechtlichen Gründen anonymisiert wurden, die aber mit ihren ganz konkreten Erinnerungen und Sätzen den Text ungemein bereichert haben.

Nicht zuletzt danke ich dem Verlag, danke ich Tom Kraushaar, dass aus dem Hardcover von 2014 noch einmal ein aktualisiertes Taschenbuch entstehen ist. Ich danke meiner Lektorin Dr. Christine Treml für ihre unnachahmliche Stoik, insbesondere aber auch für den Rückhalt im Hinblick auf die Dramaturgie des Textes.

I. G.

LITERATURHINWEISE

Adler, Sabine: Russisches Roulette. Ein Land riskiert seine Zukunft. Aufbau Verlag, Berlin, 2011.

Albahari, David: Mutterland. Schöffling & Co Verlag. Frankfurt am Main, 2013.

Assmann, Aleida, Harth, Dietrich (Hg.): Mnemosyne. Formen und Funktionen der kulturellen Erinnerung. S. Fischer Verlag, Frankfurt am Main, 1991.

Bahrke, Ulrich (Hg.): Denk ich an Deutschland. Sozialpsychologische Reflexionen. Brandes & Apsel, Frankfurt am Main, 2010.

Bahrmann, Hannes, Links, Christoph: Wir sind das Volk. Die DDR zwischen 7. Oktober und 17. Dezember 1989. Eine Chronik. Aufbau-Verlag Berlin, 1990.

Beier, Manfred: Alltag in der DDR: So haben wir gelebt. Fotografien 1949–1971, Komet Verlag, Köln, 2012.

Becker, Franziska, Merkel, Ina, Tippach-Schneider, Simone (Hg.): Das Kollektiv bin ich. Utopie und Alltag in der DDR. Böhlau Verlag, Köln, Weimar, Wien, 2000.

Bode, Sabine: Kriegsenkel. Klett-Cotta Verlag, Stuttgart, 2009.

Böhm, Tobias (Hg.): Kurzwort: Ewig blühe: Erinnerungen an die Republik der Lobetrotter. Requisiten aus einem

Stück deutscher Geschichte zwischen 1946 und 1989. Ausstellungskatalog. Westermann Kommunikation, Berlin, 1992.

Bohrer, Karl Heinz: Ekstasen der Zeit. Augenblick, Gegenwart, Erinnerung. Carl Hanser Verlag, München, Wien, 2003.

Brasch, Marion: Ab jetzt ist Ruhe. Roman meiner fabelhaften Familie. S. Fischer Verlag, Frankfurt am Main, 2012.

Brauns, Dirk: Im Inneren des Landes. Galiani Verlag, Berlin, 2012.

Busch, Michael, Jeskow, Jan, Stutz, Rüdiger (Hg.): Zwischen Prekarisierung und Protest. Die Lebenslagen und Generationsbilder von Jugendlichen in Ost und West. Transcript Verlag, Bielefeld, 2010.

Crone, Katja, Schnepf, Robert (Hg.): Über die Seele. Suhrkamp Verlag, Frankfurt am Main, 2010.

Denk, Felix, von Thülen, Sven: Der Klang der Familie. Berlin, Techno und die Wende. Suhrkamp Verlag, Berlin, 2012.

Derrida, Jacques: Die Stimme und das Phänomen. Suhrkamp Verlag, Frankfurt am Main, 2003.

Dürrschmidt, Jörg: Rückkehr aus der Globalisierung. Der Heimkehrer als Sozialfigur der Moderne. Hamburger Edition, Hamburg, 2013.

Egan, Jennifer: Der größere Teil der Welt. Schöffling & Co Verlag, Frankfurt am Main, 2012.

Flusser, Vilém: Von der Freiheit des Migranten. Einsprüche gegen den Nationalismus. Bollmann Verlag, Bensheim, 1994.

Foucault, Michel: Die Heterotopien. Der utopische Körper. Suhrkamp Verlag, Frankfurt am Main, 2005.

Gruen, Arno: Der Fremde in uns. Klett-Cotta Verlag, Stuttgart, 2000.

Gruen, Arno: Der Wahnsinn der Normalität. Realismus als Krankheit: eine Theorie der menschlichen Destruktivität. Deutscher Taschenbuchverlag, München, 1989.

Grünbein, Durs: Grauzone morgens. Gedichte. Suhrkamp Verlag, Frankfurt am Main, 1988.

Grunenberg, Antonia: Die Lust an der Schuld. Von der Macht der Vergangenheit über die Gegenwart. Rowohlt Verlag Berlin, Berlin, 2001.

Hacker, Michael, Maiwald Stephanie, Staemmler, Johannes: Dritte Generation Ost: Wer wir sind, was wir wollen. Christoph Links Verlag, Berlin, 2012.

Hensel, Jana: Zonenkinder. Rowohlt Verlag, Reinbek, 2002.

Honecker, Erich: Letzte Aufzeichnungen. Edition Ost, Berlin, 2012.

Hückstädt, Hauke: Neue Heiterkeit. Gedichte. Zu Klampen Verlag, Lüneburg, 2001.

Giebler, Rüdiger, Kaiser, Paul, Götze, Wasja: Wasja & Moritz Götze: Kunst, Aktion, Provokation. Hasenverlag, Halle, 2009.

Götze, Moritz: Deutsche Kunst. Hasenverlag, Halle, 2012.

Grashoff, Udo: Leben im Abriss. Schwarzwohnen in Halle an der Saale. Hasenverlag, Halle, 2011.

Jureit, Ulrike: Generationenforschung. Psychosozial-Verlag, Gießen, 2006.

Koenen, Gerd: Vesper, Ensslin, Baader. Urszenen des deutschen Terrorismus. S. Fischer Verlag, Frankfurt am Main, 2005.

Kundera, Milan: Die Unwissenheit. Carl Hanser Verlag, München, Wien, 2000.

Kuschnia, Michael (Hg.): 100 Jahre Deutsches Theater Berlin 1883–1983. Henschelverlag, Berlin, 1983.

Lethen, Helmut: Der Sound der Väter. Gottfried Benn und seine Zeit. Rowohlt Verlag Berlin, Berlin, 2006.

Lindner, Bernd, Westhusen, Mark M.: Von Müllstation zu Größenwahn. Punk in der Halleschen Provinz. Hasenverlag, Halle, 2007.

Littell, Jonathan: Das Trockene und das Feuchte. Ein kurzer Einfall in faschistisches Gelände. Berlin Verlag, Berlin, 2009.

Meckel, Christoph: Suchbild. Meine Mutter. Carl Hanser Verlag, München, Wien, 2002.

Micus-Loos, Christiane: Bildung, Identität, Geschichte: Ost- und westdeutsche Generationserfahrungen im Spiegel autobiografischer Texte. Schöningh Verlag, Paderborn, 2012.

Pingel-Schliemann, Sandra: Zersetzen. Strategie einer Diktatur. Robert-Havemann-Gesellschaft, Berlin, 2004.

Plänkers, Tomas, Bahrke, Ulrich (Hg.): Seele und totalitärer Staat. Zur psychischen Erbschaft der DDR. Psyche und Gesellschaft, Gießen, 2005.

Raddatz, Fritz, J.: Unruhestifter. Erinnerungen. Ullstein Buchverlage, Berlin, 2005.

Rennefanz, Sabine: Eisenkinder. Die stille Wut der Wendegeneration. Luchterhand Literaturverlag, München, 2013.

Reulecke, Jürgen: Generationalität und Lebensgeschichte im 20. Jahrhundert. R. Oldenbourg Verlag, München, 2003.

Roehler, Oskar: Herkunft. Ullstein Verlag, Berlin, 2011.

Rupps, Martin: Wir Babyboomer. Die wahre Geschichte unseres Lebens. Herder Verlag, Freiburg im Breisgau, 2008.

Sabrow, Martin (Hg.): Autobiographische Aufarbeitung. Diktatur und Lebensgeschichte im 20. Jahrhundert. Helmstedter Colloquien Bd. 14, Helmstedt, 2012.

Scheffler, Ute, Winklhofer, Dagmar: Wir sind das Volk. Mitteldeutscher Verlag, mdv-transparent, Halle-Leipzig, 1990. Bd. 1 und 2.

Schivelbusch, Wolfgang: Die Kultur der Niederlage.
Alexander Fest Verlag, Berlin, 2001.

Schüle, Annegret, Ahbe, Thomas, Gries, Rainer: Die DDR aus
generationengeschichtlicher Perspektive: Eine Inventur.
Leipziger Universitätsverlag, Leipzig, 2006

Seegers, Lu, Reulecke, Jürgen (Hg.): Die Generation der
Kriegskinder. Historische Hintergründe und Deutungen.
Psychosozial-Verlag, Gießen, 2009.

Seidler, Christoph, Froese, Michael J.: Traumatisierungen
in (Ost)-Deutschland. Psychosozial Verlag, Gießen, 2006.

Serres, Michel: Über Malerei. Vermeer – La Tour – Turner.
Verlag der Kunst, Basel, 1995.

Slevogt, Esther: Wolfgang Langhoff – ein deutsches Künstler-
leben im 20. Jahrhundert. Verlag Kiepenheuer & Witsch,
Köln, 2011.

Sloterdijk, Peter, Heinrichs, Hans-Jürgen: Die Sonne und
der Tod. Suhrkamp Verlag, Frankfurt am Main, 2001.

Sloterdijk, Peter: Kopernikanische Mobilmachung und
ptolemäische Abrüstung. Suhrkamp Verlag, Frankfurt
am Main, 1987.

Theweleit, Klaus: Männerphantasien. Stroemfeld/Roter
Stern Verlag, Basel, Frankfurt am Main, 1977/1978. Bd. 1
und 2.

Trobisch-Lüge, Stefan: Das späte Gift. Folgen politischer
Traumatisierungen in der DDR und ihre Behandlung.
Psychosozial Verlag, Gießen, 2004.

Woolf, Virginia: Die Wellen. S. Fischer Verlag, Frankfurt am
Main, 1994.

Zimmerling, Zeno und Sabine: Neue Chronik DDR. Verlag
Tribüne, Berlin, 1990.

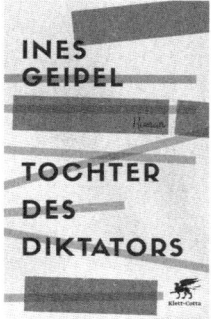